历代开国重臣系列

赵毅 主编

U0514294

多尔衮

开国摄政王

赵毅 刘晓东 著

辽宁人民出版社

© 赵毅　刘晓东　　2025

图书在版编目（CIP）数据

开国摄政王：多尔衮 / 赵毅，刘晓东著 . —沈阳：
辽宁人民出版社，2025.3
（历代开国重臣系列 / 赵毅主编）
ISBN 978-7-205-11159-5

Ⅰ . ①开… Ⅱ . ①赵… ②刘… Ⅲ . ①多尔衮（1612—
1651）—传记—通俗读物 Ⅳ . ① K827=49

中国国家版本馆 CIP 数据核字（2024）第 092651 号

出版发行：辽宁人民出版社
　　　　　地址：沈阳市和平区十一纬路 25 号　邮编：110003
　　　　　电话：024-23284191（发行部）　024-23284304（办公室）
　　　　　http://www.lnpph.com.cn
印　　刷：嘉业印刷（天津）有限公司
幅面尺寸：165mm×235mm
印　　张：19.75
字　　数：239 千字
出版时间：2025 年 3 月第 1 版
印刷时间：2025 年 3 月第 1 次印刷
责任编辑：祁雪芬
封面设计：乐　翁
版式设计：一诺设计
责任校对：冯　莹
书　　号：ISBN 978-7-205-11159-5
定　　价：68.00 元

"历代开国重臣系列"序

展示在读者面前的这套"历代开国重臣系列",共收录了中国帝制时代由秦至清辅佐开国皇帝创立基业的重臣李斯、萧何、张良、王导、高颎、魏徵、赵普、耶律楚材、李善长、刘基、多尔衮、范文程12人的传记,除东晋王导外,其余11位传主均为统一型王朝之开国重臣。共计10册,由10余位史学工作者分别撰写完成。

自秦灭六国,一统天下,至清军入关,定鼎中原,2000余年的帝制时代,王朝更迭反复无常,国运盛衰纷纭不定,形形色色的人物轮番登上历史舞台,演出了一幕幕人间悲喜剧。

时代造就了这些历史人物,历史就在这幕起幕落中悄然前行。没人怀疑人民是创造历史的动力这一至理名言,中华民族勤劳、勇敢、睿智绝非虚语,杰出人物只有在顺应历史潮流和民众意愿的前提下,才能在时代变革中运筹于帷幄之中,决胜于千里之外。

但是，历史不可能将每个人的活动都详尽地加以记载，翻检正史、政书、实录，唯帝王将相、英雄豪杰之履历和业绩而已。因此，当今天的人们追溯历史、探究历史，只能披阅典籍，循着那些杰出人物的足迹去把握历史发展的脉动。

不仅如此，杰出人物的活动并非只是历史潮流、人民意愿的被动反映。他们是历史的灵魂、人民的代言，当关键时刻来临，他们敢于挺身而出，拔剑而起，建立不朽的功勋和皇皇伟业。

倘若没有这些杰出人物，历史将黯然失色，民众将无所适从。从这层意义来说，书写、研究杰出人物的活动虽然是我们认识历史的被动选择，但也是必然选择。

本套书所收录的 12 位开国重臣，是这类人物中的典型。他们或来自旧王朝的世家豪族，或出身旧王朝的基层属吏，或属于旧王朝的达官显宦，或是旧王朝失意的知识分子。他们所面临的形势正值新旧王朝交替。当是之时，沧海横流，匹夫兴志，群龙无首，兆庶失归，社会需要新的理念，群黎需要新的代言。

这些人物起于山泽草莽、陇亩幽隐之间，得逢明主，风云际会，展布平生大志。有人挟聪睿之资，经天纬地，一言兴邦；有人荷新主眷顾，克己尽忠，死而后已；有人以持重著称，审时度势，力挽狂澜；有人以刚正名世，规谏君主，勇揭逆鳞，以诤臣流芳后世；有人以博通经史为本，申明典章，恢宏治道；有人以勇略见长，深谋远虑，克敌制胜。

他们佐开国之君于基业草创，拯倒悬之民于水火，成就大业，建立奇勋，垂名当世，贻范后昆。从这一视角观察，他们是成功人物，是时代骄子。但是，从另一视角观察分析，他们中的许多人又是失败人物，难以逃脱悲剧结局。他们所生活的时代，正值专制皇权日渐强化，尊君卑臣日益泛滥。

当大业未就的创业阶段，历史与社会的局限使他们不可能完全按照理想模式重建公平与正义，如此局面之中，委曲求全，已是不可避免；当新朝既立，新皇位加九五之后，这些人虽身处国家权力核心，但地位往往微妙，甚至尴尬。功高震主，兔死狗烹者不乏其人；在权位角逐中，为佞臣诬诋，落职除爵，被赶回"高老庄"者大有人在；而因亲故失检、子孙败德受到牵连，身败名裂者更为常见。像西汉开国重臣张良佐高帝创大业，功成名就，急流勇退，保持令名者并不多见。

本套书作者探微索幽，铺排史实，目的并非仅仅在于重现12位传主的一生主要经历和功过是非，还在于透过这些人的升降浮沉，展示由秦至清2000余年间中国历史发展演变的大体脉络和基本规律；不仅使读者了解上述杰出人物对社会发展带来的推进和影响，也要使读者了解社会现实和文化环境印在这些杰出人物思想与行为上的烙印，从而获得对中国帝制时代历史较为深刻而具体的认识。该书若能在全民普及历史教育的活动中发挥作用，则是作者和编辑最大的心愿。

本套书曾在多年前刊印行世。此次，由辽宁人民出版社再度修订出版。书中所叙述的内容，基本依据典籍所载史实并参酌部分民间传说。对问题的看法及对传主的评价，或基于作者个人的研究探索，或吸纳学界同行的成果，力求科学、实事求是，反映本领域的最新学术认知。

为了使传主形象生动、丰满，使文本富有可读性，在修订过程中，尽力搜求文献资料、披阅同行论著，对传主政治、经济、军事和文化方面的建树乃至生活细节都进行了尽可能详尽的研究。在语言文字方面，力求清新流畅、简洁明快，融学术性和通识性于一体，雅俗共赏是我们期待的社会效果。

本套书规模较大，成于众手，风格互异，在所难免。本套书编撰之初，有的作者已是名满学界的教授，有的还是史学新兵，功力不同，水平必有参差，亦可预料。在本套书修订再版之际，我们诚恳欢迎广大读者批评指正。

辽宁师范大学　赵毅

2023 年 5 月 12 日

目　录

第一章 ❦ 与汗位失之交臂的九王爷

一、生逢乱世的十四子

16、17 世纪，无论对西方还是对东方来说，都是一个动荡纷争的年代。当欧洲大陆上隆隆的枪炮声在向世界宣告资产阶级革命的成功，人类历史已进入一个新纪元的时候，处于朱明王朝统治下的古老而又神奇的泱泱东方中原大国也被历史卷入了"改朝换代"的滚滚长河之中，金属器械的交鸣声在这片古老大地的上空重新响起。然而，不同的是，前者的成功使一种崭新的体制确立于世，在开创历史新纪元的时候，也为西方的飞速发展创造了契机；而后者却依旧在古老的封建迷梦中徘徊。而且，前者的动因在于其自身内部的社会变革，而后者的威胁却来自东北边隅一个新兴少数民族——女真，即后来的满族的蓬勃兴起。

古老的白山黑水，许久以来就是女真族各部落的世居之地。当明王朝以其强大的优势威服四海的时候，其势力也达到了这里。可能是嫌弃这里过于荒凉、贫瘠，纳入自身的直接统治之内，不仅无利可图，还会成为一个累赘。于是，对这片荒凉的土地与部族，大明统治者采取了羁縻统治之策：一可使其贡献方物，满足自身奢侈生活的需要；同时也令各部首领宣誓效忠天朝，成为自己防藩卫土的一道屏障。然而，任何涓滴，只要汇合到一起也会成为一条滔滔江河，足有拍岸决堤的力量。因此，明朝统治者在积极拉拢女真各部首领以为己用的时候，也挑拨各部之间的关系，使他们械斗不已，而自己则斡旋于其中，以达到分化利用的目的。于是，女真各部在共奉大明的同时，自己内部也处于无尽的厮杀、冲突之中……以努尔哈赤为首的建州女真就是在这连绵不断的冲突中脱颖而出的。

赫图阿拉，在满语中是横着的山岗的意思。它地处长白山脉东麓的龙岗山区，属辽东丘陵地带，现属辽宁省新宾县境，即今天新宾的"老城"。明代时即为建州卫地。世代担任建州卫首领的努尔哈赤祖先，明初从黑龙江下游地区，沿牡丹江、图们江流域南下，大约在明朝的正统年间（15世纪40年代初），历经曲折，辗转迁移到浑河支流的苏子河流域，最后定居在赫图阿拉地区。被清朝追尊为兴祖直皇帝的福满，即努尔哈赤的曾祖父，就已居住在赫图阿拉了。《清太祖武皇帝实录》卷一中记载：

> 福满生六子，长名德石库，次名刘讹，三名曹常刚，四名觉常刚，五名豹郎刚，六名豹石。……觉常刚住其祖居黑秃阿喇地方……六子六处，各立城池，称为六王，乃六祖也。
>
> 五城距黑秃阿喇，远者不过二十里，近者不过五六里。

其中的觉常刚（明人称作场，清人通称为觉昌安），就是努尔哈赤的祖父，后被清朝追尊为景祖翼皇帝。所谓"六子六处，各立城池"，实际上只不过是环居于赫图阿拉的六处村寨。这就是后来清史中所说的宁古塔（明人记载也称为宁官塔）六贝勒。身为建州卫首领的努尔哈赤的祖先们，也在很早的时候便卷入了女真族内部的冲突之中。努尔哈赤的祖父觉昌安和父亲塔克世（明人称他失，清朝追尊为显祖宣皇帝，觉昌安第四子）都成为这种冲突的牺牲品。

明万历十一年（1583），努尔哈赤以父祖十三副遗甲起兵，讨伐杀害父祖的图伦城主尼堪外兰，也加入到了你争我夺的杀伐之中，开始了他的创业生涯。四年之后，努尔哈赤在赫图阿拉之南的费阿拉（虎拦哈达南岗上）建立起城寨。从此，费阿拉就成为努尔哈赤统一女真各部初期阶段发号施令的政治中心，史称"旧老城"。但由于旧老城地处虎拦哈达南岗，供水满足不了需要，尤其是在它的偏东北侧有鸡鸣山等山岭的遮蔽，视野狭窄，在军事上不利于防范敌人的袭击。从旧老城的整个地理形势看，生产、生活和军事活动均有诸多不便。而且，经过一系列的征战，此时努尔哈赤的事业已打下了一定的根基，需要一个视野更为开阔的地方来更好地发展自己。因此，明万历三十一年（1603），努尔哈赤又从费阿拉迁回到了祖居故地赫图阿拉，史称"老城"。这是努尔哈赤在以费阿拉为中心所完成事业的基础上，又重新建立起的事业发展基地。以此为中心，他逐步完成对女真各部的统一，建立了后金政权，推动后金建设不断发展，为清朝的建立奠定了重要基础。后金迁都沈阳（天命十年，1625）后，随着其事业的不断发展，便把赫图阿拉看作他们的发祥重地，改称"兴京"，设重兵驻守。清朝先祖的陵寝——永陵也坐落于此，真正地成为"龙兴之地"。

起兵后不久，鉴于自身力量的软弱，还根本不足以与大明天朝抗争。努尔哈赤声言只报父祖之仇，决不与天朝为敌，反而接受明朝的恩赐，承袭祖、父辈之职，被明朝继续任命为羁縻建州女真的地方官吏，并宣誓永为天朝守土靖边。在迁驻赫图阿拉后，为完成对女真各部的统一，处理与东北地区蒙古族比较复杂的关系以及自身事业发展的需要，努尔哈赤依然以天朝作为护身盾牌，和大明保持着臣属关系。在努尔哈赤迁到赫图阿拉的初期，他在给朝鲜国王的《回帖》中还曾经说："女真国建州卫管束夷人之主努尔哈赤……保守天国九百五十余里边疆。"此时，他虽仍然把明朝奉为"天国"，尊为朝廷，但已称自己的建州卫为"女真国"了，对东邻朝鲜更以"管束夷人之主"自称，俨然自奉为一国之主。这也正是努尔哈赤在女真内部的争斗中卓有建树，但仍然不足以与明朝相抗衡的真实写照。正是在明朝这把保护伞的庇护下，努尔哈赤逐渐吞并了董鄂、完颜等众部，势力逐渐强大起来，成为女真族政治舞台上一支不可忽视的力量。万历三十四年（1606），努尔哈赤又被喀尔喀蒙古尊为"昆都仑汗"（恭敬之意）。万历四十四年（1616），50 岁的努尔哈赤经过 30 余年的奋斗，基本统一了女真各部，并创制了满族文字，确立起八旗制度……一切立国的条件都已具备。于是，这一年努尔哈赤便被其属下尊奉为"天任养育列国（大）庚寅汗"，正式建立起后金政权，建元"天命"。

努尔哈赤的称汗建元，标志着后金政权的正式建立。由此也使明朝在辽东的统治危机日渐深化，从而不断改变着辽东的政治地理形势。此时，明朝辽东边墙以东，即宽甸以北，鸦鹘关（赫图阿拉西南附近）、抚顺关（赫图阿拉之西偏北不远）以东、北到开原的镇北关以东地区，均属后金的势力范围。明朝辽东边墙的东边各关，直接面临着随时被后金攻击的危险。建州女真与明朝，已从世代为大明"看边忠顺有年"的臣属转化为与明朝抗争的敌对力量。而以赫图阿拉为中心的这块山区中的小小盆地业已容纳不下后金不断壮大的力量，唯有向外发展才能生存下去。在赫图阿拉的北方，直到黑龙江，已为后金所控制，但人烟稀少。其东为海拔千米以上的长白山，长白山的女真各部虽已被统一，但长白山区山高林密，路途艰险，人烟绝少。长白山脉之东便是朝鲜，与明朝关系密切，听命于明朝。所以向东发展意义不大。赫图阿拉以南，也有群山阻隔，况又去海不远，活动余地更小。赫图阿拉以西，靠近明边，跨过边墙，便是经济文化比较发达的辽沈平原，对后金的发展有着巨大的吸引力。汉族地区比较先进的经济文化，无论从过去建州女真的成长还是当下后金政权追求发展的需要来说，都是不可缺少的条件。同时，努尔哈赤自青少年起，在政治、经济、文化等各方面，都和明朝保持着密切的联系。政治上他承袭祖、父辈，在比较复杂的关系中，被明朝继续任命为羁縻建州女真的地方官吏。在经济生活方面，建州女真的发展曾有赖于抚顺等处的马市贸易，从其祖、父辈起，就是抚顺贸易市场上建州女真方面的头领人物。努尔哈赤在承袭其祖、父辈为明朝建州卫官吏的同时，还获得相当一部分曾由明朝颁发的准许与明朝贸易的敕书，并多次去北京进行过朝贡贸易，所以，他对明朝的实力是相当了解的。特别是受到了成书于元明之际的《三国演义》中敢于争雄思想的影响与启迪，更培育了努尔哈赤敢于和明朝争衡、必须向外发展的进取气概。

这种与汉族在政治、经济、文化等各方面的紧密联系，汉族比较先进的政治、经济、文化的巨大吸引力，潜移默化地影响着后金的向上发展趋势。当以赫图阿拉为中心的这块山中小盆地已经容纳不了业已组成政权，并在日益发展的建州女真势力时，当时的地理条件和政治形势也正在逼使和创造着使后金跨过明边而走向辽沈平原的可能性。然而，初建政权的努尔哈赤虽力图进取，但他知道老大的明王朝还是一个强大的存在，对敌尚强大我尚弱小的形势不能等闲视之。为了新兴的后金事业之发展，他不甘心于明朝的继续欺压与愚弄，在与明朝比较复杂的斗争中，不断总结和积累着斗争经验，选择有利时机，集中使用力量，发挥勇敢善战的精神去战胜敌人。

而此时处于万历皇帝统治之下的大明王朝却跌入了腐朽的深渊。政局腐败，吏治不整，阉宦当权，辽东的军备业已废弛，早已无昔日那锐利的兵锋。努尔哈赤也终在内外形势的推动下选择这种有利时机，以"七大恨"告天，发动了向明朝的进攻。

天命三年（1618），明朝调集兵马并联合朝鲜，分兵数路向赫图阿拉逼近，俨然有巨石压卵之势。然而，努尔哈赤却在敌强我弱的形势中巧妙地打了个时间差，集中优势兵力，各个击破明朝向赫图阿拉的包围性进攻，大获全胜。这就是历史上著名的"萨尔浒战役"。从此之后，在明与后金的对峙中，后金开始掌握了主动权，从防御转入了进攻。天命四年（1619）三月，努尔哈赤在取得了萨尔浒战役的决定性胜利以后，六月中，又攻克明朝辽东北边重镇开原。为继续对明用兵而休兵息马，经努尔哈赤提议并最后决定，"吾等不回都城（指赫图阿拉），于界凡筑城屋居之""牧马于边，遣人迎后并诸王妃至"。

界凡城，地处浑河与苏子河之间的浑河南岸，东南距赫图阿拉约 120 里，西距萨尔浒 10 里左右，靠近明边，已离抚顺不远。据当时被囚于后金的朝鲜人记载："者片（界凡）城在两水间，极险阻，城内绝无井泉，以木石杂筑，高可数丈，大小胡家皆在城外水边。"努尔哈赤以此为基地，最后完成了对女真各部的统一。天命四年（1619）初，努尔哈赤又攻陷明朝的铁岭，控制了沈阳以北的明朝边内地区，使沈阳以东浑河以北、沈阳以北的辽河之东地区尽属后金。这年八月，努尔哈赤最后征服消灭了被明朝所利用和支持的叶赫部，至此，后金"自东海至辽边，北自蒙古嫩江，南至朝鲜鸭绿江，同一语言者俱征服，是年诸部始合为一"。天命五年（1620）十月，努尔哈赤又把驻地自界凡迁到萨尔浒。不久后，又攻克沈阳、广宁、辽阳等地，几乎将辽沈平原尽纳于后金统辖之中。天命六年（1621）四月，努尔哈赤在距原明朝辽阳城 10 里之处筑城，名曰东京，并迁都于此，开始了其创业生涯中一个新的阶段。

就是在这征战与杀伐中，我们的传主多尔衮于明万历四十年十月二十五日（1612 年 11 月 17 日）出生在赫图阿拉努尔哈赤的家中，成为清太祖努尔哈赤的第十四子。尽管在这征战与冲突中，年幼的他并不能跃马扬鞭、驰骋于沙场之上，在血雨腥风中去创建那不世功勋，但在这种特殊的人文与地理环境之中成长起来的人，或多或少都会受到这种环境的影响与熏陶，在他那幼小的心灵中留下斑斑点点。沙场的血雨腥风、父汗的创业争雄、兄长的赫赫战功……所有这些，对幼小的多尔衮都产生了重要影响，为他以后政治生涯中的成功奠定了基础。

二、子以母贵的九王爷

努尔哈赤一生先后共有妻妾 16 人、子女 24 人，其中子 16 人、女 8 人。清代史书中的所谓太祖诸后妃，是为后来清朝修史时所追尊。努尔哈赤的正室之妻，《清太祖武皇帝实录》卷四这样记载：

太祖未即位时，先娶之后生长子出燕（褚英），赐号阿儿哈兔土门，次子代善，号古英把土鲁。继娶后所生莽古尔泰、德格垒（德格类）。中宫皇后生皇太极，即天聪皇帝也。继立之后生阿吉格（阿济格），多里哄（多尔衮）、号默里根歹青，多躲（多铎）、号厄里克出呼里。皇妃生阿布太。又三妃生五子，阿拜、汤古太、塔拜、巴布太、巴布亥。

这里所记载的，仅是四后、四妃和十四个儿子。其中四后都属于努尔哈赤的正室，四后所生之子皆属嫡出。从《实录》中可见，对后妃的提法只有"先娶之后""继娶之后""中宫皇后""继立之后"，主要是先后之分，当时的实际地位都是平等的。所谓"先娶之后"，也就是《清皇室四谱》和《清史稿·后妃传》中所记载的"元妃"，是努尔哈赤最早的原配妻子。其生卒年月和嫁给努尔哈赤的时间史无明文记载，但从"明万历六年（1578，努尔哈赤20岁）生皇长女固伦公主，八年（1580）生皇长子广略贝勒褚英，十一年（1583）生皇二子礼烈亲王代善"的情况来看，她和努尔哈赤成婚的时间，当在努尔哈赤20岁以前。

大概是元妃死后，努尔哈赤才又娶了富察氏，所以便把她称为"继娶后"。《清皇室四谱》载："继妃富察氏，名衮代，为莽塞杜诸祜女。初适人，生子昂阿拉（原注：'按昂阿拉，天聪九年十二月，坐知莽古济格格逆谋并处死'）。后复归太祖。明万历十五年（1587）生皇五子原封贝勒莽古尔泰，逾数年生削籍皇三女莽古济格格，二十四年（1596）生皇十子原封贝勒德格类。天命五年二月，以窃藏金帛，迫令大归。寻，莽古尔泰弑之。"其中"天命五年"一句，唐邦治在《清皇室四谱》按语中认为"迫令大归"者是富察氏，其实是错误的，应是大妃阿巴亥。这在后面我们将会谈到。

努尔哈赤称汗前，属于正室的第三房妻子是清太宗皇太极的生母，姓叶赫纳喇氏，名孟古姐姐，为叶赫贝勒杨吉努幼女，贝勒纳林布禄、金台什之妹。万历十六年（1588）九月，嫁给努尔哈赤，年14岁，小于努尔哈赤16岁。4年后，生皇八子皇太极。万历三十一年（1603）去世，年仅29岁。其子皇太极称帝后，追上尊谥为"孝慈育圣武皇后"。康熙元年（1662）四月，改谥为"孝慈辅圣高皇后"。之所以在《武皇帝实录》中称其为"中宫皇后"，那都是母以子贵的结果。清太祖努尔哈赤时期，还没有中宫与东、西宫之分，直到皇太极崇德改元之后，并建五宫后妃，才使"等威渐辨"。《武皇帝实录》修成于崇德元年（1636）八月，皇太极称帝以后为突出其母的地位，才称为"中宫皇后"。

努尔哈赤称汗后，处于"帝后"地位的，则始终是多尔衮的生母——努尔哈赤称汗前第四房正室妻子——乌拉纳喇氏。《清皇室四谱》卷二中这样记载：

乌拉纳喇氏，名阿巴亥，为乌拉贝勒满泰女。明万历十八年庚寅（1590）生。二十九年（1601）十一月，其叔父贝勒布占泰送之来归，时年十二，少于太祖三十一岁。越二年，孝慈高皇后卒，立为大妃。三十三年（1605）生皇十二子原封英亲王阿济格，四十年（1612）生

皇十四子睿忠亲王多尔衮，四十二年（1614）生皇十五子豫通亲王多
铎。天命十一年丙寅（1626）八月十一日，太祖殂，明日，大妃以身
殉。

由此可见，努尔哈赤称汗前所娶的这四位妻子，虽然有的同时并存，但处
在"大福晋"（即正室）地位的时间可能有先后不同。如代善之母史载嫁努尔
哈赤最早，大概在她死后，才继娶了莽古尔泰之母。待到多尔衮之母嫁给努尔
哈赤时，是莽古尔泰之母、皇太极之母和多尔衮之母三妻并存，同时尚有他妾
不论。到1603年皇太极之母死后，只存莽古尔泰之母和多尔衮之母两人了。
但莽古尔泰之母早在皇太极之母受宠时便已失宠，失去了"大福晋"之位。因
此，多尔衮的生母早在努尔哈赤称汗前13年，就已处在"大福晋"的地位了。
在努尔哈赤称汗后处在"帝后"地位的，也始终是多尔衮之母乌拉纳喇氏。皇
太极称帝后，母以子贵，才将其生母的地位突出出来，称为"中宫皇后"。以
后的修史者在编写《清太祖高皇帝实录》时也把《武皇帝实录》中并称的四后
改称为：先娶元妃佟佳氏，继妃富察氏，高皇后叶赫纳喇氏，继立大妃乌拉纳
喇氏。《清史稿·后妃传》因袭而称佟佳氏为元妃、富察氏为继妃、叶赫纳喇
氏为高皇后、乌拉纳喇氏为大妃。因此，对于多尔衮的生母，后人也称之为大
妃阿巴亥。

阿巴亥本是乌拉部贝勒满泰的女儿。在其12岁时，叔父布占泰便将她献
给努尔哈赤，成为政治婚姻的牺牲品。然而，幸运的是，她以自己的美貌与聪
颖，很快便获得了努尔哈赤的宠爱，并在孟古福晋去世后被立为"大福晋"，

成为努尔哈赤的第四位正室之妻。她先后为努尔哈赤生下3个儿子：阿济格、多尔衮、多铎。或许是由于爱屋及乌，也或许是人到老年之后强烈的舐犊之情吧，努尔哈赤对阿巴亥为他所生的年幼三子也格外疼爱，视为心肝宝贝。然而，此时却发生了一件意想不到的事情：努尔哈赤下令休弃大妃阿巴亥。

唐邦治在《清皇室四谱》继妃富察氏的传中说："天命五年二月，以窃藏金帛，迫令大归。"这是误混的记载。因为他把富察氏死于天命五年（1620）二月，与天命五年三月二十五日以后，努尔哈赤曾一度休弃过多尔衮生母的事件，混在了一起。

据《清太祖朝老满文原档》（以下简称《原档》）载：天命五年三月二十五日，努尔哈赤的小妻塔因察（《武皇帝实录》《满洲实录》称代因札；《清皇室四谱》列为庶妃，称德因泽）向努尔哈赤报告说："大福晋曾经两次送饭给大贝勒（代善），大贝勒都收受吃了。曾有一次备饭送给洪台吉（皇太极），洪台吉虽然接受，但没有吃。不但如此，大福晋每日二三次差人到大贝勒家，想是有所商议才如此差人行走吧！而福晋自己也曾有两三个夜晚亲自出院前去过。"经努尔哈赤亲自派人向代善和皇太极查询并得到证实之后，努尔哈赤表示："我曾经说过'待我死后，要将我的幼子等及大福晋托诸大阿哥照顾扶养'，或既为此话大福晋的心才向着大贝勒，所以全无任何事情，平白地每日二三次地差人往来行走。"《原档》还记载说："每次与众贝勒大臣于汗家集筵时，或相聚议事时，大福晋总是金珠盛装，做出动作看视大贝勒，众贝勒大臣发觉后，均非议大福晋的此种举动。"但是，当时若报告努尔哈赤，又惧怕大贝勒和大福晋。当努尔哈赤听到塔因察的报告并调查属实后，他"不愿加罪于儿子大贝勒，因此就借大福晋盗藏很多绸缎、蟒缎、金银财物为名，审定了大福晋的罪名"。经努尔哈赤派人各处搜查，在大福晋的儿子阿济格阿哥及其娘家查到了许多存放的绸缎、金银。还有人揭发说："更而大福晋瞒着汗，把许多财物偷盗出来，给了村中的人。"努尔哈赤听后大怒，于是将村里的人都叫来，当众宣告大福晋的罪恶说："此福晋存心奸诈、险恶，是一心狠虚伪的贼徒。凡是人们所有之凶恶心肠，她全部具备。我以金珠装饰你的身体，加以恩养。而你不爱为汗的丈夫，背着我的眼睛，将我放置于一旁，越过我而去看视别人，如此罪行不杀怎么可以？"但继而他又想到了自己爱如"心肝一样的"三个幼子。如果处死大福晋，他们将无人照料，所以他进而表示说："为什么要杀大福晋呢？若是她的小儿子生了病，叫她看护照顾他们吧！我不再与此福晋共同生活，将之休弃。"……这就是天命五年三月努尔哈赤休妻的最原始记录。

对此事件中的"大福晋"，《原档》中虽未明确姓氏，更有多人将其认作富察氏，但仔细考究起来，却不难确定其更应为乌拉纳喇氏。首先，从年龄上来说，天命五年的富察氏，与代善的年龄相差悬殊。此时代善已 38 岁，富察氏之子莽古尔泰已 34 岁，从富察氏归努尔哈赤前已生过昂阿拉来看，即或在20 岁以前生的莽古尔泰，到天命五年她起码也有 50 多岁了。特别是从努尔哈赤曾经说过："待我死后，要将我的幼子等以及大福晋，托诸大阿哥照顾抚养"和当众宣布："为什么要杀大福晋呢？若是她的小儿子生了病，叫她看护照顾他们"的情况来看，所谓"幼子"或"小儿子"，只能是乌拉纳喇氏生的，年方 9 岁（虚岁）的多尔衮和 7 岁的多铎，不可能是富察氏生的年已 34 岁的莽古尔泰和 25 岁的德格类。其次，满族历来有"治栖之风"：父死子妻后母，兄终弟娶寡嫂。而且满洲贵族更有多纳小妻的习俗。此时的乌拉纳喇氏年方 31 岁，小于代善 7 岁。更加上努尔哈赤有嘱，在他死后要将大福晋及幼子"托诸大阿哥照料抚养"。因此，乌拉纳喇氏对代善表示好感，甚至发展到暧昧关系也不是不可能的。再次，无论是《清皇室四谱》还是清皇室《玉牒》等书都认为富察氏死于天命五年二月，而"窃藏金帛，迫令大归"的事，据《原档》等较可信史料记载，却发生于天命五年三月二十五日之后。此时富察氏已死，又何谈对其休弃呢？因此，总而言之，努尔哈赤称汗前后的"大福晋"只能是多尔衮之生母，而努尔哈赤休弃的也正是大妃阿巴亥。

努尔哈赤的休妻与其说是由于"窃藏金帛"，倒毋宁说是由于知晓大福晋与儿子暧昧关系后所产生的嫉妒。然而，当一个男人由于嫉妒而对一个女人日渐冷漠的时候，也正说明这个女人在他心中所占据的重要地位。努尔哈赤在休弃阿巴亥之后，并未取消她"大福晋"的名号，更未将此尊荣赐予他人。天命六年（1621）四月，刚与阿巴亥分离一年的努尔哈赤终于忍受不了这种思恋之苦，在迁都辽阳后，就立刻将大福晋召回到了身边。看来，多尔衮的生母阿巴亥已成为努尔哈赤生命中不可缺少的一部分。此时的多尔衮正好 10 岁。

这所有的一幕幕，对正在成长中逐渐懂事的多尔衮不会没有影响。从其母的得宠、失宠又复受到宠幸，其中所反映的后金统治集团内部复杂的政治斗争，对多尔衮以后的观察形势、审时度势、掌握时机、随机应变能力的形成颇有锻炼。在审时度势中，不硬争取难以实现的愿望；抓住有利时机，当机立断，不失时机地争取把不利条件变为有利条件，不无信心地走向成功之路。这些来自其父其母的经验教训，客观上的熏陶渐染，使自幼聪睿的多尔衮逐渐培养和形成着他自己的主观性格。

天命七年（1622），多尔衮按当时的习惯年龄是 11 岁。大概就是在这个时候，努尔哈赤便将 11 岁的多尔衮和 9 岁的多铎以及比多尔衮大 7 岁的阿济格，这三个同母兄弟安排进八旗之主的"八固山之王"之列。这其中固然有努尔哈赤对三个小儿子的疼爱，但更重要的似乎是复宠之后又处于"帝后"地位的乌拉纳喇氏的影响。母可以子贵，但子同样也可以母贵。

《清太祖武皇帝实录》记载努尔哈赤在天命十一年（1626）六月二十四日，安排后事训诫诸王臣中，曾训示"尔八固山（四大王四小王）继我之后，亦如是严法度，以效信赏必罚（指宋、金对峙时金定帝嘱其太子：'国家当以赏示信，以罚为威'），使我不与国事，得坐观尔等作为，以舒其怀可也。"在"尔八固山"下记以"四大王四小王"。对此，孟森先生考证：所谓"四大王"即代善、阿敏、莽古尔泰、皇太极四大贝勒。"而太祖所云四小王，济尔哈朗、多尔衮、多铎三人自无疑义，又其一必为代善长子岳托。"孟森先生在考证中也曾指出：《太祖实录》中有"十固山执政王之语"，"而此十人皆为旗主，知当时必有一旗不止一主之旗分"，即有"十个在固山中执政之王，非谓固山有十也"。也就是八旗中有十个称为"固山王"的旗主。

考努尔哈赤死前，在其诸子侄中共有十王。其中代善、阿敏、莽古尔泰、皇太极为天命元年（1616）并封的四个和硕贝勒，号称四大贝勒。以齿序代善为大贝勒，阿敏为二贝勒，莽古尔泰为三贝勒，皇太极为四贝勒，并按上序，国人称之为大王、二王、三王、四王。五王、六王、七王究系何人，史无明文，不便臆测。八、九、十王均有明确称谓，即八王阿济格，九王多尔衮，十王多铎。在努尔哈赤晚年，被其视为"心肝"的乌拉纳喇氏所生三子，也就是多尔衮同母所生的三兄弟，均位列八固山之王，而且他们系"帝后"所出，因而在十王中的地位非属一般。

努尔哈赤生前的这种安排，即使到皇太极继位之后，也是既成事实，沿而未改。天聪元年（1627）十二月初八，后金的诸贝勒还共同明确地宣布："阿济格、多尔衮、多铎，皆系皇考分给全旗之子。"这里的全旗，即努尔哈赤自将的两黄旗，在其身后，由他爱妻所生非常钟爱的三个小儿子继承管领。当时努尔哈赤亲自掌握的两黄旗，共有 60 个牛录，据《清太宗实录》记载，崇德四年（1630）五月辛巳（二十五日），皇太极"命和硕豫亲王跪受戒谕"时曾说："昔太祖分拨牛录与诸子时，给武英郡王（阿济格）十五牛录，睿亲王（多尔衮）十五牛录，给尔（多铎）十五牛录，太祖亦自留十五牛录。及太祖升遐，武英郡王、睿亲王言：'太祖十五牛录，我三人宜各分其五。'朕以为太祖虽无遗命，理宜分与幼子，故不允其请，悉以与尔。"

天命七年（1622）三月，努尔哈赤确定后金政权为"八旗共治"体制以后，所谓八旗的"十固山王"又是谁呢？皇太极于天命十二年（1626）九月初一即位的第二天，率领诸贝勒祝誓天地时，对三大贝勒与其他诸贝勒的排列，可能就是努尔哈赤死前八旗十王的顺序，即"三大贝勒与诸贝勒等誓曰：代善、阿敏、莽古尔泰、阿巴泰、德格类、济尔哈朗、阿济格、多尔衮、多铎、杜度、岳托、硕托、萨哈廉、豪格，谨誓告天地"。其中，所谓"十王"都是努尔哈赤的子侄辈，除四大贝勒为大王、二王、三王、四王（皇太极已即汗位，自不在内）外，从阿巴泰到多铎，正好是五到十王。按此序，多尔衮正好是九王。但在清入关前的史料中，未见阿巴泰、德格类、济尔哈朗称为几王的反映。从杜度以下到豪格，均为努尔哈赤的孙子辈。他们的年龄虽然都比多尔衮、多铎大，但在努尔哈赤死前，还不能把他们与其父辈相提并论。所以，八旗之主的"十固山王"，于努尔哈赤在世时，在其子侄中只排列到十王。其中阿济格、多尔衮、多铎所以并称为十王中之三王，可能是因其母为努尔哈赤称汗后的"大福晋"，处在"帝后"的地位。或因系"帝后"所生，故按此三个齿序排列称之为八、九、十王。史载多尔衮自幼聪睿，尤受努尔哈赤钟爱，大有立他为嗣之意，因此，在立他之前先将他序为八旗之主也并非无此可能。

在努尔哈赤将后金的政治体制确定为八旗诸王共治，并把多尔衮的同母三兄弟都安排成为八旗之王以后，天命九年（1624），便为13岁的多尔衮成婚，娶蒙古科尔沁部桑刚儿赛台吉之女为妻，以示成家立业。

三、迁都沈阳后的后金

多尔衮14岁的时候，也就是天命十年（1625）三月，努尔哈赤与后金的八旗诸王计议从东京辽阳迁都沈阳。他说："沈阳四通八达之处，西征大明，从都儿鼻渡辽河，路直且近；北征蒙古，二三日可至；南征朝鲜，自清河路可进；沈阳浑河通苏苏河，于苏苏河源头处，伐木顺流而下，木材不可胜用；出游打猎，山近兽多，且河中之利亦可兼收。"并且不顾群臣谏阻，坚决将都城从东京辽阳迁到了沈阳。

这种政治中心的北移，从历史发展的后果来看，对后金的事业发展不失为一项积极果断的决策，有其重要意义。但是，上述努尔哈赤的所谓"筹虑"与决断，是当时的历史实际，还是史笔后来的谀美之词呢？似乎更应该是后者。因为进入辽沈平原后，后金的事业并未取得预期的发展，相反，倒陷入了举步维艰的境地。努尔哈赤的迁都也与这时的内外环境有着重要关系。倘若我们再将明朝人士对此阶段历史的记述与此时孙承宗督辽的业绩联系起来考察，便可略见一斑了。

钱谦益对此事曾这样记述道："我（指明朝）之东渐也，奴惧，遂毁其宫室（指于辽阳所建的东京），北筑宫于沈阳，瓮城屡不就。又惧袭之。渐徙其畜于老寨，而营城于抚顺关外，渐思遁矣。"的确，天命七年（明天启二年，1622）正月，明朝在苟且偷安倾向积重难返的情况下，由于朝廷对后金势力发展、节节进逼的对策不一，导致辽东经略与巡抚不和而弃守辽西重镇广宁。但是努尔哈赤在轻取广宁之后，为了调整后金统治集团的内部矛盾和镇压辽南人民的反抗以及遏制毛文龙从海上进取辽南的企图，也已无力向辽西扩展。特别是明天启二年（1622）八月，明朝内阁大学士孙承宗以兵部尚书督师辽东以后，致力经营，到天启四年（后金天命九年，1624）秋，收复了辽河以西的失地470里，基本完全控制辽西。天启四年九月十八日，孙承宗于宁远（今辽宁兴城）又派遣马世龙、王世钦、袁崇焕等率军东巡至广宁。这次远巡，不仅遍历辽河以西，巩固了辽西防务，而且哨探到辽河以东，后金对此竟无可奈何。十月十三日，孙承宗派出的各路军队皆旋师宁远，会孙承宗于中右所（沙后所），"相与计恢复大略，无一人语不欲同心戮力"，文武将吏"相与奋臂抵掌，以为春夏之交，当决计大举"。明军的东巡着实给努尔哈赤以极大的震惊，而后金军对此的无能为力，乃至明军竟哨探到辽河以东，与东京辽阳只隔咫尺之间，更使他感到危机的严重。因此，善于侦探明朝虚实的努尔哈赤，在探知孙承宗于春夏之交"决计大举"的军事部署后，终于不顾群臣的谏阻，抢在孙承宗进攻之前慌忙迁都沈阳，以退求全。

同时，努尔哈赤的迁都也与毛文龙的力图进取和恢复辽南有着直接联系。

毛文龙，浙江钱塘（今杭州）人。有的历史记载说他年少时放荡不羁，被乡里人看不起，不得不出奔塞外，流浪潦倒 10 余年。后来被人举荐到当时的辽东巡抚王化贞手下做了个游击。而他自己则说其亲伯毛得春为辽东海州卫一百户，没有子嗣，故使他得以承袭伯父之职，因此对辽南地形颇为熟悉，"凡山川之形胜，奴情之出没，无不洞悉"。但由于际遇不佳，湮没无闻 20 余年。正想南归时，偶然遇到总督文球，并被举荐给王化贞，才有所作为。至于其中是非曲直，我们没有必要去作详细的考究。但有一点可以肯定，毛文龙确实在辽南组织人民展开了积极的抗金斗争。

天启元年（后金天命六年，1621）七月中旬，毛文龙联络辽南的反抗后金势力，乘虚收复了镇江，斩杀虏级不可胜数。明朝兵部侍郎王在晋在《救援镇江疏》中说："迩闻辽东抚臣王化贞密委都司毛文龙，收复镇江，四卫震动，人心响应。报闻之日，缙绅庆于朝，庶民庆于野。自清、抚失陷以来，费千百万金钱，萃十数万兵力，不能擒其一贼。此一捷也，真为空谷之音，闻之而喜可知也。"毛文龙遂被明朝加以副总兵之职，后授总兵，设军镇于皮岛，从海上组织辽南人民积极开展斗争，牵制了后金对辽西的进犯。天启三年

（1623），明朝又把他加升为左军都督府署都督同知，挂"援辽总兵官"印。他以皮岛为根据地并取得朝鲜支持，不断从朝鲜或海上进军辽南，抗击后金对辽南的侵占。

后金进入辽沈平原后烧杀劫掠，给广大汉族人民带来了深重的灾难，致"辽民怨离"。而毛文龙则乘机招抚辽民，以为己用，给后金以沉重的打击。镇江大捷后，后金对辽南人民的反抗更加惊恐，镇压也更加野蛮残暴。天启二年（1622）二月，毛文龙在督师辽东的枢辅孙承宗统一部署下，在"以山海为正为首，以（朝）鲜、镇（毛文龙）为牵其尾而捣其巢"的战略方针执行中，相继攻克被后金侵占的据点，历经多次战斗，"杀贼万有千数"。到天启五年（后金天命十年，1625），毛文龙前后共招抚辽民百万有余，挑选精兵17万，战马7000余匹，斩杀生擒后金兵无数，使后金因征服辽南付出了巨大代价，也成为努尔哈赤西进的心腹之忧。以致努尔哈赤感伤道："止有毛文龙之患，当速灭耳！文龙一日不灭，则奸叛一日不息，良民一日不宁。"有人对此颇生疑义，认为过于夸大。对此，我们并不完全否认，但毛文龙对后金西向的牵制作用却是不容置辩的。曾亲自阅视过毛文龙驻地的姜曰广和给事中王梦尹，通过实地考察，对此作出了比较实事求是的评价："文龙以二百人入镇江，据铁山，招溃散之民至十余万，即不谓攻建州之心腹，亦可谓收辽左之孑遗，不愈于辽阳之一陷，望风而溃者哉！如文龙者，不可不谓之豪杰。若堂堂正正与铁骑决胜于郊原，臣等不敢信文龙，至于设伏用间，乘敝出奇，文龙自信其能，臣等亦信文龙之能也。"

有的论著认为，努尔哈赤在攻占辽阳之后，没有立即轻取广宁而席卷辽河以西的州县，是在决策上犯了一个大错误。这种简单化的解说只是孤立地夸大了后金的军事力量，过分揭露了明朝之腐朽，而忽视了辽南人民对后金野蛮征服的反抗，从而遏制了其向西扩张的这一面。可以说，当时的形势不是能为而不为，而是势不能为。到天命十年（1625），毛文龙的势力已日益强大，仅兵力就有17万余人，更成为努尔哈赤的心腹之患，却无力铲除。而毛文龙不停地骚扰，辽南人民的激烈反抗，又使他寝食难安。因此，当孙承宗决计于春夏之交大举时，努尔哈赤一方面要迎战明军，另一方面又要顾虑毛文龙的袭击，而他又毫无把握在同时两面开战的战争中能获得胜利。于是，他匆匆北撤，选择了沈阳这个进退皆可为据的适中重镇作为新都，以待机而动。

天启五年（后金天命十年，1625）十月，明朝辽东督师孙承宗在阉党祸国之势已成、多方掣肘的情况下，很难继续发挥作用，被迫离任而去。而代其经略辽东的兵部尚书高第却一反其道而行，尽撤关外守军，等于将整个辽东都拱手送给后金，只据山海关之险，与后金分庭抗礼。在高第强令撤军之时，唯有驻守宁远的宁前道袁崇焕抗命不撤，并坚决表示誓与宁远共存亡，孤军坚守宁远城。

努尔哈赤得知消息后，不禁喜形于色。天命十一年（天启六年，1626）正月十四日，努尔哈赤调集精兵13万，号称20万，浩浩荡荡攻向宁远城。十七日，后金兵渡过辽河，在明关外守军尽撤的情况下，如入无人之境。二十三日，直达宁远城下。……巨石压卵，似乎胜负已定。然而，历史却又跟努尔哈赤开了一个致命的玩笑。

此时宁远城内的明军不足2万，孤军坚守，更无援军可言。面对号称20

万的后金大军，没有人会将赌注押在他们身上，可能就连袁崇焕自己也没有必胜的把握，只不过抱定必死之决心，将希望寄托于城池的险固和心力合一的众志成城之中。由于明军的誓死抵抗，凭借城池的险固，与后金军激战两昼夜，更使用红夷大炮，采取火攻，将后金战车尽行烧毁，后金死伤惨重。二十六日，身受重伤的努尔哈赤不得不撤围而去，焚烧掉明军在觉华岛囤积的大批粮草，败归沈阳。《清太祖武皇帝实录》对此记述说："二月初九日至沈阳。帝自二十五岁征伐以来，战无不胜，攻无不克，惟宁远一城不下，遂大怀忿恨而回。"如此简单的叙述无疑是在为努尔哈赤隐讳，倒是此时明朝人自己的叙述显得更详细、更真实。

明朝山海关主事陈祖苞在其塘报中云："二十四、五两日，虏众五六万人力攻宁远，城中用红夷大炮及一应火器诸物，奋勇焚击，前后伤虏数千，内有头目数人，酋子一人，遗弃车械钩梯无数，已于二十六日拔营，……遁去。"袁崇焕自己事后对此役总结时说："（努尔哈赤）自去秋河上遂觑我虚实，故倾巢入犯，视蕞尔之宁远如机上肉。至过锦石一带，彼不知臣之先行撤入，而谓我畏先逃，一往无复顾及，直抵宁远城下。臣又偃旗息鼓待之，城中若无人，彼愈易而拼力以攻。孰知臣之厚备而奋击也，出其意外，故措手不及而败走。"

败亡之后的努尔哈赤在各个方面都受到了严重的挫伤，不仅军事上从此失去了战略上主动进攻的地位，思想情绪以至身体健康都受到了创伤。明朝的辽西防务经过孙承宗等人的苦心经营，有了较大改观，加之袁崇焕等的坚决抵抗，步入暮年的努尔哈赤深感力不从心，而后金的事业发展也随之暂时被压制，在经过一段自我清醒的认识后，重新调整其内外政策，才又再度走向辉煌。

四、父死母殉兄夺其位

天命五、六年间，在后金事业不断发展的同时，统治集团内部争夺汗位继承的斗争也在不断地展开。天命五年（1620）三月初八，五大臣之一的费英东死去，62 岁的努尔哈赤感到："和我自身一样共同生活的大臣们，已有一二个开始凋殒，那么我也不久于人世了。"经过几十年的征战，艰苦创业，来之不易的这份基业，如何继续发展下去，特别是由谁来承继他身后的这番事业，不能不成为年逾花甲的努尔哈赤需要认真思考的一项至关重要的大事。

在努尔哈赤的 16 个儿子中，除了十六子费扬古为天命五年出生外，其他 15 个儿子均为天命建元以前所生。其中属于四房正室所生者 8 人，即褚英、代善、莽古尔泰、皇太极、阿济格、多尔衮、多铎等。只有 8 个正室所出之子，才有继承汗位的可能。

努尔哈赤在称汗建元天命以前，就曾安排长子褚英执政。当时他考虑："我若无子，夫复何言，今欲使我自己的儿子们执政，若使长子执政，而长子自幼心胸狭窄，并无善养国人宽大之心。若使其弟弟执政，又置其兄长于何处？怎可以使其弟超越其兄长而执政？"他希望："若由为父的荐用长子掌理大国以执大政，想必其定弃狭窄之心而改存正直之心！因此乃使长子阿尔哈图图门（褚英赐号）以执国政。"

然而，江山易改，本性难移。代父执政之后的褚英并未如其父所希望的那样"改存正直之心"，反倒变本加厉，日益骄横、排除异己，尤其对父汗所信任的五大臣和与自己一样功高威重的四个弟弟的打击，更是不遗余力。

五大臣是努尔哈赤开基创业的左膀右臂，被努尔哈赤视为腹心，委以重任。但同时，他们的位高权重也成为褚英专权的一大障碍，因而执政之后，褚英不仅继续打击五大臣的威势，更进一步挑拨他们之间的关系，使他们"彼此不和而困扰之"。对于四位弟弟，更挟父汗之势，大耍兄长威风，动不动就斥骂、责罚，命令他们"不得违抗兄长的话，更不许将兄长所说的各种话告诉父汗"。并强迫他们星夜盟誓，进而威胁弟弟们说："父汗给你们的好财物与良马，待父汗死后，给你们的财物马匹岂有不收回之理？再者，凡与我不友善的弟弟们以及对我不好的大臣们，待我坐了汗位以后，均将之处死。"忍无可忍之下，五大臣与四位王子终将实情禀告了努尔哈赤，众口一词，齐斥褚英之骄横，乃至于额亦都竟要离后金而去。于是，努尔哈赤意识到了自己的失误，在群情激愤之下，不得不痛责褚英，取消其执政，从此不再信任。而褚英并未因此而有所省悟，反倒生出怨恨。在父汗两次征乌拉均未让其同往时，褚英便与四个僚友商议："将我的国人与弟弟们平均分配的话，我宁愿死去不想再活了。你们与我同死吗？"四个僚友表示愿意同死。褚英便与他们对天地焚烧咒书，咒念其父和弟弟们征伐乌拉兵败，并表示不让兵败回来的父亲弟弟入城。然而，世上没有不透风的墙，褚英的僚友之中除一人自缢而死后，另三人由于害怕而告发了此事。悲痛交加的努尔哈赤终将褚英囚之高墙。三年后，由于"顾虑到长子之存在会败坏国家"，"始下最大决心，将长子处死"。

对于褚英的坐废与囚死，曾有人怀疑是五大臣与四王子所设的一个阴谋和陷阱。否则，五大臣与四王子又怎能众口一词？密室焚咒又怎会有人因害怕而告发？……所有这一切已无人能知道。但褚英的被废却为诸子争立铺设了道路。褚英伏诛，便也成为后金国初四大疑案之一。

努尔哈赤称汗建元前，安排执政时，除褚英外还有代善，但势不如褚英。在褚英被处死后，代善的执政地位未见被努尔哈赤宣布取消，在努尔哈赤诸子中仍以代善最强。在天命建元的前一年，努尔哈赤在发展并完善八旗制度中，把原有四旗扩编确定为八旗，代善拥有其中两旗。在努尔哈赤称汗后，于天命元年（1616）"命次子代善为大贝勒，弟之子阿敏为二贝勒，五子莽古尔泰为三贝勒，八子皇太极为四贝勒"，"同听国政"。虽然对他们都授予和硕贝勒，但代善以序而称为大贝勒，其地位和实际势力都居"四大贝勒"之首。所以努尔哈赤在处死褚英后，对拥有相当实力、在诸子侄中最年长的次子代善，仍让他帮助父汗发挥执政兄长的作用，而且在对明朝的战争与统一女真各部的征战中，代善确实也立下了汗马功劳，战功赫赫。天命四年（1619）三月的萨尔浒战役中，当明军四路攻向赫图阿拉时，代善力主抵御来自抚顺方面的明军，并自将前锋迎敌于萨尔浒战场，斩明朝西路军将领杜松，又北上击退北路军马林；又与皇太极合兵，斩杀明东路军统帅刘綎；最后击溃援明的朝鲜兵，俘降朝鲜都元帅姜弘立，彻底解除了赫图阿拉的危机。……为了取代明朝，到天命五年（1620），已经62岁的努尔哈赤不能不考虑其事业的后继之人问题。特别是随着费英东的去世，触发他有感于生年有限而事业未竟，在其身后，汗位究竟由谁来继承？这已经是后金事业继续发展中迫切需要解决的问题。明王朝毫无疑问是后金所面临的强大敌人，是"天朝大国"。在与大国争斗中，对建立不久的后金政权来说，如何团结好刚刚统一起来的女真各部，特别是如何保持统治核心的和谐一致，都是年逾花甲的努尔哈赤反复思虑的重要问题。褚英死后，从努尔哈赤调整八旗制度却并未改变代善拥有两旗的实力与地位，甚至表示"待我死后，要将我的幼子以及大福晋托诸大阿哥照顾抚养"等举措言词来看，努尔哈赤确曾属意于代善为其身后事业的继承人。

然而，大贝勒代善尽管功勋卓著，平素也谦恭友善，深得属下信戴，但在萨尔浒战役之后，似乎有些居功自傲，恃父汗的嘱托而忘乎所以，遇事失诸检点，甚至越轨行事。

天命五年三月的休弃大福晋事件，虽然以乌拉纳喇氏"窃藏金帛"而"迫令大归"，仅以所谓休弃大福晋而了事，对代善与大福晋的暧昧关系，努尔哈赤并没有宣布什么公开的处罚，却当众宣告大福晋之罪过："……不爱为汗的丈夫，背着我的眼睛，将我放置于一旁，越过我而去看视别人。"不仅发泄了心中的不满，也给代善以间接的斥责。而其中的意味，群臣都是明了于心的。于是，代善不仅在父汗心中的地位已不似从前，而且在臣下之中的威信也降低了许多。

半年后，又发生了代善听信后妻之言而虐待前妻所生之子硕托，致使硕托联合宰桑古以及从哈达、叶赫归附来的几家夫妻想要投奔明朝的事件。努尔哈赤对其内部的这种离心倾向非常注意，因而对执政的首要人物大贝勒代善直接进行了严厉斥责，以致代善不得不表示："汗父使我掌管之政，我应当回避退让。"通过这样及其他一些事件，更加动摇了努尔哈赤对代善原有之信任，期望变成了失望。

代善的种种越分之举，不仅招致了汗父的不快，而且他的恃权而忘乎所以也引起了共同听政的其他执政贝勒的不满，特别是三贝勒莽古尔泰和四贝勒皇太极。所以随着努尔哈赤对代善信任的动摇，在天命五年之后，努尔哈赤家族内部在汗位争夺上展开了一系列的斗争。这种斗争也随着皇太极的日渐崛起而集中到皇太极与代善两人之间。

皇太极为努尔哈赤第八子，其母叶赫纳喇氏，生前为努尔哈赤的大福晋。史称皇太极"仪表奇伟，聪睿绝伦，颜如渥丹，严寒不栗。长益神勇，善骑射，性耽典籍，谘览弗倦，仁孝宽惠，廓然有大度"。这固然是清朝遗老在修《清史稿》时特加的谀美之词，但早在天命年间，就有人称他"智勇双全"，努尔哈赤对他也很喜爱。而且在萨尔浒之战中，他与代善分领八旗左右翼夹击而大败明军，也立下了卓著战功。更在以后的征战中屡建奇功，在诸子中的作用日见突出，深受父汗信托，已具备了与代善一争汗位的实力。天命六年（1621）正月十二日，努尔哈赤率众贝勒子侄对天祝愿盟誓："……今祷上下神祇，吾子孙纵有不善者，天可灭之，勿令刑伤，以开杀戮之端。如有残忍之人，不待天诛，遽兴操戈之念，天地岂不知之，若此者亦当夺其算。"这种盟誓，是清入关前遇有重大事件而举行的一种重要仪式，以协调和争取保证统治集团在重要行动面前的步调一致，并把是否恪守誓言来作为事后进行奖惩的依据。但是，努尔哈赤这种力求内部团结一致，期望子孙间的和谐一致，并没有随着其事业的发展而如愿以偿。

天命六年九月，由于努尔哈赤对代善种种行为的不满与失望，使他对汗位继承人不得不重新进行审视、考虑。尽管此时努尔哈赤也知道自己似乎只能从代善与皇太极之中择一而立，但哪个更好，却使他难以立下断语。于是，他单独密议于自己的亲信阿敦，问他："诸子中谁可以代我者？"阿敦虽未明言，但在言辞之中流露出当立皇太极之意，因为在代善与皇太极之中，他与后者的关系相对密切，并且也了解后者的一些秘密。然而，这件事却被大贝勒代善知道了，对阿敦大为不满。阿敦知晓之后才发觉自己举措之失误，自己只不过是个局外之人，却卷入了有关国本的汗位之争的旋涡中，其危险是不言而自明的。倘若此时的他誓死依托于一方，以全力支持皇太极来寻求退路，或许还有保身的希望。但他不幸地又走错了一步，将皇太极联络莽古尔泰、阿济格等人共同对付代善的事告诉了大贝勒，想斡旋于两者之间，讨好双方，将来无论谁继承汗位都对自己无损。但代善却先发制人，将皇太极与莽古尔泰等密谋"潜怀弑兄之计"的事告诉了父汗。对天盟誓的誓言尚在天宇中回荡，就发生这种事情，对努尔哈赤来说不啻于一记重击，他不愿相信却又不得不相信。然而，他已杀死了自己的一个儿子，不愿再以儿子的鲜血来铺设自己走向天国之路。于是，在亲信与儿子之间，他选择了后者。阿敦则被冠以"交媾两间"的罪名监禁于牢笼之中。

阿敦事件实质是代善与皇太极争夺汗位斗争的表面化。通过这次事件，使努尔哈赤对汗位继承人的选择更举棋不定，因为没有一个儿子如他所希望的那样令他放心。而他一直以来很信托的皇太极，也由于"潜怀弑兄之计"的真实面目曝光，在他心目中的形象已不似从前那样光耀了。经过长期的思索与总结，使努尔哈赤不得不面对"八旗共治"的国情，终于将原来想要立储实行君主专制的集权统治，调整为由主管八旗的"八固山王，共同干国"的诸王共治体制，并规定："八固山王，尔等中有才能受谏者，可继我之位，若不纳谏，不遵道，可更择有德者立之"，似乎颇有民主之风，但实际上八固山王都是努尔哈赤的子侄们，而其中儿子们拥有的实力最大，可以继承汗位的只能是他的儿子，外人是难以染指的。他只不过是将这个烫手的山芋扔给自己的儿子们，让他们自己去解决，从而也在这看似民主的举措中隐伏下了一片杀机。

天命十一年（1626），努尔哈赤在攻宁远受挫负伤后，出京诣清河温泉沐养却不见起色，八月十一日病故于距沈阳 40 里的瑗鸡堡，享年 68 岁。于是，虚空的汗位所造成的权力真空，在后金统治阶级内部引发了一场你死我活的争权夺位斗争。阴谋、陷阱等险象环生的骨肉相残，造成了一个个刀光剑影的千古之谜。

在此时的后金政权中，有能力争夺汗位的只有四大贝勒：代善、阿敏、莽古尔泰、皇太极以及被父汗赐予两黄旗十五牛录，同列"固山王"的多尔衮兄弟。

大贝勒代善在褚英伏诛后，一度成为嗣子之最佳人选，可他却由于行为失检、听信谗言而遭到父汗的冷落，渐渐失宠。尽管如此，他的权势仍仅次于父汗，仍以大贝勒身份统理军国大政，仍为正红、镶红旗主，仍有能征善战、统兵辖民的十数子侄，仍足可与诸子一争高下。二大贝勒阿敏身为镶蓝旗主，拥有一定实力，且素怀野心。但毕竟他是努尔哈赤的弟弟舒尔哈齐的儿子，是旁支，倘若他争位，必将成为其他三大贝勒的共敌，成功的希望微乎其微。三大贝勒莽古尔泰，拥有正蓝旗，却桀骜不驯，过于鲁莽，又为讨好父汗而手刃生母，遭到唾弃，声名一败涂地，从此与汗位无缘。四大贝勒皇太极拥有两白旗，实力与代善不相上下，且他战功卓著，聪颖过人，文韬武略无所不精，自幼就受努尔哈赤钟爱，也是最有实力争夺汗位的人选之一。多尔衮兄弟拥有父汗自领的两黄旗十五牛录，论实力已超过三大贝勒而与大贝勒代善并驾齐驱，又有身为"帝后"的额娘（母亲）为靠山；而且据朝鲜史料记载，努尔哈赤临死时曾召见代善与阿巴亥，并遗命："九王子（即多尔衮，为九王爷）应立而年幼，汝（指代善）可摄位，后传于九王。"倘若真有此遗命的话，那么多尔衮在其兄弟及母后的支持下也不失为夺取汗位的一位颇具实力的人选。

对于此"遗命"的有无，历来颇有猜测。但仔细考究，不能骤下断语而否认它存在的可能性。

首先，多尔衮是努尔哈赤称汗后真正"帝后"所生之子，和他称汗前几位大福晋所生的儿子还有所不同：代善、莽古尔泰和皇太极等虽然也属其正室所出，但他们的生母在努尔哈赤称汗前都谈不到是"帝后"，并且代善和皇太极之母在其称汗前早已死去。莽古尔泰之母虽然与多尔衮之母并存于一个时期，但恐怕早已失宠，何况她又是已婚之妇再嫁努尔哈赤的。所以，由"帝后"之子来继承汗位，那就是理所当然的了。那么，多尔衮之母生有三个儿子，为什么努尔哈赤却选中了多尔衮？因为多尔衮同胞兄阿济格，当时虽已22岁，却有勇无谋，办事鲁莽，不堪继任；比多尔衮小两岁的幼弟多铎，虚岁才13岁，尚未脱离蒙童。所以，自幼聪明的多尔衮，虚岁虽然15岁，但其超人的智力，不能不为努尔哈赤所注目。而且，颇有心计的大妃阿巴亥在这场立嫡的斗争中也不会袖手旁观，会利用她无比优越的地位来影响努尔哈赤。

其次，努尔哈赤也已考虑到多尔衮的年纪尚幼，所以安排先由位处四大贝勒之首的大贝勒代善"摄位",待多尔衮长大后"传位九王"。这样,立嫡、立长皆得到兼顾,可谓合理合法了。

最后,努尔哈赤是在后金处境危机重重中死去的。明朝虽已腐溃,却也不是一朝一夕便可以大举突破的,尤其袁崇焕督师辽东、稳扎稳打的致力经营,仍是后金最大的威胁。腹心之患毛文龙也以东江和朝鲜为基地,不时骚扰,甚至出击到赫图阿拉,危及其老巢;身后的蒙古诸部也与明朝有着千丝万缕的联系,成为后金的后顾之忧。……如此形势迫使弥留之际的努尔哈赤不得不反复考虑他艰难开创的事业如何后继得人,才能够继续发展下去。尽管天命七年(1621)三月,他将后金的政治体制确定为由八固山王共理国政,但所谓"八固山共治",是以保持八旗势力平衡发展为基础的,而这种平衡的调节器就是他自己。如果他死去,这种平衡无疑会被打破,交给三个小儿子的原来由他所主的两黄旗,可能成为几个大贝勒争夺控制的对象,甚至会由争夺而引起争斗,统治核心内部出现动乱,这对"四境逼处"的后金是非常危险的。为了使其身后的局势能够得到控制,立嫡立长念头在他弥留之际又重新浮起。如果由大贝勒代善摄位,由智力超群的多尔衮继位,再加上"母后"的照看,就可以使"帝后"所生三子所主、由他原来掌握的两黄旗免受争夺之害。两黄旗与代善的两红旗联合,便可以左右大局,使来之不易的后金事业还可以继续发展下去。因此,当努尔哈赤感到病危时,便从清河温泉急归沈阳,并速召"帝后"来迎,很可能在其临死之前,向阿巴亥和大贝勒代善当面交代了上述的愿望,留下了让多尔衮继位并由代善摄政的遗言。然而,在此之中我们也不难看出,事情的关键还在大贝勒代善。

沈阳城内一片哀声，后金军民沉浸在巨大的悲痛之中。然而，在这哀声中却隐伏着一股杀机，一股令人窒息的杀机。各种力量都在紧锣密鼓地策划、密谋、交易……鹿死谁手，尚未可知。

大殿内，烛灯高燃，一身缟素的诸王贝勒们已沉默许久了。这是一个漫长、沉寂却杀机四伏的夜晚。每一句话、每一个字都可能引来一片血光，引发一场恶战。谁都企盼登上汗位，但谁都不敢说自己一定能登上汗位。沉寂，死一般的沉寂……

突然，大贝勒代善缓缓站起身来，说道："国不可一日无君，宜早定大计。四大贝勒（指皇太极）才德冠世，深契先帝圣心，众皆悦服，当速继大位。"众人愕然，惊奇的眼神中透露出不解的迷惘，难道大贝勒不想继承汗位吗？其实，代善并不是不想继承汗位。论辈分，他是长子；论军功，他战绩显赫；论实力，他拥有两红旗的兵马，是最有机会夺得汗位的人。但他十分清楚此时内外交困的险恶，知道内部的争斗必将使后金陷入万劫不复的灾难之中。况且，论能力他确实不如皇太极。在宫廷斗争中，也只有他能宽容而无皇太极的谦让，这点早在阿敦事件中代善就已领略到了。倘若代善继位，必成鹬蚌相争，渔人得利之势；而皇太极继位，代善却可与皇太极联手，足可镇住内外局势，保住后金多年的基业。尤其是在与皇太极关系密切的代善二子岳托、萨哈廉的劝说下，更促使代善决定从国家大局出发，放弃汗位，拥立皇太极。至于父汗的"遗命"，他不是没有想过，但以一个冲龄之子践祚，不用外部明军来攻，自己内部的争斗就足可将后金的基业毁于一旦。没有哪一个贝勒会轻易放弃自己的机会，尤其是皇太极。看来，"遗命"只能"遗"却不能"命"了。

大贝勒的话似乎无人反对。因为没有人知道这背后是否有着什么交易、什么阴谋，更没有人可与他们两人的实力相抗衡。沉默可以理解为反对，也可以理解为赞同。于是，皇太极便被推上了大汗的宝座。而本应属于九王爷多尔衮的汗位也便从他身边偷偷地溜走了。

在即位之前，皇太极还有一件事情需要去办。刚被议立为汗，他便率领诸贝勒一起赶赴大妃阿巴亥的居处，以先父"遗命"逼其自尽殉葬。在皇太极的眼里，这是一个年富力强、精明机敏、胸怀大志的女人。身为后金国母，她发展得太快了，她三个儿子的实力已超过了包括皇太极本人在内的三大贝勒；她知晓后金军国的核心机密，她完全可能以努尔哈赤"遗命"的名义，将自己的儿子推上宝座，按自己的意志左右政局。她成了皇太极最严重的隐患，最危险的政敌。而这种威胁，对皇太极来说只能以大妃的死来解除。面对着如狼似虎的先夫的子侄们，大妃阿巴亥无奈地落泪了。20多年的宫廷生涯使她知道抗拒已是无用的了，只好含泪将自己年少的儿子托付给这些逼己自尽的先夫的子侄，便永远地结束了自己的生命，去与努尔哈赤相伴了，时年37岁。

有人根据努尔哈赤虽确立"八旗共治"之制，却并未确定皇太极即位后所实行的"四大贝勒共坐"之制，来断定皇太极在夺立之中与代善做了某种交易，而且逼殉大妃也可能是这种交易的产物。因为，只要代善反对，大妃似乎绝不会被逼自尽。况且，努尔哈赤"逼殉大妃"的遗命之有无，也是个疑问。努尔哈赤病于沈阳城外，逝于沈阳城外，最后时刻在身边的只有代善与阿巴亥，又怎会有"遗命"给远在异处的众贝勒呢？即使他有"遗命"，夙善机变的阿巴亥又怎会不察觉呢？可见，"逼殉大妃"的遗命只不过是皇太极在取得代善支持与同意下伪造的，而且曾经告发大贝勒与大妃暧昧关系的庶妃塔因察也在殉葬之列，不能不说这是代善之意。对此，我们并不否认。政治斗争往往都是以利益为前提的。代善虽然放弃了汗位，但绝不会放过任何一个可给自己带来巨大利益的机会。因此，在皇太极向他允诺一定的政治利益后，他便开始支持皇太极，并以"逼殉大妃"的假遗命取代"立九王子"的真遗命而帮助皇太极完成了他的"夺立"。

第二章 皇太极统治时期的多尔衮

一、危境中的兄弟合作

一切障碍都被扫除之后，天命十一年（1626）九月初一，35 岁的皇太极在诸贝勒大臣的拥扶下登上了他向往已久的汗位，改元"天聪"，史称"天聪汗"。第二天，为了使其夺取的汗位合法化，皇太极又率诸贝勒举行了庄严的祝誓天地仪式，为自己的夺立披上了一件合法的外衣，俨然已是一位"代天牧民"的君主。然而，此时后金所面临的危急形势并未因新汗的继立而有丝毫的改变。后金仍处于困境之中，不仅境内存在着严重的后顾之忧，而且周围的处境也并不乐观："今汉人、蒙古、朝鲜，与我四境逼处，素皆不协，且何国不受讨于我。积衅既深，辄相窥视。"

宁远大捷后，明军士气大振，更厉兵秣马，积极备战，给后金以极大的威胁。而依托朝鲜、盘踞皮岛的毛文龙也不停地骚扰，成为后金的腹心之患。因此，天聪元年（1627）正月，在皇太极即位不久，当朝鲜人韩润、郑梅叛逃后金，请求出兵并愿为向导时，皇太极果断下令派阿敏、济尔哈朗、阿济格、杜度、岳托、硕托六位贝勒率大军出征朝鲜，企图达到彻底剪除把朝鲜作为抗金基地的毛文龙的目的。突然出现在毛文龙身后的后金军，着实给毛文龙以极大打击，损失惨重，但他却凭借熟悉的地势在游击中得以脱身，使后金的目的未能达到。为了打击朝鲜对毛文龙抗金势力的支持，后金军"屠其军民数万，焚粮百余万，长驱而进"。在"已逼国都"的形势下，威逼朝鲜缔结了城下之盟。

"约为兄弟之国"，议定朝鲜向后金"春秋输岁币，互市中江"。之后，即刻撤军，以防备明军乘机偷袭沈阳。但对明朝忠心耿耿的朝鲜李氏王朝仍保持着与明朝的联系，在暗中支持毛文龙。因此，逃脱之后的毛文龙重整军马，仍以朝鲜为依托不停地袭击辽南，使后金的统治从未有过一日安宁。以致气得皇太极也不得不说："我气不过就是东江，只为山险谷深，前埋后伏，且他奸细甚巧，我的动静言语霎时便知，可恨可恨！定要拿他。"同时，努尔哈赤对辽南人民的残酷杀戮，也严重破坏了社会生产力，激化了社会矛盾，加上不断用兵，经济日益枯竭。到皇太极即位后，"国中大饥，斗米价银八两，人有相食者。国中银两虽多，无处贸易，是以银贱而诸物腾贵，良马一银三百两，牛一银百两，蟒缎一银百五十两，布匹一银九两。盗贼繁兴，偷窃牛马或行劫杀"，更加加重了后金社会的动荡不安。

而且，后金西北的蒙古各部，正为明朝所利用来牵制后金，达到"以西夷制东虏"之目的。蒙古各部早在努尔哈赤起兵时，就一直与建州女真处于敌对地位。早在明万历二十一年（1593）蒙古科尔沁部就曾加入九部联军进攻努尔哈赤。古勒山大败后，科尔沁部才开始与建州通好。而此时的努尔哈赤也认识到蒙古对其发展的重要性，感到蒙古是一支可以利用也必须争取到的力量，因此对蒙古也展开了积极友好的外交政策，遣使通好，厚加赏赐，通婚联姻。尤其对率先表示友好的科尔沁部更为优待，他自己就娶了科尔沁贝勒明安之女和郡王孔果尔之女为妻。天命十年（1625），后金又与科尔沁奥巴台吉结盟并帮助他打败了蒙古察哈尔部的进攻，从此将科尔沁部永久地绑在了后金的战车之上。但科尔沁部尽管其地理位置十分重要，却只是蒙古诸部中的一个小部落，更多的部落则在强大的察哈尔部率领下继续与后金为敌。这样，东面的朝鲜与西方的蒙古各部，便成为明朝控制后金发展的左右两翼。万历后期到天启年间，明朝的蓟辽总督王象乾和辽东巡抚王化贞，曾以大量岁币收买东蒙古各部，用以制约后金，致使东蒙古各部成了明朝与后金互相争夺的对象。皇太极即位前后，蒙古察哈尔部的林丹汗（据《蒙古源流》，林丹汗为达延汗的七世孙）想统一漠南蒙古各部，明朝也从各方面支持他成为漠南蒙古的共主，把过去分给蒙古各部的岁币都集中给了林丹汗，以求共同抵抗后金。所以，林丹汗也成为后金争取漠南蒙古的敌对力量，而后金同样也成为林丹汗统一漠南蒙古的重要障碍。林丹汗为制止后金对蒙古势力的瓦解与分化，曾先后攻伐与后金有联系的喀喇沁和扎鲁特等部落。这样，以林丹汗为首的察哈尔部势力的存在，便成为后金西方的重要威胁，影响后金与明朝对辽西的争夺。同时，蒙古各部以游牧为主的飘忽不定、变化无常以及由此而来的桀骜难驯，都需要后金花费很大力气。

另外，后金政权内部的体制与反对力量同样也掣制着皇太极权力的发挥与运用。尽管皇太极在代善等人的支持下被议立为汗，但这并不意味着在后金政权内就不存在着反对力量了。不是每一个人对此都感到满意。阿敏的野心、莽古尔泰的不驯、阿济格的仇视……对已登上汗位的皇太极来说依然是一种潜在的威胁力量。况且努尔哈赤所确定的"八旗共治"政治体制，使事权分散，无论什么都需征得八旗旗主的同意才可施行。此时的"汗"已无昔日努尔哈赤的威风，只不过是一个身份稍为尊贵的"大贝勒"罢了。这种八旗诸王势力的既定格局，对皇太极的一举一动都起着掣肘的作用，甚至是对汗位的一种威胁。

皇太极在告天即位的自誓中曾经说道：

> 谨告于皇天后土，今我诸兄弟子侄，以国家人民之重，推我为
> 君。敬绍皇考之业，钦承皇考之心。我若不敬兄长，不爱子弟，不行
> 正道，明知非义之事而故为之，兄弟子侄微有过愆，遂削夺皇考所予
> 户口，或贬或诛，天地鉴谴，夺其寿算。若敬兄长，爱子弟，行正
> 道，天地眷祐。俾永膺纯嘏。或有无心过误，亦祈天地鉴之。

这种不能因"兄弟子侄微有过愆"而"削夺皇考所予户口"的对天盟誓，
是当时的满族所特别重视的。在"八旗共理国政"的政体下，它不仅明确了作
为汗位继承人皇太极与诸贝勒君臣之间的各自地位，确立了上下尊卑关系，而
且皇太极还以八旗诸王的权益不受侵犯来换取八旗诸王对他继承汗位的承认与
支持。这也从侧面说明了"八旗共治"格局对皇太极的威胁与牵制，以至只有
作出相应的让步才能在汗位上坐稳。其中，也使年纪幼小的多尔衮兄弟获得了
不被压抑的"誓言"保证，并在皇太极"二幼弟吾等若不恩养，是忘父也，岂
有不恩养之理"的承诺中，以努尔哈赤原有的两旗实力为基础，逐渐发展了起
来。

在此内忧外患、"四境逼处"的形势之下，刚刚继位的皇太极为稳定局势，
便积极调整努尔哈赤晚年的一些错误政策，以期开创后金发展的新局面。为了
平息辽南人民的不断反抗，稳定辽南统治，他首先改变努尔哈赤对辽南人民
的残酷镇压和强迫为奴的政策。皇太极即位的第五天，即九月初五，便谕令强

调："治国之要，莫先安民。"初七日，又进一步强调："至于满汉之人，均属一体，凡审拟罪犯，差徭公务，毋致异同。"可见其对稳定辽东统治的重视程度和迫不及待的心情。之后，更不许再立庄田，解放部分奴隶，实行满汉分屯别居，禁止屠宰耕牛，禁止滥用民力……采取种种措施缓和矛盾，发展经济、恢复生产。据说有一年春耕时分，皇太极信步出城，见花红柳绿，大雁回归，不禁游兴大发。正沉浸于这无边春色之中时，忽然却见成队的民夫被拉去筑城，而田间的土地却尚未开垦。他的脸色阴沉下来，立刻打马回宫，召集诸贝勒大臣训斥道："筑城固为正务，但致误耕作，田地荒芜，民食何赖？日后再有滥用民力致妨农务者，定将问罪严办。"

在处理与明朝的关系上，皇太极鉴于其父努尔哈赤于宁远战役受重创后愤懑而死，基于后金所面临的形势以及适应当时后金历史发展的趋势，把努尔哈赤晚年对明朝不顾条件的强攻硬战，调整为"渐息兵戈以休养部落"，把"讲和与自固"确定为后金与明朝斗争的基本策略方针。他对后金与明朝在力量对比上的总体估计是："南朝虽师老财匮，然以天下之全力毕注于一隅间，盖犹裕如也。"所以皇太极在即位伊始，乘袁崇焕派人去沈阳为努尔哈赤吊丧并贺其即位之机，给袁崇焕复信并首先提出了议和的愿望与条件。当时的双方为了争取在斗争中各自取胜的条件，均想有个自固的机会，以期取得打败对方的条件。皇太极当时的具体想法是"父王不听我计，临终方悔。今天南朝讲和，要全还辽土。父王苦挣的，不能恢拓，岂有返还之理？只人民缺食，哄他些金帛米布，穿暖吃饱，先统兵剿除东江"，以解除内顾之忧。也就是说，争取喘息机会，立足于"自固"，以"讲和"为缓兵之计，并在此种争斗之中，引明朝于财尽力疲，以便稳扎稳打地加强自身建设，麻痹敌人，以期在和明朝的斗争中立于不败之地，为取代明朝奠定强固的根基。

经过皇太极一系列的措施调整，不仅较快地掌握了和明朝斗争的主动权，并且推动了后金社会的快速发展，使其从不发达的奴隶制急剧地向封建制过渡。就是在这个过渡中，多尔衮在各种错综复杂的斗争中，压制住对皇太极的仇恨，忍辱负重，机智而又巧妙地站在皇太极一边，在危境中与他联手，逐渐成为皇太极的得力助手，为他以后成为摄政王创造了有利条件。

天聪二年（1628）二月初八，后金因派往蒙古喀喇沁的使臣两次都遭到蒙古察哈尔部多罗特部落的截杀，皇太极亲率精锐前往征讨，17岁的多尔衮和15岁的多铎初次随军远征。二月十五、十六日间，双方会战于敖木轮地方（大凌河上游），多罗特部落的多尔济哈谈巴图鲁受伤败走，妻子都被后金俘获，并杀其台吉古鲁。这次战役，后金俘获了11200人，追击中又俘获200户以归。回师中，于三月初七将至沈阳时，大宴诸贝勒和朝臣，皇太极非常高兴地说："蒙天眷佑，初次令两幼弟随征远国，克著勤劳，克期奏凯，宜锡美号，以尔褒嘉。"于是赐贝勒多尔衮号为墨尔根戴青，多铎为额尔克楚虎尔。对于多尔衮的封号，郑天挺先生在《墨勒根王考》中解释，"墨勒（尔）根"于满语中为善射者之意，引申为聪明。墨勒根王，汉语为聪明王，盖即汉文"睿亲王"封号之所出。戴青，在蒙古语中为统帅之意。可见，此时的多尔衮已深得皇太极的信任了。

班师不久，就发生了后金历史上第一次旗主坐废事件。对此，《清太宗实录》卷四有过比较详细的记载：

初，贝勒多铎，欲娶国舅游击阿布泰之女，贝勒阿济格，不奏请于上，又不与众贝勒议，擅令阿达海与多铎为媒，又同阿达海至阿布泰家视女。至是事闻。上命罚阿济格银千两，驮甲胄雕鞍马一，雕鞍马三，素鞍马八，仍革固山贝勒任，以其弟贝勒多尔衮代之。降阿布泰为备御，罚银二百两。阿达海坐引诱多铎，又听信阿济格与多铎为媒，拟辟，因系太祖恩养之人，免死，革职，籍其家之半。

阿布泰，为大妃阿巴亥弟，阿济格、多尔衮、多铎之舅。努尔哈赤时，曾任总兵官，权势显赫。皇太极即位后，由于显而易见的原因被贬为游击之职。后来，皇太极又因其颇有怨恨之心，"以国舅阿布泰谗恶，谕诸贝勒勿与结婚姻"。阿济格三兄弟在领有父汗自领的两旗之后，虽握有一定实力，但年少资浅，缺乏经验，仍然不具有举足轻重的作用。基于对此情况的清醒认识，多尔衮忍辱负重转而投向杀母仇人皇太极的阵营中，在为皇太极的征战中逐渐树立威信、积累经验、扩充力量。而阿济格却相反，不愿如弟弟那样与仇人合作。他希望能有一个能征善战、颇有斗争经验的人来帮助他，与他合作，来发展自己的力量。于是，他选中了舅舅阿布泰，想通过结亲的方式亲上加亲，来扩充发展自己的势力。然而，皇太极却敏感地觉察到了其中隐含的意蕴，这是他无论如何也不能容忍的。因此，尽管自己"自誓"的声音尚在天宇中回荡：不因"兄弟子侄微有过愆，遂削夺皇考所予户口"，皇太极终于还是下令废除阿济格正白旗旗主之职，但并未将其收回，而是交给了阿济格同母弟——皇太极颇为信托的多尔衮。这次偶然的事件，使多尔衮真正成为一旗之主，为他以后事业的发展奠定了实力基础。

对于多尔衮所领有的是正白旗还是镶白旗，史学界曾多有议论，莫衷一是。但我们以为多尔衮此时接管的似乎是正白旗。

关于清入关前八旗旗主的变化，随着满族社会的不断发展，后金统治集团内部矛盾斗争的不断进行以及修史、改史中的隐讳篡改，以致把这个问题弄得比较混乱，特别是皇太极的子孙在修史中不断贬低多尔衮的作用，更使后来的史家为此花费了不少精力。孟森先生的《八旗制度考实》曾为此问题的研究奠定了基础。在清入关前的史料中，关于八旗制度的形成过程和旗主变化，官修史书含糊不清。但入关后的史书中对此颇有记述，尽管说法不尽相同，却也可略窥其一斑：大约早在万历十二年（1584），努尔哈赤就设立了八旗基层组织牛录。到万历二十九年（1601），因"满洲生齿日繁，诸国归附人众，设四旗以统之，以纯色为辨，曰黄旗，曰白旗，曰红旗，曰蓝旗"。万历三十四年（1615），即努尔哈赤建立后金政权的前一年，因"归附日众，乃析为八"，"定八旗之制"，为后金政权的建立、国体的形成奠定了组织基础。《八旗通志》在总结八旗制度形成时说："于是定两翼之位，列八旗之方，拱卫皇居，星罗旗置。"这虽然是就清统一全国以后，八旗如何保卫京师而言，但这种"列八旗之方，拱卫皇居"的思想，在后金政权建立之前，从八旗制度确立时就已经反映出来了。努尔哈赤称汗后，八旗旗主除努尔哈赤外，皆称和硕贝勒。皇太极称帝后，其他八旗旗主皆封为和硕亲王。"和硕"为满语，为隅角之意，也就是说，让八旗从四面八方来保卫他们的政治中心。

八旗初设四旗时，对各旗之主缺乏明确的记载，但是从当时努尔哈赤兄弟子侄各自所拥有的实力及有关情况，和其他史料所提供的线索来进行多方面的考察，也不是一个判断不了的问题。1601年成立四旗时，努尔哈赤42岁，其弟舒尔哈齐38岁，褚英21岁，代善18岁，莽古尔泰才14岁，皇太极仅9岁。因此，从年龄上来看，只有努尔哈赤、舒尔哈齐、褚英、代善可以成为旗主。另外，努尔哈赤是建州三卫女真的首领，在家族内部又处在父兄最尊的地位，一切皆由他发号施令。其弟舒尔哈齐也曾被明朝任命为建州卫的都指挥，兄弟二人同受明朝重视，也曾两次单独去北京与明朝进行朝贡贸易，具有相当的实力。褚英和代善都是努尔哈赤的嫡子，年岁最长，都直接参与过国政的管理，并被赏赐大量人丁、牧群、财物等，都具有相应实力。所以，四旗成立之时，可能努尔哈赤亲自掌握黄旗，而由长子褚英管领白旗，次子代善管领红旗，舒尔哈齐所管领的只有蓝旗。这样，努尔哈赤父子所控制的实力是四分之三，这也是努尔哈赤取得独尊地位的实力基础。处于这种局面之下的舒尔哈齐，因怨恨出奔他部，致使建州女真人正在凝结的向心力倾向出现了裂痕。努尔哈赤也当机立断将舒尔哈齐圈禁并处死，以杜绝后患。但蓝旗势力依然存在，便由舒尔哈齐第二子阿敏继任旗主。万历四十三年（1615），努尔哈赤又把与之离心的长子褚英处死，由褚英长子杜度接任白旗旗主。

万历四十三年（1615），将四旗扩充为八旗之时，努尔哈赤以父汗独尊的地位，亲自主管两黄旗。代善在褚英死后，已处在诸子侄之首的地位，又曾受命于努尔哈赤与褚英共理国政，并且诸子也能征惯战，在努尔哈赤子侄中以他实力最强，管领两红旗。此时皇太极已23岁，并已显露出才干，所以由他掌管正白旗，以分化褚英原来的势力。褚英长子杜度只能管领镶白旗。原来舒尔哈齐的蓝旗由已经长大到 28 岁的莽古尔泰主管正蓝旗，原来接任舒尔哈齐为蓝旗旗主的阿敏分管镶蓝旗。努尔哈赤在确立八旗时，对其子侄的这种权力分配，又通过天命建元把代善、阿敏、莽古尔泰、皇太极并封为四和硕贝勒加以固定下来，从而确定了天命年间的在父汗努尔哈赤之下，由四大贝勒轮流执政的格局，形成了以努尔哈赤为首、四大贝勒为辅的统治核心。皇太极继位后，因努尔哈赤时大汗的直属旗是两黄旗，于是皇太极便把两白旗改为两黄旗，将多尔衮兄弟的两黄旗改为两白旗。原来正白旗的旗主是皇太极，镶白旗的旗主是杜度，大概在改变旗色中，皇太极便把杜度的镶白旗变为己有，而把杜度排挤出他原来领有的镶白旗。杜度在皇太极夺立后，郁悒不得志，独保其身，不和他人往来，"生前从不向别人问疾吊丧"，崇德七年（1642）46 岁时便死去。所以，皇太极即位之初，八旗的旗主是：皇太极父子拥有两黄旗，代善父子仍然是两红旗之主，二大贝勒阿敏仍主镶蓝旗，三大贝勒莽古尔泰仍主正蓝旗，多尔衮兄弟则拥有两白旗。

早在天命七年（1622）三月，多尔衮虽然就已被任命为旗主，加入"八旗十固山王"之列，但这只是由他们兄弟三人在努尔哈赤身后去接管努尔哈赤亲自掌握的两旗，所以在努尔哈赤生前，他们还没有成为各自管领某旗的旗主。努尔哈赤死后，阿济格继任为原来正黄旗的旗主。多铎在分得十五牛录之外，又获得了努尔哈赤自留的十五牛录（由皇太极做主赐予）而成为完整的一旗，也便成为原来镶黄旗的旗主。而多尔衮则被附于其兄阿济格原来的正黄旗内，他们各有十五牛录，正好组成完整的一旗，并且保持了努尔哈赤原有两旗的编制。因此，可能是因为努尔哈赤死前，为了让代善辅佐多尔衮继位，而将他直接掌握的两旗属意由阿济格、多铎分领。这样，由多尔衮继承汗位，虽然没有直属的领旗，但也可以得两红旗和两黄旗的支持而具有压倒性优势，"帝后"所生三子也就各得其所了。也可能是因为皇太极夺立后，为了压抑其竞争对手多尔衮，限制其独立力量的发展，多尔衮一直未能真正成为一旗之主，直到阿济格坐废后，他才继任其兄成为正白旗旗主。

对于阿济格的旗属，在《清太宗实录》卷四记载阿济格坐废的条目中并未标明。因此有人认为不便妄下断语，断定阿济格不是镶白旗之主而是正白旗之主。但从这一段记述（见前文）来看，阿济格之所以能够"擅令"阿达海与多铎为媒，是因为阿达海是臣属于阿济格所领的旗下人。因此，只要查清阿达海的旗属便使此问题迎刃而解了。

阿达海为阿山之弟，姓伊尔根觉罗氏。努尔哈赤时，阿山与阿达海等人跟随其父阿尔塔什率七村户口来归，努尔哈赤将阿山和阿达海分拨于大贝勒代善旗下辖之。"阿山以大贝勒置之闲散，触望有异志，与诸弟及其子塞赫等逃之明"，却被明军赶了回来，迫不得已，阿山只好与阿达海等人复归请罪。努尔哈赤因其悔罪来归而宽恕了他们，并"不令属代善，置诸左右备使令，责之后效"。后来，阿山由于屡立战功，皇太极继位后，擢升为十六大臣之列，佐理正白旗。阿达海与其兄阿山同时来归，同时叛逃，又同时受到宽宥，同被"置诸左右备使令"，阿山隶属于正白旗，那么阿达海也极可能与其兄一样辖之于正白旗。对此，《清史稿·阿山传》中曾明确记述道："太宗即位，旗属大臣一为将，其次置大臣二为佐，又其次大臣二备调遣。使阿山佐正白旗，阿达海同旗备调遣。"尽管众多史籍中只有阿山之传而没有阿达海传，但从阿山的传中也可看出些许端倪，并断定阿达海与其兄阿山同为正白旗中的大臣，其旗主则是阿济格。因此，多尔衮从阿济格手中接管的是正白旗而不是镶白旗。也正是从这时起，多尔衮才真正成为一旗之主，才真正拥有了一支完全属于自己的独立力量，才确立了他日后崛起的基础。

"制令统于所尊"，这是封建专制制度发展的必然，也是在向封建制过渡中的皇太极所向往的为君之道。因此，皇太极在议立为汗后，努尔哈赤所确立的"八旗共治"之制和皇太极为登上汗位而与三大贝勒妥协所确立的"四大贝勒共坐议政"，已不适应后金政权发展的需要了。因此，皇太极在其统治稍微稳固后，即着手削弱八旗旗主的势力：扩大各旗总管大臣权力，允其参议国政；又于每旗设立佐管旗务大臣等职官数人，分掌旗务……更以废黜阿济格为先声和投路石，在未产生什么重大不良影响之后，便将矛头对准了与之共坐的三大贝勒，因为一个人坐着总比四个人共坐更舒坦，更令人放心。

天聪四年（1630）六月，明军大举反攻，二大贝勒阿敏在敌我众寡悬殊的形势下不战而退，并无视皇太极训诫，大肆屠城。皇太极在盛怒之下立召诸贝勒大臣，宣布阿敏十六大罪状，将其终身监禁。但在这16条罪状中，却有11条是阿敏凌驾皇太极之上，觊觎汗位的僭越行为。可见，阿敏的败战，对皇太极来说仅是一次机会，一次天赐的机会。而且不久，皇太极又抓住了另一次机会。天聪五年（1631）的大凌河战场上，皇太极与莽古尔泰发生了争执，莽古尔泰一时兴起，出言不逊，并拔刀五寸。皇太极一言不发，上马回营。班师后，以"御前拔刀"让诸贝勒议罪，革其大贝勒爵，降为普通贝勒，夺五牛录，罚银一万。此时的代善似乎已明白了皇太极的企图。三大贝勒现在只剩下自己一个，唇亡齿寒，他再也无法坐得住了，慌忙请求撤座，由皇太极一人面南独坐。于是，第三个机会就这样轻而易举地降临了，四大贝勒并坐共治国政，终于变成了汗权至上，南面独尊。不久，阿敏在囚禁中死去，镶蓝旗则由阿敏之弟济尔哈朗继为旗主。天聪九年（1635）十二月，莽古尔泰兄弟死后被人揭发"朋谋不轨"。于是皇太极便把正蓝旗收为己有。至此，他亲自拥有了三旗，成为他在崇德元年（1636）四月称帝的实力基础，从此，两黄旗与正蓝旗便成为清入关前的上三旗。

这样，到皇太极后期，后金的八旗逐渐形成为三股主要势力。一股是皇太极所控制的上三旗，由皇太极及其长子豪格统领，成为皇太极得以发号施令的有力基础。一股是以多尔衮为首的两白旗，在皇太极既限制又扶持的情况下，由于多尔衮积极作用的发挥，两白旗的势力也在不断上升，成为后金事业发展的积极力量。一股是以代善为首的两红旗，在代善及其长子岳托和三子萨哈廉等统领下，随着皇太极对岳托和萨哈廉的争取和重用，代善的作用已逐渐不像过去那样明显，但仍不失为这三股势力的平衡力量，仍然在这几股势力中起着平衡的杠杆作用，是维护后金八旗间向心力的重要力量。至于镶蓝旗，也只不过是安排舒尔哈齐的后代，以维系舒尔哈齐余从，作为平衡上述几股势力的补充，在巩固皇太极的汗权和以后发展的皇权中，还是有它一定作用的。

二、绥服蒙古与征服朝鲜

皇太极继承汗位后，蒙古与朝鲜仍然是明朝从左右两翼钳制后金发展不可忽视的力量，是后金继续发展的后顾之忧。在剪除这两翼的威胁中，多尔衮发挥了重要作用，并为皇太极称帝积极创造条件。皇太极执政时期的多尔衮，在建立大清事业的斗争中，堪称重要的将领。

漠南蒙古各部历来互不统属，早在努尔哈赤起兵不久，建州女真就与科尔沁、喀尔喀等部结成了同盟。又恩威并施，相继绥服了巴林、扎鲁特、阿鲁等部。此时，后金西部最大的威胁就是林丹汗所领导的察哈尔部。

天聪二年（1628），喀喇沁与喀尔喀联军与察哈尔在土默特部的赵城决战，双方伤亡惨重，相持不下。喀喇沁等部派人致书皇太极，请求出兵攻打林丹汗，以解赵城之围。此时的后金与喀尔喀等部虽遣使通好、订立互助盟约有年，但两者之间的关系却是平等的，依然不足以给后金统治者真正彻底的安全感。因此，皇太极想趁此机会与喀尔喀等部会盟，以取得对漠南蒙古各部的支配权。于是，喀喇沁、喀尔喀等部派出使团至沈阳，与后金建立了共同征伐林丹汗的军事同盟，而皇太极则登上了盟主的宝座，并亲自率军出征，一直打到大兴安岭，取得了初步的胜利。后金对喀尔喀等漠南蒙古各部的绝对支配权与至高无上的地位也便从此确立起来。

天聪五年（1631）以来，察哈尔部林丹汗为统一漠南蒙古，仍然不断袭击与后金结盟的东蒙古各部。天聪六年（1632）三月，皇太极传谕东蒙古各部，于四月初一大举征讨察哈尔部。四月初二后金军渡过辽河，四月初九于西拉木伦河与应召的东蒙古各部会师。四月二十二日，联军师过兴安岭，远距沈阳城1350里。林丹汗得知后金对其大举攻伐，自知仓促间难以与之抗衡，乃率部西走，逃入茫茫草原之中。此役，多尔衮同母三兄弟均随皇太极出征。五月二十三日，后金兵到木鲁喇克沁地方，分兵两翼：左翼由阿济格率领从征的东蒙古各部万余人，往掠大同、宣府一带察哈尔部民；右翼由济尔哈朗、岳托、德格类、萨哈廉、多尔衮、多铎等人率领2万余人，往掠归化城、黄河一带部民。五月二十七日，皇太极进入归化城（今内蒙古呼和浩特）。林丹汗闻讯后金军入境，乃遗下穷苦部众，"尽携部民牲畜财物，渡黄河以遁"。

由于后金的各种军事目的皆志在取明，所以于追剿林丹汗而不得之际，在俘获"人口牲畜十余万有余"和大量金银财物之后，乃移师征明。六月初八，皇太极率军从归化城出发，又趋明边骚扰，"以示无敌于天下"，并威胁明朝："今察哈尔既为我所逐，自应以给察哈尔者与我"，以至进逼明边大同、宣府，并以"议和"名义强行勒索。到张家口附近时，更陈兵30余营，相连40余里，强迫明朝于张家口开设互市之所。守边明将在后金大军压境的情况下，多有馈遗。七月二十四日，皇太极率军回到沈阳。此役历时近4个月，往返万余里，俘获了大量人畜和财物。

在后金进逼下被迫西走的林丹汗，因"其臣民向苦其暴虐，抗违不往，中途逗留者十之七八。又食尽，杀人以食，自相屠戮，夺取牲畜财物，相继溃散"。天聪八年（1634）闰八月，皇太极为兼收察哈尔部的溃散遗众而西征明朝的宣府、大同时，得知林丹汗病痘已死于青海的大草滩。林丹汗死后，其西走中溃散的遗众相继归附后金。林丹汗之子额尔克孔果尔额哲及其母苏泰太后等去向无定，正在青海地区徘徊。闻知此讯后，皇太极审时度势，立刻改征讨为招抚。一方面继续兵临大同，截断了额哲投明的道路；一方面派多尔衮前往招降。

天聪九年（1635）二月二十六日，多尔衮又奉命为统兵元帅，与岳托、萨哈廉、豪格等率领精兵万人，往收徘徊于青海的林丹汗之子额哲。皇太极对多尔衮等的这次出师非常重视，在多尔衮等率军出发一个多月以后，皇太极便派人往驻上都城旧址（今内蒙古多伦西北），等候出征察哈尔诸贝勒的消息。到五月中，他估计多尔衮等可能已入明境，为牵制明之守宁远、锦州的援兵来救山西，又派多铎等出兵到宁锦地界，牵制明军，以利多尔衮等人的进军。

五月二十七日，西征中的多尔衮等人行军到西喇米尔格地方时，遇到林丹汗之妻囊囊太后率 1500 户前来归降，这无疑是一个良好的开端，多尔衮立刻派人将这件事报告了皇太极，并派人将囊囊太后等一行人送往沈阳。不久之后，后金军渡过黄河，抵达额哲驻地——托里图。为了不使额哲等因无备而惊恐，免致溃散，多尔衮未立刻进兵，先让林丹汗福晋苏泰太后之弟南楮（也作南楚，叶赫金台什之孙，额哲母舅）亲往劝降。面对后金的浩浩大军，听着那旌旗在风中猎猎的响声，额哲无奈地归降了。于是，多尔衮军在没有受到任何抵抗、没有任何损失的情况下，"所有察哈尔国苏泰太后母子，及其部众人民，悉已招降归附"。额哲母子的归附，不仅使漠南蒙古各部失去了共主，东蒙古各部完全为后金所控制，而且打破了明朝从左右两个方面对后金的钳制，除掉了来自西方的右翼威胁，这对后来清向关内发展具有重要意义。

"欲灭大明，必先服朝蒙。"在西方来自蒙古的威胁被解除之后，东方的朝鲜给后金事业所带来的严重威胁则日益凸显，成为一个必须立刻清除的重大隐患。皇太极即位之初，为了剪除这股来自东方的后顾之忧，破坏毛文龙从海上进袭辽南的陆上基地，曾于天聪元年（1627）正月出兵朝鲜。但是其想要消灭毛文龙的目的没有达到。为了打击朝鲜对毛文龙抗金势力的支持，后金军长驱而入，屠城焚粮，直逼国都，威逼朝鲜缔结了城下之盟，约为兄弟之国，朝鲜向后金每年输银纳币，互市中江。

然而，在武力之下被迫签订城下之盟的朝鲜，对万历年间日本入侵时明朝在其生死存亡的关头派兵援救，使其免受覆国之灾一事感激不已，念念不忘。因此，朝鲜仍然在暗中支持明朝，给毛文龙等明军将士以极大的方便，力图继续保持与明朝的友好关系。明崇祯二年（天聪三年，1629），皇太极乘与明朝议和之机借袁崇焕之手杀毛文龙于双岛，除去了一个腹心之患。第二年，袁崇焕又在后金的反间计中被崇祯帝杀掉。天聪五年（崇祯四年，1630），后金欲乘虚征服毛文龙原来占据的东江诸岛，乃征兵船于朝鲜。当后金征船使臣到达朝鲜后，朝鲜国王李倧开始拒不接见，三天后接见时却表示："明国犹吾父也，助人攻吾父之国可乎？"同时，朝鲜又减少每年向后金交纳的岁币，收容后金的逃人，甚至议罢遣使、互市。

天聪七年（1633），原明朝毛文龙的部将孔有德、耿仲明、尚可喜等先后投降后金。当他们率领舟师2万余人自登州渡海来降时，皇太极再次遣使向朝鲜征粮时说："尔国亲明犹父，十输其粟，我今既为兄，独不可一次乎？"对此朝鲜国王李倧没有立即允从。另外，后金所索的逃人，朝鲜也屡次致书陈辩，不予遣送，并且加筑京城附近的三道十二城，以示抵御后金。

天聪八年（1634）春，后金想与明朝议和，令朝鲜国王李倧转达，李倧仅以书信告知明的皮岛守将，致无结果。是年冬，在两国使臣来往中，朝鲜对后金索取逃人和要求互市等，拒绝的态度更加坚决，表明两国关系日见紧张。

天聪九年（1635），后金绥服蒙古察哈尔部林丹汗的势力时，得到元朝的传国玉玺，众人皆以为吉相。于是，后金八和硕贝勒和藩部蒙古四十九贝勒，议请皇太极称帝。为了争取朝鲜的支持，皇太极以朝鲜与后金乃兄弟之国为由，请其共议。当内外诸贝勒各修书遣使约朝鲜共同推戴皇太极为帝时，却遭到了朝鲜君臣的严词拒绝，而且李倧更在戒谕其边臣严防后金的谕令中承认以前与后金讲和的失误，并决定立刻与后金断交。所以，天聪十年（1636）四月，在皇太极称帝改元并改国号为清的典礼上，朝鲜使臣罗德宪和李廓被迫参加典礼并横遭凌辱。回国后，二人又因不能据义自决，并接受后金有辱于朝鲜的国书而被朝鲜臣僚怒斥为"奉使辱命"，要求国王对其严惩。朝鲜国王在以檄文形式给皇太极的答信中说："中朝（指明朝）于我国至尊也，然且待以殊礼，辞命之间，未尝加以慢辞峻责。我国贡献至薄，而中朝赐赍极厚，此乃辽沈人所明知，奈何贵国约为邻好，而每加以卑侮诋骂。且如今番信使之往，劫以非礼，困辱百端，是果待邻国使臣之礼耶！贵使之来，辱我臣僚，无复礼敬，劫卖横夺，靡有止极。当初结盟，本欲保境安民，而今则民无余力，市无余货，沿路州邑，所在空匮，若此不已，与被兵而覆亡等耳。由是国人皆奋，以和为非。"如此不甘屈服的态度、激烈的言辞，表明两国关系已发展到剑拔弩张的地步。

后金为了解除其前进发展中来自东方的威胁，改变朝鲜与明朝之间具有生死存亡联系的关系，争取占有朝鲜和明朝联系的海上据点，控制毛文龙原来所经营的东江地区，彻底解除影响辽东局势稳定的后顾之忧，刚刚称帝不久的皇太极就宣布亲征朝鲜。

崇德元年（1636）十二月初一，在所调集的蒙古各部军队齐集沈阳后，皇太极即率领和硕礼亲王代善、和硕睿亲王多尔衮、和硕豫亲王多铎、多罗贝勒岳托、豪格等，共 10 万大军，从沈阳出发，往攻朝鲜。欲迫使朝鲜像对待明朝那样来对待清政权，逼令朝鲜"去明国之年号，绝明国之交往，献纳明国所与之诰命册印，躬来朝谒"，一应文移，均"奉大清国之正朔"，贡献等往来礼仪也要如明朝旧例一般；并要求朝鲜服从清政权对明朝攻伐的征调；严禁朝鲜国防建设；明确规定朝鲜每年向清政权进贡的物品，并把朝鲜国王世子及有关大臣子弟带往沈阳作为人质。

这次征服朝鲜，多尔衮发挥了重要作用。当皇太极与诸王商议东征朝鲜时，大贝勒代善以其山多野小，地势险峻，又有炮兵之技而主张不伐，甚至皇太极对东征也动摇了。只有多尔衮力主东征，力劝动兵，才最后促成皇太极决定东征朝鲜。

当清军行至沙河冈东堡时，便兵分两路，一路由多尔衮与皇太极长子豪格统领，从宽甸入长山口，挺进朝鲜，皇太极则率清军主力，由镇江东渡鸭绿江，顺沿海平原南下，与多尔衮左右两路分兵并进。在多尔衮左翼兵的有力配合下，皇太极率领的主力得以顺利前进。十二月初九，皇太极渡过鸭绿江进入朝鲜后，仅四五天的时间，多铎和岳托的先锋部队便到达了朝鲜北部重镇平壤，又进抵王京汉城。在清军重兵压境下，朝鲜国王李倧逃离国都，避入南汉山城。不久，皇太极大军安全渡过临津江，命令固山额真谭泰、叶臣等率众将领率骑兵入王京骚扰、劫掠，自己则亲率大军由城外径渡汉江，直抵南汉山城西驻营，将南汉山城团团包围起来。

挺进朝鲜后的左翼兵在多尔衮率领下，很快就攻占了朝鲜平安北道北部的昌州城，击溃了弃城奔山立寨的反清军民，前进中又连续击溃朝鲜安州、黄州等地区的抗清军队。特别是以精骑追之一昼夜，打垮了黄州元帅率领的勤王兵，瓦解了开赴朝鲜京城的救援力量。崇德二年（1637）正月初十，多尔衮与围困南汉山城的皇太极会合。

南汉山城地处汉江之南，朝鲜国都恃之以为天险。李倧避入南汉山城以后，固守以待外援。清兵围困王城后，虽然打退了朝鲜各道的勤王援军，但清兵也有伤亡，屡攻不下。在多尔衮与皇太极会合的前4天，对清政权建有奇勋的超品公额驸杨古利，于正月初七被朝鲜兵的鸟枪击中而身亡。号称天险的南汉山城一时围攻难下，清军将士也为之一筹莫展。而朝鲜国王李倧在清军围困、外援断绝、城中食尽的情况下，在皇太极的反复逼降中，虽然表示了臣服于清，但对皇太极要求他出城投降的请求，却以民心难违为由，甚至不惜身死国亡，也拒不出城投降。这不得不使已经围困南汉山城20余天的皇太极另寻他法了。

早在清兵进逼朝鲜京城前夕，朝鲜国王即将其妻、子和臣僚眷属送往江华岛（汉城东北汉江入海处），以险避居。皇太极得知后，认为如"先攻此岛，若得其妻子，则城内之人自然归顺"。所以，他立即命多尔衮率军前往攻取江华岛。正月十九日，多尔衮用车轮驾小船八十，陆地曳行，二十二日至江华岛渡口，乘船渡江，击败抗击清军的朝鲜军队，进占岛城，俘获朝鲜王妃、王子、阁臣、侍郎及群臣妻子家口众人和城内财物。二十八日，清军派遣江华岛所俘太监一人、朝鲜宗室一人进入南汉山城，往告朝鲜国王："江华岛已失，王之国妃诸子，及群臣妻子，毫无所犯，置之别室。"至此，李倧无奈，乃于三十日不得不出城投降，献出明朝所颁给的敕印，向清臣服。皇太极也命将所俘获的朝鲜王妃及其第三子并家口76人、群臣妻子家口166人送还给李倧，只留下了李倧的长子李淐和次子李淏作为人质。

崇德二年（1637）二月初二，皇太极自朝鲜班师回国，命多尔衮、杜度等率满洲、蒙古、汉人大军，携李淐、李淏和俘获后行。又命硕托和孔有德、耿仲明、尚可喜等往取皮岛，并谕令多尔衮审查硕托等往攻皮岛之军事部署。三月又令阿济格自沈阳前往助攻皮岛，四月十二日攻克皮岛，杀守岛总兵沈世奎，击败明兵17000人有余。这样，清政权不仅征服了朝鲜，而且占据了长期威胁辽南局势安定并使清政权无可奈何的反清重要基地皮岛。至此，明朝钳制清政权的左右两翼均被剪除。

在绥服蒙古和征服朝鲜中，多尔衮不仅显示了作为军事统帅的将略之才，而且表现出颇具政治远见的政治家品质。他不仅在军事征服中以强势的武力使人屈服，而且在政治上具有远见，注意收服人心，更使人向服。他在参加绥服蒙古中，收服林丹汗余部时，这种品质就已有所表现；在征服朝鲜中，则表现得更为明显。

清兵征服朝鲜，遍掠朝鲜八道，"闾阎荡残"。清兵所过之处，更是"人家皆烧尽，鸡豚鹅鸭绝无所见，只有吠犬，饱人肉而狂走"（传说满族因努尔哈赤被狗救过，故不食狗）。而多尔衮攻入江华岛城后则与此大不一样，保护了朝鲜国王及群臣的眷属，使其不受伤害。特别是从多尔衮撤离朝鲜时，他和朝鲜国王李倧的对话中，更可以看出他具有政治家的远见和争取人心的大将风度。

朝鲜史书中记载：

丙子（二月初六），上（李倧）往见九王（多尔衮）于城山阵中。城山在城西十里地。丁丑（初七），上（李倧）三遣近臣请送还江都被掳人。汗（皇太极）送还男妇一千六百余人。戊寅（初八），九王撤兵还，以王世子（李㴭）及嫔宫，凤林大君及夫人西行。上（李倧）幸昌陵西以送之，驻马于路旁，与九王相揖。九王曰："远来相送，实切感谢！"上曰："不教之儿，今将随往，愿大王指教之。"九王曰："世子年岁既加于俺，而观其处事，实非俺之所敢指教。况皇帝（皇太极）厚遇之，愿勿虑焉。"上曰："诸子生长于深宫，而今闻露宿累日，疾恙已作，幸于道路使得寝于房坺。"九王曰："谨奉教。万里之别，必费心虑，深恐国王之致伤也。世子虽往，亦必不久还来，幸勿过虑。师行甚忙，请辞焉。"世子、大君拜辞而行，上涕泣而送之曰："勉之哉，勿激怒，勿见轻。"世子伏地而受。群君牵裾恸哭，世子止之曰："主上在此，何敢乃尔。"仍曰："各自珍重。"遂上马而去。

这真是一幅人情味十分浓厚的惜别画面，多尔衮既是画内人，又好像是画外人，既主又客，朝鲜国王父子的命运实际上是掌握在他一人手中。但多尔衮为了清政权事业发展的长远利益，在礼仪上并没有把朝鲜国王父子视为阶下囚。从此，朝鲜国王世子始终是在他的控制下，在入主中原的进军中也把他带在身边。多尔衮摄政入关不久，便把李淏等放回朝鲜，以期其继承朝鲜王位。因此，朝鲜国王对他很是感激，以至多尔衮自己也体验到："朝鲜国王，因予取江华岛时，全其妻子，不忍负恩，故常以礼物来馈，较诸王独厚。"朝鲜臣服于清后，在明清之间，对清虽然并非心甘情愿地归顺，但在强敌面前，不得不屈服畏从，被强行切断了与明朝的联系。这样，总算解除了清向关内发展的后顾之忧，其中多尔衮的作用，不能说不突出。

三、皇太极的得力助手

皇太极继承汗位以后，为了适应其事业发展的需要，除了积极调整努尔哈赤对辽东的错误政策外，对努尔哈赤晚年的某些既定政策，也在创造条件予以改变，从而推动了满族迅速地向封建制度过渡。在这个过渡中，多尔衮不仅成为皇太极的得力助手，而且也给他自己以后成为摄政王创造着条件。

天命六年（1621）二月，已经63岁的努尔哈赤让四大贝勒（代善、阿敏、莽古尔泰、皇太极）佐理全国政事，由他们按月分值。天命七年（1622）

三月，努尔哈赤又确定在他死后由八固山王共理国政的安排。在皇太极继位后的最初一二年，这种政治体制仍在继续推行，国中事务仍令其他三大贝勒分月掌管。这种奴隶主贵族共和政体，很容易形成其他三大贝勒按月分值时各行其是，影响汗权的集中统一。所以，到了天聪三年（1629）正月，皇太极通过与诸贝勒和八旗的八大臣共议，"因令八大臣，传谕三大贝勒：向因值月之故，一切机务，辄烦诸兄经理，多有未便。嗣后，可令以下诸贝勒代之"。这样，便把三大贝勒的权势逐渐架空，具体政务移向于皇太极和三大贝勒之下的弟侄辈去按月分值，此后的多尔衮便跻身议政十贝勒之列。其顺序为：阿巴泰（努尔哈赤第七子）、德格类（努尔哈赤第十子）、济尔哈朗（舒尔哈齐第六子）、阿济格（努尔哈赤第十二子）、多尔衮（努尔哈赤第十四子）、岳托（代善长子）、多铎（努尔哈赤第十五子）、杜度（褚英长子）、萨哈廉（代善第三子）、豪格（皇太极长子）。在此顺序中，多尔衮仅位列第五，此时他在诸贝勒中的地位还不算十分突出。

虽然三大贝勒的权势被逐渐架空，但遇重大国是决策，皇太极还得与三大贝勒共同商议决定。作为后金政权最高统治者的皇太极，他个人还不能够单独地决定一切。朝会时也是三大贝勒与之共坐，共同接受臣下的朝拜和奏事。

天聪三年（1629）十月，皇太极大举征明，军发至蒙古喀喇沁部之青城，"大贝勒代善，莽古尔泰，于途次私议，晚诣御帷，止诸贝勒大臣于外，不令入，密议班师"。代善和莽古尔泰的意见是："我兵深入敌境，劳师袭远，若不获入明边，则粮匮马疲，何以为归计？纵得入边，而明人会各路兵环攻，则众寡不敌。且我等既入边口，倘明兵自后堵截，恐无归路。"因而对皇太极的已定决策固执不从。经过皇太极授意以及岳托和济尔哈朗等的支持下，由八固山额真共同去和代善、莽古尔泰商议请求，最后以众势迫使两大贝勒放弃班师意见，才使皇太极这次攻明的计划得以继续执行。就是这次长达半年多的入关侵扰，皇太极亲自率军不仅蹂躏了京畿地区，兵临北京城下，攻占了遵化、永平、迁安、滦州四城，而且使崇祯帝在皇太极反间计的愚弄下，杀害了关门重将袁崇焕，牺牲了守关名将赵率教和满桂等，为后金进取中原除去了一个劲敌。此时的北京已成为一座孤城，摩拳擦掌的后金诸将只待皇太极一声令下便可夷平这座城池。而皇太极却不动声色，微微一笑，说道："取城易如反掌。但大明疆域尚强，非一夕即可破之。得之易，守之难。不如简兵练旅，静待天命吧！"于是，他在纵横明朝腹地 50 余天，达到政治、经济双重目的后，望着那向往已久的中原龙廷，却潇洒地掉转马头，扬长而去。尽管此次出征取得丰硕的成果，但行军途中的那段小插曲却给皇太极留下了不快与深深的思索。

随着这些军事斗争的展开，和后金社会向封建制度过渡的发展趋势，加强君主权力的斗争也在不断地进行。随着这种斗争的不断深化，多尔衮逐步被推上了历史舞台。就是在这次随皇太极侵攻明朝的战役中，他转战京畿各地，屡建军功而为皇太极所倚重。

皇太极继承汗位后，面对辽沈地区长期处于明朝统治下的实际，为了"自固"，使后金与明朝的斗争立于不败之地，于是"参汉酌金，用心筹思"，积极吸取明朝的统治经验。除了调整努尔哈赤晚年对辽东的错误政策，进行经济上的改革外，在政权建设上也顺应后金事业的发展需要，把努尔哈赤死前确定的"八固山共理国政"之制逐渐转变为封建君主专制。

为了实现君主专制，皇太极首先削弱和剪除原来三大贝勒（代善、阿敏、莽古尔泰）的权势。天聪四年（1630）六月，对二大贝勒阿敏以其"怙恶不悛，由来久矣"，联系其父舒尔哈齐的离心倾向，心怀异志以及"自视如君，而欺凌在下诸贝勒"，特别是丧失遵化、永平、迁安、滦州等已得城池，以其"毁坏基业"等16条大罪，将其幽禁致死。

对三大贝勒莽古尔泰，以其桀骜不驯，对汗权时不顺从，所以连同其同母的兄弟姐妹以至他们的子女，通过一系列斗争予以彻底铲除。天聪五年（1631）十月，由大贝勒代善主持议莽古尔泰罪状，以其于是年在大凌河战场上不接受皇太极对其"凡有差遣，每致违误"的批评，与皇太极口角并霍然于御前拔刀五寸，是为大不敬，将其革去大贝勒之爵，降为普通贝勒，夺五牛录，罚银一万两。天聪九年（1635）十月到十二月间，莽古尔泰与其同母弟德格类先后皆以暴疾，口不能言而身亡。死后又被揭发与其妹莽古济格格等共同谋逆不轨，除了把莽古济杀掉外，连同他们的子女，有的被诛，其余皆废为庶人，并将他们的财产人口入官，莽古尔泰所主管的正蓝旗也被皇太极所兼并。至此，三大贝勒已去其二。

大贝勒代善尽管主动要求撤座，使皇太极得以南面独尊，但其显赫的权势仍然是专制集权的威胁与障碍。因此，大贝勒代善的权势在皇太极加强君主专制的斗争中也不断地受到削夺。到天聪九年（1635）九月，皇太极以代善父子"自率本旗任意行止"而召集诸贝勒宣谕道："自古以来，有力强而为君者，有幼冲而为君者，有为众所拥戴而为君者，皆君也。既已为君，则制令统于所尊，岂可轻重其间乎？今正红旗固山贝勒等轻肆之处甚多"，并历数代善父子未按其意志而行的诸事，以为悖乱至此，无有过者。甚至声言，他自己要"杜门而居，尔等别举一强有力者为君"，说罢独自入宫，紧闭朝门。经过诸贝勒大臣在朝门外百般跪请，才又出朝听政，处罚了代善，罚银万两。天聪九年底，诸贝勒与满汉蒙大臣劝进皇太极改称皇帝，虽然皇太极以代善年迈而令其免誓，但代善还是跪读了誓词，云：

> 自今以后，若不克守忠贞，殚心竭力，而言与行违，又或如莽古尔泰、德格类谋逆作乱者，天地谴之。

可见，此时的皇太极在后金的政治舞台上已拥有了绝对的实力，也真正地实现了"制令统于所尊"的愿望。而代善却只有在保证竭尽其力效忠于皇太极、拥护君权后，才使他的大贝勒地位和拥有的两旗势力得以保存下来。

在削弱和剪除三大贝勒的权势中，多尔衮的实力反而得到了加强，权势在步步上升。在八旗诸王中，以聪睿著称的多尔衮，随着年龄的增长、阅历的加深，他审时度势、应对权变的机智也在日益增长。他顺从皇太极"夺立"的既成事实，对皇太极的逼死生母、夺其汗位不仅没有表露出个人之间的恩怨，对皇太极发展后金事业也没有持以反对或者不合作的态度，相反，他是百分之百地全力支持和积极襄赞，顺应满族社会的历史发展趋势，大力吸取中原王朝的统治经验，和皇太极共同去加强中央集权，发展封建君主专制，因而逐渐得到皇太极的信赖和器重，使皇太极感到他"举动皆合朕意"。于是，多尔衮与皇太极在建立封建君主专制的政治斗争中成为命运与共的人物，多尔衮也借机获得了日益煊赫的地位和崇高的威望，逐渐掌握了巨大的政治和军事实权。

皇太极继位之初，八旗分立，诸家各行其是。皇太极在推动后金社会向封建制过渡的政策调整中，常常不得不朝令夕改，有始无终，社会秩序很难稳定。按八旗旧习："有人必八家分养之，地土必八家分据之，即一人尺土，贝勒不容于皇上，皇上亦不容贝勒，事事掣肘"，这使政令难以统一，皇太极"虽有一汗之虚名，实无异整黄旗一贝勒也"。而八旗诸贝勒的妄自为私、养奸藏匿、刑狱不公、法度不一，更使"国人皆有怨言"。后金政权的组织形式就如一件变小的衣服，已难适合此时后金迅猛发展的需要了。于是，天聪五年（1631）三月，皇太极在后金统治集团内部发动了一次国是问题的讨论。在得到一些贝勒"皇上之教化，成于一人耳"，要求加强君主专制，统一集权的支持后，天聪五年七月，皇太极毅然仿照明朝制度模式，于中央设立了六部，并将八旗事务分统于中央六部，而六部皆听命于君主皇太极，从而打破了八旗各成独立王国的局面。同时，通过安排弟侄辈的诸小贝勒去分管各部，改变了皇太极与其他共坐三大贝勒共同掌权的局面。所以，到天聪六年（1632）初，皇太极才真正得以面南独坐，后金的大权逐渐向皇太极一人手里集中。在这个集中的过程中，多尔衮发挥了重要作用。

在安排六部的主管贝勒时，皇太极以多尔衮"善于养人"而让他主管六部之首的吏部。从此，后金文臣武将的任用多经多尔衮之手。由于多尔衮善于养人、用人，注意协调各方面关系，所以到天聪七年（1633）十月，他受到皇太极的表彰。皇太极感到"自设立六部以来，惟吏、户、兵三部，办事妥协，不烦朕虑"，因而他对多尔衮的信任不断增强。

多尔衮在帮助皇太极发展君主集权中的作用也日见突出。特别是天聪九年（1635）二月到九月间，多尔衮率大兵在收服察哈尔林丹汗余部的过程中，从额哲处获得了历代传国玉玺，为皇太极由大汗改称为皇帝取得了"受命于天"的一个历史实物佐证。相传此玉玺为元朝君主历代相传之物，在元末明初元顺帝的败逃中不知所终。后来，据说有一牧羊人见一羊数日不食，以蹄刨地，甚觉奇异，就于此处掘地三尺，挖出了这块玉玺，使其重见天日。但不久又奇妙失踪，谁知却落到了察哈尔部林丹汗的手中，或许这也是林丹汗也致力于东征西讨，欲成为草原共主的一个动因吧。当皇太极在多尔衮的奏报中蓦然闻听此讯时，欣喜若狂，以为天降福音。所以在多尔衮班师回沈阳时，皇太极亲率诸贝勒出沈阳城郊外远迎。

九月初六，皇太极出御营，迎接凯旋的多尔衮等诸贝勒，仪式异常之隆重。凯旋之诸贝勒设案袭以坛，奉所得玉玺置于上，令正黄旗固山额真纳穆泰、镶白旗固山额真吏部承政图尔格举案前进，诸贝勒率众遥跪以献。御幄前设黄案，陈香烛，皇太极亲受玉玺，率众复拜天行礼，并传谕左右曰："此玉玺乃历代帝王所用之宝，天以畀朕，信非偶然也。"于是，凯旋之诸贝勒率诸大臣遥跪，和硕墨尔根戴青贝勒多尔衮则进前跪拜，复进上前行抱见礼。

随后，是接连不断的宴庆和群臣的祝贺。归降于后金的孔有德乘机上表奏贺说："自古受命之主，必有受命之符"，"今皇上得传国玉玺，……此宝实非寻常，乃汉时所传，迄今两千余年。……是天启其兆，登九五之尊，而享天下"。于是，满汉大臣们以"服膺天命"的名义，于天聪十年（1636）四月初五组织了劝进典礼，要求皇太极即位为皇帝。这不仅实现了皇太极蓄意已久的政治企图，而且也为他把"后金"改为"大清"、确立封建皇权的专制统治创造了合法条件。对于崇信天命的满洲贵族来说，多尔衮获得玉玺这一功劳，无论是皇太极还是八旗权贵都是极为认可的。因而多尔衮在劝进典礼中，得以代表满洲贵族捧奉满文表章"敬上尊号"。至此，多尔衮的地位俨然高居于其他诸王之上。

一切准备就绪后，择吉于四月十一日，皇太极举行受尊号、祭告天地之仪，正式即皇帝位，改国号为"清"，改元"崇德"，并以是年为崇德元年（1636）。四月二十三日，皇太极分叙诸兄弟子侄军功，晋封代善、济尔哈朗、多尔衮、多铎、豪格、岳托等并为和硕亲王。多尔衮被封为和硕睿亲王，从此，他的权势更进一步上升。

崇德三年（1638）七月，在更定六部、都察院和理藩院八衙门的官制中，多尔衮进而全面掌握了清政权中的人事大权。由于这八个衙门最初建立时官只二等：承政、参政，分工不细，行事不便，因此内三院大学士范文程、希福、刚林等建议每衙门只设满洲承政一人，以下酌设左右参政、理事、副理事、主事等官，分为五等。皇太极采纳后，即命令多尔衮更定八衙门官制。经过多尔衮的厘定，不仅明确了八衙门官吏的等级，而且为皇太极的君主专制扩大了基础。

原来八衙门中的六部，每部承政、参政、启心郎等官员只十几人，其中吏部12人，户、礼、兵、刑等部皆12人，工部为19人，六部初设时的官员总计方83人。经过更定后，六部的官员扩充为173人，再加上都察院13人，理藩院11人，总计197人。中央统治机构的官员比初设六部时增加了一倍多。至此，国家中央政权机构建设已经具有相当的规模了。此外，崇德七年（1642）七月，又由多尔衮负责将汉军由四旗扩充为八旗。这样，多尔衮不仅在推动满族封建化中成为皇太极的重要助手，也为他以后成为摄政王创造了条件。

四、累战沙场的清军统帅

多尔衮政治地位的步步上升，也是与其军事贡献和实力的不断增长相辅相成的。天聪二年（1628）二月，多尔衮初次随皇太极从征察哈尔多罗特部时，只是八旗贵族中一个年轻的贝勒，在初露头角中，以功受赐墨尔根戴青的称号。天聪三年（1629）十月，随皇太极征明入关，围攻北京，击败明朝宁远巡抚袁崇焕和锦州总兵祖大寿的援兵于广渠门外，又败山海关援兵于蓟州。天聪四年（1630）二月，皇太极从关内撤军时，多尔衮与莽古尔泰又先行攻破敌营，使皇太极顺利返师。接着在围攻大凌河的战斗中，当明兵出城诱敌，与镶白旗为邻的两蓝旗战斗失利时，多尔衮率领白旗的护军冲入敌阵，扭转了战局。虽然对多尔衮不顾八旗作战定例竟亲自率军冲锋、轻自进战的举动，皇太极进行了严厉的斥责，但倘无多尔衮的亲自率军杀敌，就不会扭转战局，因此皇太极对多尔衮的英勇也是极为欣赏的。所以，到天聪五年（1631）大凌河战役结束时，皇太极曾表扬多尔衮道："墨尔根戴青（多尔衮）善于养人，举动皆合朕意。"对之更加信任。

天聪九年（1635），多尔衮又奉命为统军元帅，往青海收服察哈尔林丹汗旧部，因得历代传国玉玺，所以在第二年劝进皇太极即皇帝位的典礼中，捧奉满文表文，代表满洲贵族拥戴皇太极即帝位。至此，其实际权势已位处诸王之首。因而在崇德元年（1636）征服朝鲜中，他和皇太极分兵进发，成为北路军的统帅，其间攻克江华岛，最后迫使朝鲜国王李倧出南汉山城归降。多尔衮在参加剪除威胁后金发展的蒙古和朝鲜这左右两翼的行动中作用突出，之后又负责更定八衙门官制，这就使他逐渐建立了自己的威信与根基。所以崇德年间以来，他作为八旗左翼之王的地位日见稳固。

崇德三年（1638）八月二十三日，皇太极命多尔衮为奉命大将军，以豪格、阿巴泰副之，统率八旗左翼军；以岳托为扬武大将军，以杜度副之，率八旗右翼军，两路征明。当岳托从沈阳出发时，皇太极又敕谕他"遇左军奉命大将军，听其节制，以赞其谋"。这样，多尔衮实际上成为这次大举入犯关内左、右两翼军的总统帅。为了牵制辽西明军入援关内，皇太极又亲率大军向山海关出发，骚扰义州、锦州及辽河以西地区，牵制了辽西守军祖大寿的入援关内。

此时的明政府却如朽树一般已从根开始烂起，根本无方可治了。尽管明朝百姓的抗敌决心从未泯灭，坚持守土将领更是不乏其人，但明廷的苟且偷安、因循保守、坐以待毙的命运已经难以挽回了。面临灭顶之灾的崇祯皇帝虽然不甘心丢掉祖宗留下的偌大基业，但由于他刚愎自用，疑忌多端，变幻无常，处事操切，急于求成而常致欲速不达；又往往诿罪于臣下，封疆重臣频易其人，内阁成员屡更。风雨飘摇中，桨航自操，顾此失彼，形同独夫；岸远水深，狂风险浪迭起，互相掣肘，帆破船漏，航向难持；惧危的臣下，前途莫测，难以与之同舟共济了。顺天府尹刘宗周在上疏中曾痛呼道："竭天下之力以奉饥军而军愈骄，聚天下之军以博一战而战无日。"

于是，多尔衮率大军毁边墙而入，攻城略地，克州复县，横行无阻，势如破竹，如入无人之境一般，遍扰京畿和山东的运河两岸地区，破坏南粮北运的航道。仍如以往一样，每破城必毁而弃之，绝不据守，只劫掠人畜财物，以实国需；始终贯彻皇太极的"伐大树"方针，"先从两旁斫削，则大树自仆"。大明王朝在内忧外患的消耗打击下，已根本无法自主地挽救其危亡命运，只能在更为被动中拆东补西、饮鸩止渴了。在关内饱掠一番后，多尔衮统率清兵于崇德四年（1639）三月初九从关内班师，经天津卫，出青山口，三月二十八日回到沈阳。以征明凯旋，皇太极赐左翼奉命大将军多尔衮马五、银二万两，豪格马二、银万两，阿巴泰马二、银五千两；于军中病故的右翼扬武大将军岳托马五、驼二、银万两，杜度马二、驼一、银五千两。多尔衮因为身为左右两翼军之最高统帅，功高而受赐独厚。

清军的入关劫掠，使明朝切实感到新兴的清政权对其统治的严重威胁。崇祯皇帝面对朝内潜移默化的议和思想和摇摆不定的战略态度，在血的教训面前，不得不开始进行一定的战略调整。崇祯十一年（1638）明末农民大起义走向低潮，三月中，张献忠于谷城受抚、借机休整；十月初，李自成被洪承畴、孙传庭合击，受重创于潼关南原，仅以十八骑突围，经商雒，走汉南，后来辗转退伏于巴东的鱼腹诸山。明军在潼关大败李自成时，正是多尔衮所统率的清兵大肆蹂躏畿南之际，所以潼关战役大捷以后，十月二十日明朝便急调洪承畴、孙传庭入卫京师。次年正月，清兵攻破济南，之后又继续南下，攻略兖州等地，距徐州仅百里。正月十九日，崇祯帝急改原任陕西三边总督的洪承畴总督蓟辽军务，改陕西巡抚孙传庭总督保定、山西、河北军务，把他们从镇压农民起义的内线调到对付清军的外线，他们都是明朝军队中颇称堪用的主力。这反映出明朝朝廷对待清政权的战略思想已从和、战不定并倾向议和，转向抽调出主力部队应对清军，把重点放在遏制清政权势力的发展上。而多尔衮正是在此形势下，在明、清争夺辽西的总决战中，和济尔哈朗轮班围困锦州，总掌兵柄，并在最后总决战的松锦大战中，在皇太极统一指挥下，击溃了明朝好不容易集结起来的主力部队，结束了明、清在辽西长期对峙的局面，取得了清政权得以控制全辽的决定性胜利。同时，这也使多尔衮逐步地走向权力的顶峰。

崇祯十二年（崇德四年，1639）春，洪承畴以兵部尚书兼副都御史衔受命总督蓟辽以后，是年八月出巡山海关，以辽东总兵官吴三桂等团练宁远兵马，并以锦州作为控扼清政权的重要据点。从此，明、清双方便为争夺锦州这一据点展开了你死我活的争斗。从清政权来看，其早已不满足于只为一隅之主的地位，而时刻梦想着夺取中原，成为天下共主。而要入主中原，则必须先拿下关外四城，若取关外四城，锦州则首当其冲。因此，为了夺取锦州，清政权乃于崇德五年（1640）三月，首先命和硕郑亲王济尔哈朗为八旗右翼主帅，多罗贝勒多铎为八旗左翼主帅，往修义州城（今辽宁义县）驻扎屯田，致使宁锦地方不得耕种。四月，皇太极亲往巡视，五月又亲到锦州城外，抢刈附近禾粮，举炮攻城。由此，开始了对锦州的围困。六月，皇太极又命和硕睿亲王多尔衮、和硕肃亲王豪格、多罗安平贝勒杜度、多罗饶余贝勒阿巴泰等，率其属下将士之半，往代济尔哈朗等，于义州筑城屯田。多尔衮和济尔哈朗换防后，便进一步加强对锦州的围困，除了抢刈锦州城西的禾稼外，并攻克明军防守锦州城西的敌台9座，小凌河西岸敌台2座，共克敌台11座。遵照皇太极的指示，把清军的左右两翼驻扎在近城地方，严密围困锦州。

在清兵驻扎到义州谋攻锦州时，明朝的蓟辽总督洪承畴和辽东巡抚方一藻，以前锋总兵祖大寿、团练总兵吴三桂和分练总兵刘肇基控扼锦州、松山，加强了防御，并调山海关总兵马科率万人前往支援。双方的军队为防守和攻取锦州都进行了各自的部署，战争的气氛日益强化，步步紧张。

当时，明、清双方为了控制辽西，都在集中力量向锦州集结。从当时总的战略形势看，谁都没有必胜的把握，各自都在争取主动，都想给自己创造出取得胜利的条件。从清政权来看，虽然一直都在梦想一统天下，但当时还并不具有这个条件，夺取锦州，更主要的是为了控制辽西，巩固全辽，搞好"自固"，为清政权的继续发展立于不败之地奠定一个比较巩固的基础，为日后的发展开创一个契机。所以皇太极在和明朝的较量中和、战并用，他一方面乘明朝急于镇压农民起义之机，对明朝诱和，以期明朝减弱对清的防御，麻痹明朝对其发展的遏制，并借和议之机除去了腹心之患毛文龙；另一方面，他始终注意依靠军事方面的进取不断增强和保存其军事实力，并选择有利时机主动进攻，不断损耗明朝的实力，使其处处被动挨打，以期拖垮明朝。

崇祯十三年（崇德五年，1640）以后，明朝的农民起义又从低潮中走出，开始了新的高潮。张献忠于谷城再度起义后，和罗汝才大败了明朝左良玉的军队，又突破了杨嗣昌"四正六隅"的合围追剿，突入四川，连克四川的大部分州县。李自成也趁机而起，进入河南，一时间饥民争附，迅速发展起来。次年正月，李自成攻克洛阳，杀掉作恶多端的福王朱常洵，又连攻开封和南阳等地，攻克南阳，杀死唐王。同时张献忠又转战湖北，攻下襄阳，杀襄王……中原大地上一时间又烽烟再起，皇太极就是利用明朝所处的这种形势发动了松锦战役，使明朝再度处于头尾难顾、手忙脚乱之中。

临战有年，善于谋略的洪承畴督师蓟辽以后，想以"可守而后可战之策"，用持久的战略消耗清军实力，拖垮清军，迫其自退，以巩固辽西防线。于是，他不停地调兵遣将，又经过上下各方面协商准备，命户部筹措粮饷，自天津海运，草米由蓟、永、关、辽四饷司召买，抽调集结新旧兵共 10 万，马 4 万，骡 1 万，分隶于八总兵，调往辽西集中。崇祯十四年（崇德六年，1641）春，洪承畴率曹变蛟、白广恩、吴三桂等至宁远，巡视到锦州城外的松山，深感所率兵力不足以对抗围困锦州的清军优势兵力，于是又急调宣府、大同总兵王朴、杨国柱，蓟镇总兵唐通，榆林总兵马科，三月间齐集于宁远。此时正值多尔衮当班围困锦州，闻此讯后，他立刻率一半骑兵及自己的护军前往掩杀，以期偷袭制胜，并将此事上奏皇太极。接到奏表后，皇太极急令前锋前去救援，并传谕告诫多尔衮，"前次击敌殊为失策"，指出"迎敌非计"，应该"固守营垒，俟其相近乃可击之"，主张保存实力。而此时坚守锦州城内的祖大寿也派人至洪承畴处主张"毋浪战"，只可徐逼清军出境。洪承畴也因所护粮饷辎重颇多而步步为营，以守为战。于是，明、清双方于宁远和义州之间，以锦州为中心，在围困与反围困的胶着状态中，势均力敌，各自都想以守为攻，坐待对方消耗，创造对自己有利的战机。

到崇祯十四年（崇德六年，1641）春夏间，明军与清兵在锦州外围交战中互有胜负，但从总的战争形势看，清军的兵锋已经受挫，而且围困锦州的清兵由于长期消耗，业已兵困马乏。多尔衮为保存和恢复围困锦州清军的兵力，了解到"锦州敌军马匹，皆在他处牧养，内援之兵亦退回养马"，所以也曾两次组织清军的部分人员和疲马回家养息，并将围困锦州的清兵后撤到距锦州30里的地方驻营。皇太极对此非常恼火，到三月间，便命济尔哈朗等把多尔衮换回。当多尔衮回到沈阳以后，皇太极盛怒未消，不让他们入城，听候处理。皇太极认为多尔衮违背了他原令"由远渐近，围逼锦州以困之"的指示，因而严厉斥责多尔衮："离城远驻，敌必多运粮草入城，彼此相持，稽延月日，何时能得锦州耶？"并把多尔衮由亲王降为郡王，罚银一万两，夺两牛录户口。三月二十四日，祖大寿属下防守锦州东关的蒙古族副总兵那木气（也作诺木齐）、都司桑永顺等，勾结清兵，在内外夹攻下，攻破了锦州东关，那木气等率6000多蒙古兵丁和男女老幼投降清军。经过祖大寿4个多月的奋战，时出巷战，收复了东关，锦州全城又复为祖大寿所坚守。明、清双方在胶着中又形成相当一个时期的对峙。

长期的对峙胶着，对物产并不丰富的清政权来说，确实渐渐有些承受不住，从朝鲜征来的军粮业已只够三两个月之消耗了。到那时，粮尽兵乏，清军不战则自乱了。因此，对清军来说，只有速战速决方为良策。然而，洪承畴的步步为营却使清军的计划根本无法实施。于是，皇太极虚晃一枪，扬言要挥师入关再次劫掠，想利用明朝廷势力和他们自身的矛盾迫使洪承畴就范，而且，这一招果然十分奏效。

在明朝内部，在对清的战略部署上存在着两种意见。一种以兵部尚书陈新甲为首，要求速战速决，主张兵分四路：一路出兵塔山，趋大胜堡，攻清营之西北；一路出兵杏山，抄锦州攻其北；一路出兵松山，渡小凌河攻其东；正兵则出松山攻其南。

对此，洪承畴感到自己虽统领八镇之兵，但敢于和敌人战斗的，仅有白广恩、马科和吴三桂，其他各镇只能配合。若几路出兵，容易形成弱势。因此他主张持重行事，且战且守。祖大寿等边关将领根据实际情形，也要求稳扎稳打，步步为营，不要轻战。这种想法曾一度也为崇祯帝所接受。但就在这时，传来了皇太极欲再度挥兵入关的消息，这不啻于晴天霹雳，使饱受劫掠之苦的明廷君臣们大惊失色，惶惶不可终日，纷纷指斥洪承畴误国。然而，他们永远也不会想到真正误国的却是他们这帮饱食终日、庸碌无为的人。于是，陈新甲再度上奏，申言"敌又欲入犯"，要求速战速决。兵部主持作战计划的职方郎中张若麒更从前线上密奏于皇上，请求出战，认为只需小胜而锦州之围立解……朝议汹汹，崇祯帝早已失去了主意，慌忙下密旨要求洪承畴即刻出战破敌。陈新甲又安排了他的亲信马绍愉为兵部职方主事，出关赞画。这样，洪承畴在上有皇帝密敕、下有兵部指令、身边又有代表兵部尚书的张若麒和马绍愉督战的形势之下，他那持重持久的战略方针很难再坚持下去，迫不得已于七月二十六日誓师往援锦州，到达松山，与清军对峙于乳峰山东西二峰。此时清军统帅正是再次与济尔哈朗换防后的多尔衮。

洪承畴一到达松山，多尔衮便立刻将此军情飞报回沈阳。皇太极接报后，一方面急遣人令多尔衮切勿轻动，并派军队前往，同时，又传檄各部兵马星集沈阳，并亲率兵往援，欲与明军决一死战。八月十九日，他率军抵达松山，在多尔衮等人的建议下，皇太极陈师于松山、杏山之间，横截大路驻营，占据有利地势。又自锦州至南海角挖掘深八尺、广十丈的战壕三重，把明军围困于内，断绝粮道，又突发奇兵攻克笔架山，夺取了明军的全部粮草。于是，明军内部慌乱起来。

八月二十一日，在清兵的交替进攻下，洪承畴不得不决定突围，号召部下"解围在此一举"，而皇太极却早已在四面八方布下了伏兵圈套。当洪承畴刚与诸将商议完毕突围事宜，特别惧怕决战的总兵王朴便首先率领所部先逃。于是，人心惶恐，又影响到其他几镇总兵溃逃，不战自溃的马步军自相践踏，丢弓弃甲遍野，一看到火光便以为是敌人，又往回退，混乱中又为清军伏兵所乘，整军大溃，更如惊弓之鸟般草木皆兵。总兵曹变蛟、王廷臣突入松山，巡抚邱民仰和洪承畴也退守松山城内。当夜，洪承畴令退入松山的明军留三分之一的兵力守城，组织三分之二的兵力突围。突至尖山石灰窑遭到清兵阻击，后路又被切断，被迫移屯海岸，在海潮冲击下，多被淹没，得脱者仅200余人。将领唯有白广恩回到松山，又受命出去请兵解围。张若麒和马绍愉等弄得渔船，与一些指手画脚的监军人员逃回宁远，策划如何把失败的责任推给洪承畴。溃退到杏山的王朴和吴三桂等，八月二十六日率军从杏山逃奔宁远时，受清兵前后追截，仅以身免，所率之军未见有成队突围而出者。

在这次战役中，多尔衮作为战场上的统帅，为皇太极所率的援军安排了有利的驻营地点，从而缩小了对明军的包围圈，使明军在粮道断绝后军心动摇，打乱了洪承畴的军事部署，使其迅速溃败，乃至溃不成军。在明军大溃败中，他又奉命前往锦州大路至杏山大路堵截明军，使松锦战场上的整个明军陷于全部瓦解中。

九月初二，因皇太极尚在松锦战场，便命多尔衮等率每牛录 10 名士兵还守盛京。九月十三日，皇太极因其宸妃有病，乃回沈阳。十一月初三，又命多尔衮驻防锦州，豪格驻防松山。崇德七年（公元 1642 年）二月十八日，由于松山副将夏成德叛变，勾引清兵内外夹攻，攻陷松山，俘虏了洪承畴。是年三月，坚守锦州历时一年的祖大寿因城内粮尽，援兵不至，出城投降，由多尔衮和济尔哈朗接受了他的投降。四月初九，多尔衮等攻克了塔山，二十二日又下杏山，并将松山、塔山和杏山寨防尽皆拆毁。至此，整个松锦战役以清军完全胜利而告终。明朝在山海关外的防线被南推到宁远。

谈迁在《国榷》中总结此战时说："是役也，轻进顿师，进不能突围，退不能善后，形见势绌。彼全力制我，遂使重臣宿将、逻卒骁骑十万之众，覆灭殆尽，则张若麒一人之误也。"并哀叹道："噫！自辽难以来，悬师东指，决十万之众于一战，惟（杨）镐与洪氏。镐分兵而败，洪氏合之亦败，其失并也。然乳峰之势，骎骎有胜势，相持浃旬，重围并解，先发者制人，后发者制于人，语不虚耳。"接着又指出："思之，思之，陈新甲、张若麒辈，其肉岂足食乎！"他通过对这段历史的总结，挞伐了陈新甲、张若麒之流的误国殃民。但对于明朝最高统治者——崇祯帝应负的责任，却予以回避了。

在松锦战役中，作为清兵重要统帅的多尔衮，虽然在围困锦州中因撤兵离城远驻而受到皇太极处分，但在松锦决战中他发挥了个人的智慧和才能，对赢得决战的最后胜利起了重要作用。因此在崇德七年（1642）七月评叙松锦战役军功时，皇太极把他的封爵从降处为多罗郡王又恢复到和硕亲王。

崇德七年（1642）九月，在松锦战役胜利的基础上，有些投降于清政权的汉官建议皇太极乘势进攻北京，取代明朝。但皇太极却拒绝了，表示道："尔等建议直取燕京，朕意以为不可。取燕京如伐大树，须先从两旁斫削，则大树自仆。朕今不取关外四城，岂能即克出海。今明国精兵已尽，我兵四围纵略，我兵力日强，从此燕京可得矣。"

然而，壮志未酬身先死，皇太极没有等到取得燕京，便于崇德八年（1643）八月初九死去，他梦想攻取燕京、取代明朝的愿望，最后是由继承父兄遗志的多尔衮来完成的。

第三章

鼎奠大清基业的摄政王

一、拥立福临与摄政专权

暴卒的皇太极没有留下任何遗嘱，也从未指定过其身后的继承人。于是，就如努尔哈赤死时一样，诸王贝勒、兄弟子侄在哀号声中，又将目光移向了那金銮殿上的宝座。汗位，不，此时已是皇位，不知又在向谁招手。

《清世祖实录》中对皇太极身后事曾这样记载：

> 崇德八年八月庚午（初九）亥时，太宗文皇帝宾天，……乙亥（十四），……于是和硕礼亲王代善，会集诸王贝勒贝子公及文武群臣，以天位不可久虚，伏睹大行皇帝第九子（福临），天纵徇齐，昌符协应，爰定议，同心翊戴，嗣皇帝位。其立誓书，昭告天地。

从此看来，似乎从皇太极去世到福临继立都是由代善一手操办的，与多尔衮并无干系。其实，这是皇太极的直系子孙为了隐讳皇太极继位时的"夺立"，并掩盖其"夺立"后对多尔衮兄弟的影响，以及对多尔衮摄政时期对两黄旗势力分化压抑的报复，也是多尔衮身后蒙谤的继续。它并未能真实地反映、再现这段历史。倒是当时作为人质在沈阳的朝鲜世子李淏在给朝鲜承政院的秘密报告中比较真实地记述了这段史实：

十四日，诸王皆会于大衙门。大王（礼亲王代善）发誓曰："虎口（肃亲王豪格），帝之长子，当承大统云。"则虎口曰："福小德薄，非所堪当。"固辞退去。定策之议，未及归一。帝之手下将领之辈佩剑而前曰："吾属食于帝，衣于帝，养育之恩与天同大，若不立帝之子，则宁死从帝于地下而已！"大王曰："吾以帝兄，常时朝政老不预知，何可参与此议乎？"即起去。八王（英郡王阿济格）亦随而出，十王（豫亲王多铎）默无一言。九王（睿亲王多尔衮）应之曰："汝等之言是矣。虎口王既让退出，无继统之意，当立帝之第九子（福临）。而年岁幼稚，八高山（即八固山）军兵，吾与右真王（郑亲王济尔哈朗）分掌其半，左右辅政，年长之后，当即归政。"誓天而罢云。

《清史稿·索尼传》中的记述与李湆的密报虽略有出入，但情形却大略相同。可见，组织拥立福临的是多尔衮，而不是代善，虽然代善在满族诸王中年纪最大，又曾处于大贝勒的地位，但实权并不操在他的手中。然而，拥戴新帝果真如上述史书中所说的那么顺利、平稳、众口同心，无丝毫之波折吗？似乎未必，有功高权重的长子豪格不立，却要让一个冲龄幼子践祚，这本身就是一个疑点。其实，整个议立新君的过程都是在明争暗斗中经过无声厮杀的结果。

皇太极死后，就实力与权势而论，此时有可能继承帝位的只有两个人，尽管努尔哈赤与皇太极都子侄众多，但除这两人之外，似乎没有人敢窥伺神器，或者说根本没有登上帝王宝座的可能。这两个人就是肃亲王豪格与睿亲王多尔衮。

肃亲王豪格是皇太极的长子，很早就跟随皇太极征战疆场，立下了不少的战功，崇德改元时被封为和硕肃亲王。他除了掌握皇太极原来所拥有的两黄旗外，还有天聪末年被皇太极兼并过去的莽古尔泰的正蓝旗，还得到了镶蓝旗主和硕郑亲王济尔哈朗的支持。而且在父死子承的封建制度下，作为长子的他，承祧帝业更加名正言顺，合情合理。睿亲王多尔衮是努尔哈赤的第十四子，为大妃阿巴亥所生，也本应是17年前汗位的继承人。17年来，他忍辱负重、捐弃前嫌，投身于杀母夺位的兄长皇太极麾下南征北战，东驰西骋，功勋卓著，已非昔日的懵懂幼童，而是一位久经沙场、经验丰富、权势仅次于皇太极的亲王。他不仅拥有颇具实力的两白旗，而且他们同母三王（八王阿济格、九王多尔衮、十王多铎）在议立会议上占据了参加会议人数的一半（其他三王为代善、济尔哈朗、豪格）。此时，他要将17年前所失去的再重新夺回来。而大贝勒代善虽名位至尊，又拥有两红旗，但已61岁，年事太高，精力不足。而且由于其子萨哈廉和硕托的去世，两红旗三王只剩下一王，再加上长期以来两红旗一直受到皇太极的压抑，实力大不如前，争夺皇位已不可能，只能作为平衡各种势力的一个砝码。于是，能够左右政局的只有多尔衮与豪格。

崇德八年（1643）八月十四日夜，也和17年前一样，在沉寂中透露着杀机。崇政殿内，诸王列坐东西，议立新君。而殿外两黄旗的巴牙喇兵则张弓挟矢，环立四周，大有剑拔弩张、一触即发之势，一股浓烈的杀机弥漫于夜空中。在此之前，多尔衮曾亲往三官庙召见索尼，询以立君之事，而索尼只说了一句："先帝有皇子在，必立其一，他非所知也。"明显倾向于肃亲王豪格一方。

此时，两黄旗的兵丁又包围崇政殿，名为护卫，实为威慑，稍有不慎就一发不可收，多尔衮犹豫不决。众王刚坐定，索尼、鳌拜等两黄旗将领佩剑而入，朗声道："吾食于帝，衣于帝，养育之恩与天同大，若不立帝之子，则宁死从帝于地下而已。"以死相从，倒莫若说以死相拼，在场的诸王大臣们都理解其中的含义。

在难耐的沉默中度过一段尴尬的时光后，英郡王阿济格与豫亲王多铎终于再也忍不住，首言拥戴其兄睿亲王多尔衮承继大统。但多尔衮却沉默了，不作任何表态。尽管他知道以他目前的实力和在议立会议上的优势，是有问鼎皇位的希望的。但有肃亲王豪格，还有殿外两黄旗兵士，他没想到他们会包围大殿，更不知道这是否出于豪格的指使。但不论是与不是，此时他一旦应允，那么会场可能就是战场，而能够活着走出去的，似乎不会是他们。

半晌，多铎忍不住又说道："若不允，当立我，我名在太祖遗诏。"

"肃亲王亦有名，不独王也。"多尔衮冷声说道，他不希望与自己处于同一战线上的弟弟如此没有忍耐力。

"不立我，论长，当立礼亲王。"多铎又道。

代善连忙接声说："睿亲王若允，我国之福，否则当立皇子。我老矣，不能胜此耶！"说罢起身离去。他自知无力左右政局，充其量不过是多尔衮与豪格之间的一个砝码，已入暮年的他谁也不想得罪，更不想随便就把自己押错了地方。代善刚走，性情激暴的八王阿济格也因不满多尔衮的当决不决，犹犹豫豫，不作明确表态而愤然离去。

此时多尔衮与豪格都清楚任何一方都没有压倒一切的绝对优势，而任何一方也不会允许对方荣登大宝。多尔衮心中在盘算着：虽然似乎他占有一点优势，但镶蓝旗主郑亲王济尔哈朗已明显露有倒向豪格的倾向。况且，倘若此时他一定要争夺帝位，很可能会在内部引发一场后果难以设想的内战。在这即将进取中原的紧要关头，这场内战或许会使大清永远失去逐鹿中原的机会。这又是他所不希望见到的。苦苦思索中，他脑海中忽然闪现出父汗临终时的遗命：摄政。立皇太极一个幼子为帝，由自己摄政。他心中涌起一股强烈的报复欲望，17 年前皇太极所未曾应允并从他手中所夺去的，他要皇太极在死后予以补偿。

然而，皇太极一生妻子无数，光儿子就有 11 个，其中年幼的就有高塞、常舒、韬塞、博穆博果尔和福临 5 人。高塞、常舒都是皇太极庶妃所出，韬塞的母亲至今不知是谁，在当时也绝不会太尊贵，博穆博果尔虽是麟趾宫贵妃所生，地位尊崇，但贵妃早年侍奉林丹汗，后才嫁给皇太极，也不合适。只有九子福临，母为永福宫庄妃，地位尊崇，而且庄妃博尔济吉特氏又是蒙古科尔沁贝勒寨桑之女，拥立福临，一定会得到科尔沁部的支持，就又多了一个击败豪格的砝码。在皇太极诸子中，多尔衮果断地选择了第九子福临。

于是，多尔衮抛出了立福临、由他和郑亲王济尔哈朗摄政的提议。之所以将济尔哈朗拉进摄政之列，是因为论资历、军功，让他辅政，别人无话可说，况且他又倾向于豪格，将他拉进来，有利于维持并稳定可能发生动乱的局面。而且对郑亲王的治国才能，多尔衮太了解了，他深信只要假以时日，待政局稳定后，他一定会将他慢慢地挤走。多尔衮的这一提议，对于两黄旗的大臣来说，虽未立豪格但也满足了他们必欲立"先皇之子"的强烈愿望；对于多尔衮一方来说，既排除了与之相争的肃亲王豪格，又可以使新帝有名无实，为多尔衮掌握大权创造更为有利的条件。况且，此时双方谁都明了目前的形势：不成则战，谁都不希望用战争来解决一切，因为战争无论对哪一方都会造成伤害。因此，这样一个折中的方案，便被双方所接受了。多尔衮当即率诸王对天发誓。两黄旗大臣索尼、谭泰、图赖、巩阿岱、锡翰、鳌拜等亦会盟于三官庙，誓死辅弼幼主。

于是在这无声的厮杀中，年仅6岁的福临以他的机遇，以他不带任何政治偏见的资格，在多尔衮的主持下被推上了皇帝的宝座。

但在福临即位之前，却又发生了一件妄图废幼主另立的事件。崇德八年（1643）八月十六日，即福临被议立为皇帝后两天，和硕礼亲王代善的儿子硕托和孙子多罗郡王阿达礼（萨哈廉子）对拥立稚童颇不心甘。他俩密言于代善道："今立稚儿，国事可知。不可不速为处置云。"深谙政治斗争的代善闻言怒斥："既立誓天，何出此言？更勿生他意！"但两人并不甘心，来到睿亲王多尔衮的府第求见，愿拥立他为帝，多尔衮坚决拒绝了。于是，两人又到多铎府中，多铎只派人说："此非相访之时。"始终不出来相见。当两人又来到代善处，将经过述说一遍后，代善大惊骂道："何为再发妄言？祸必立至，任汝所为！"说罢便起身去向多尔衮告发了。"虎毒不食子"，然而，处于政治旋涡之中的代善在如此紧张的政治氛围下却不得不如此了。毕竟多尔衮的心中对他帮助皇太极夺位并逼死其母不会没有怨恨，无丝毫之芥蒂；他知道，倘若多尔衮借此机会报复，那么死的不仅仅是他代善和两个子孙，或许是整个家族。只有首先告发，并且是向多尔衮告发，才可洗脱他的罪名，也才可保住他这一支血脉的流传。这天晚上，阿达礼和硕托便被以"扰政乱国"罪按叛逆论处死，参与此事的阿达礼之母、硕托之妻以及一个叫吴丹的同谋也一起被处死。

皇太极死后，多尔衮以冷静的态度，比较稳妥地解决了继立问题，果断严厉地处理了可能产生的内乱，在不到10天的时间内，就安定了局面。八月二十六日，为不致再生乱事，清太宗皇太极的丧期未过，就举行了顺治皇帝福临的即位典礼，改明年为顺治元年。

九月二十一日，皇太极被安葬于沈阳昭陵。十二月，多尔衮与济尔哈朗召集诸王大臣会议，他俩对诸王大臣说："前者公议公誓，凡国家大政，必众议金同，然后结案。今思盈廷聚讼，纷纭不决，反误国家政务。"并当众表示："我二人当皇上幼冲时，身任国政，所行善，惟我二人受其名，不善，亦惟我二人受其罪。"又以"今我等既已摄政，不便兼理部事，而诸王仍留，亦属不便"为由，将诸王贝勒贝子公等挤出六部，而由承政负责部务。这样，一切权力皆向摄政王的手中集中。顺治元年（1644）正月，济尔哈朗在看出多尔衮独揽朝纲的企图后，又自知无力与之抗衡，遂自己提议道："嗣后凡各衙门办理事务，或有应白于我二王者，或有记档者，皆先启知睿亲王，档子书名亦宜先书睿亲王名。"多尔衮"由是始专政"。于是，"刑政拜除，大小国事，九王专掌之"。这就使多尔衮成为清政权实际上的最高统治者。

多尔衮在议立中虽有取得帝位的条件，但他却从清政权事业发展的大局出发，通过他个人放弃帝位，弭乱息兵，避免了一场内乱的爆发，为迫在眉睫的进军中原不失时机地创造条件。摄政后他的集权专政，虽有个人野心的一面，但也符合了历史发展趋势，使处于错综复杂而又急剧多变形势下的清政权可以有力地集中权力，统一政策，调动和组织一切力量。这是入关准备中必不可少的一个重要条件。

就在多尔衮摄政前后，明朝的农民大起义，在李自成和张献忠的领导下，取得了决定性的胜利。李自成农民军到崇祯十六年（1643）春，于河南几次打垮明军主力后，又南向湖广发展，以"剿兵安民""三年不征，一民不杀"号召人民参加起义，很快便控制了荆襄六府州县。崇祯十六年二月初，改襄阳为襄京，李自成自称"奉天倡义文武大元帅"，建立了大顺政权，统众达百万之多，并采纳顾君恩的建议挥师北进。九月，李自成军于河南中部的南阳、汝州一带大败明朝领兵部尚书衔、总理陕晋豫川楚黔及河北军务的孙传庭，官军死亡4万人，军资仗马尽为农民军所得。又追逐孙传庭败军，日夜疾驰400里，直至孟津，孙传庭率残部退入潼关。十月初六，李自成军攻破潼关，孙传庭战死阵前。至此，明朝可以和农民军对阵的主力再也集结不起来了。十月十一日，李自成军进入西安，又略定陕西三边，解决了东进北京的后顾之忧。

崇祯十七年（顺治元年，1644）正月，李自成以西安为西京，建国号为大顺，建元永昌，进一步完善了政权组织。与李自成胜利进军同时，张献忠也于崇祯十六年（1643）六月在武昌建立了政权，并开科取士，以补充其所控制的地方州县官员。之后，又连克岳阳、长沙、衡阳，席卷湘南。在明军进逼下，张献忠被迫入川，在李自成击溃孙传庭后，张献忠的势力也是势不可挡了。两支农民军各自攻取，互为声援，明王朝的统治已处于风雨飘摇之中。

在农民战争胜利发展、势不可挡的形势下，明王朝的统治者一筹莫展，计无所出。在内忧外患的压力下，抛出了南迁之意。

崇祯十七年（1644）正月初三，崇祯皇帝召见左中允李明睿询问御寇急务。李明睿在请求屏退左右后说道："……贼氛颇恶，今近逼畿南，诚危急存亡之秋，可不长虑却顾！惟有南迁，可缓目前之急，徐图征剿之功。"

沉吟半刻，崇祯帝试探地问："此事重大，未可易言，亦未知天意若何？"

"惟命不于常，善则得之，不善则失之，天命几微，人定则胜天，事势至此，讵可因循不决，致有噬脐之忧。皇上内断圣心，外度时势，不可一刻迟缓，若筑室道旁，后悔何及？"李明睿又进而申明。

闻言后，崇祯帝不禁动容道："朕有此志久矣，无人赞襄，故迟至今。汝意与朕合，朕志决矣，诸臣不从奈何？尔且密之。"并同李明睿研究了南迁路线及途中安排，一再叮嘱他"此事不可轻泄"。李明睿也急忙表示并强调："臣谋不敢泄，但求圣断。皇上但出门一步，龙腾虎跃，不旋踵而天下运之掌上。若兀坐北京，坚守危城，无益也。"强调死守不如走活，崇祯帝颔首表示同意。

然而，锐不可当的农民军发展得却是如此之快，兵锋所指，所向披靡。在片刻休息整顿后，李自成军兵分两路，直逼北京，很快攻克太原，占领山西，并声言三月十日就要攻入北京。明廷举朝惊恐，崇祯帝一方面亲自手书罪己诏，通过自责以收揽人心，并号召："其草泽豪杰之士，有能恢复自效，绩比开疆，即陷没胁从之流，苟或率众来归，名高反正。若歼渠魁以献馘，即疏世爵以侯封。"妄图瓦解农民军，然时势已异，效之者几无。另一方面，他不得不把南迁之议公开，作为最后的退身之阶，以试探其有无可能。

南迁之议一出，朝议汹汹，众说纷纭，崇祯帝数次集阁臣商议，却战走各持，了无结果。就在明廷朝臣对此议论不一的时候，倒是李自成军攻占运河北段，逼近京畿，切断明廷南下之路，为明朝君臣们痛下决断，彻底搁置了南迁之议，使崇祯帝最后的退身之阶也失去了。于是，他不得不表示："祖宗辛苦百战，定鼎于此土，若贼至而去，朕平日何以责乡绅士民之城守者，何以谢先经失事诸臣之得罪者。且朕一人独去，如宗庙社稷何，如十二陵寝何，如京师百万生灵何。逆贼虽披猖，朕以天地祖宗之灵，诸先生夹辅之力，或者不至此。如事不可知，国君死社稷，义之正也，朕志决矣。"慨然中却也透露出几丝无奈与悲哀。

南迁之议在明朝历史上只留下了一场纸上空谈的记录。《鹿樵纪闻》卷下对此有诗云："君王也道江南好，只是因循计不成。"这只不过是时人的惋惜之词，为之扼腕的一声空叹罢了。时势迫去，何谈"因循"？崇祯帝不是不想效法宋高宗，他对南迁之议也确实心动。然而，大明王朝的命运早已注定在灭亡的趋势之中，他苦撑了17个春秋，却终再难只手擎天了。于是，在李自成闪电式的进军下，百般无奈之中，崇祯帝只好选择在煤山的一株树下结束了他不甘心的一生，也结束了朱明王朝近300年的统治，给史家也留下了对这段历史的议论纷纭。

在明末农民战争胜利发展，全国形势急剧变化中，清政权的摄政王多尔衮在逐步集中权力的同时，也及时地积极进行着进取中原的战略转变，以及随之而展开的在策略上的相应调整。

早在皇太极继位时，曾向明朝表示：努尔哈赤时，"以昔日辽金元不居其国而入汉地，易世之后皆成汉俗。因欲画山海关以西，汉人制之；辽河以东，我制之，满、汉各自为国，故大军未入关而返，原无争中原之心也"。当然事实并非如此，朝鲜的史书中就称努尔哈赤有"盗天下之心"而呼之为"贼"。这是皇太极在继位之初，为争取稳定统治，调整明清关系而表示的一个策略性的说法。皇太极时期，和明朝的斗争是持续前进的，所谓"处南朝之大计，惟讲和与自固二策而已"。天聪、崇德年间对明朝的屡次骚扰，也主要是掠夺人口、财物，着眼点在于"自固"。松锦战役之后，清政权虽然取得了决定性的胜利，但由于顾忌"百足之虫死而不僵"，皇太极在致明朝皇帝的信中，仍表示愿意和好，只要求明朝提供大量岁币，并划界互市，目的还是为了巩固关外的基地。因此，皇太极在其统治的 17 年中，为夺取全国政权积极创造条件，在和明朝的斗争中立足于"自固"，以期使自己立于不败之地，稳扎稳打，持重推进。

到多尔衮摄政前后，清政权除宁远及其以南地区外，已完全控制了辽河东西全部地区。过去曾臣属于明的朝鲜，也从为明所用变成了受制于清。桀骜难驯的漠南蒙古各部，也基本上被绥服而归附于清。"四境逼处"的局面已完全得到改观。经济上，通过努尔哈赤以来在辽东的"计丁授田"和皇太极对努尔哈赤晚年错误政策的调整，把汉人"分屯别居、编为民户"，强调勤治农桑，加速了封建化进程，使辽东原来的社会经济有所恢复，加上朝鲜的粮食及其他物资的供应，以及历次入关侵扰所掳掠的大量俘获，物资与人力都相当充足。特别是松锦之战后，明朝已无力东顾，再加上洪承畴、祖大寿等人的归降，使清政权进一步取得了战略上的主动地位。到顺治元年（1644）初，多尔衮成为清政权的实际最高决策人时，正是李自成农民军已经完全控制西北，并以压倒性优势准备进军北京之际。在这种急剧发展的形势面前，多尔衮是继续执行

"自固"的方针，还是适应形势变化而不失时机地改变战略，已成为决定大清命运的迫在眉睫的重大问题。

摄政不久的多尔衮，自己忖度仅据一隅的清政权尚不足以和统治全国的老大明朝相抗衡，清兵的几次大举入犯只是在局部地区进行骚扰，关内人民对清兵野蛮屠杀和掠夺的反抗，多尔衮本人也亲身体验过。何况清政权内部还有需要解决的诸多问题。

当多尔衮得知李自成的农民军已经控制了西北，他曾想争取联合李自成，借以抢夺农民战争的胜利果实，因为他确实还没有单独入主中原的把握。于是，他急忙派汉军正白旗石廷柱属下迟起龙和蒙古镶蓝旗李国翰属下缪尚义前往西北与李自成军联络，提出"欲与诸公协谋同力，并取中原，倘混一区宇，富贵共之矣"。然而农民军将帅们对此未予理睬，将原书退回了。三月间，李自成军以摧枯拉朽、排山倒海之势向北京进军，明朝危在旦夕。三月十九日黎明前后，崇祯帝于煤山上吊自杀，午间，李自成进入北京。

顺治元年（1644）的春天，无论对清政权还是多尔衮来说都是最为关键的时期。三月十六日，明朝驻守宁远的吴三桂应调勤王，弃宁远而远去。闻讯后多尔衮大喜，立即下令："修整军器，储粮秣马，俟四月初大举进讨。"然而，多尔衮对自身的实力并没有十足的信心。过去他曾想与农民军联合，共图天下，然后再寻找机会将农民军击败以达到这个目的，但这因为农民军的拒绝而行不通了。倘若此时单独入主中原，面临的将是明朝与农民军两支力量，他无法保证自己在与两支力量同时作战时会取胜，尤其农民军这支新生力量是他们所从未了解的。所以，犹豫不决的多尔衮在四月初仍未下令进兵。于是，秘书院大学士范文程再也忍不住了，于四月初四上书多尔衮，提出改变战略，迅速调整，入主中原。

在上书中，他首先分析了明朝四面受敌、受病种种、已不可治的基本形势，并提醒多尔衮一定要抓住这个关键时机，指出："此正欲摄政王建功立业之会也。窃惟成丕业以垂休万祀者此时，失机会而贻悔将来者亦此时。"之后，他建议多尔衮要不失时机地去抢夺统治全国的权力，并提出"我国虽与明争天下，实与流寇角也"这样一个逐鹿中原的根本战略思想，认为"夫举已成之局而置之，后乃与流寇争，非长策矣"，否定了多尔衮联合农民军攻明的战略思想。看着这份奏章，多尔衮也怦然心动了，但此时的清廷尚不知北京已为农民军所占据，形势危急，因而多尔衮并未贸然决断，仍在思索之中。

当李自成已进入北京的消息传来后，多尔衮大惊，飞速召回正在汤泉疗养的范文程共议决策。范文程进一步强调了与农民军争夺到底的决心，认为"此必讨之贼也"，并对农民军进而分析：

> 虽拥众百万，横行无惮，其败道有三：逼殒其主，天怒矣；刑辱缙绅，拷劫财物，士怨矣；掠民资，淫人妇，火人庐舍，民恨矣。备此三败，行之以骄，可一战破也。

在多尔衮认可后，他又突出强调必须"申严纪律，秋毫无犯"，认为"国家只欲帝关东，当攻掠兼施，倘思统一区夏，非恤安百姓不可"。入主中原是满洲贵族们多年的梦想。在范文程的极力劝说下，多尔衮决定改变持重自固策略，进军中原。看来，父兄所未能实现的愿望，要在他的手中实现了。

顺治元年（1644）四月初九，多尔衮与阿济格、多铎兄弟三人，统领满洲、蒙古兵的三分之二及汉军恭顺等三王孔有德、耿仲明、尚可喜，几乎倾全国之兵，往定中原，从此揭开了"逐鹿中原"的序幕。

二、收吴三桂入山海关

在多尔衮的入关计划中，原并无攻破山海关而入的计划，仍想像过去清兵数次入关侵扰那样，毁长城而入。然而，当四月十五日多尔衮率军行至广宁附近的翁后地方，却接到了吴三桂从山海关派专人送来的"泣血求助"的信，用"我朝之报北朝者，岂惟财帛，将裂土以酹（酬）"，请求清兵共同去镇压李自成军。这一偶然的事件彻底改变了多尔衮的作战计划与进军路线。

吴三桂，江南扬州府高邮州（今江苏高邮）人，崇祯初，其父吴襄为锦州总兵，籍隶辽东中后所（今辽宁绥中）。吴三桂以武举身份承父荫，初授都督指挥。吴襄因军事失机下狱，擢吴三桂为总兵，驻守宁远（今辽宁兴城）。洪承畴督辽后，任其为辽东团练总兵官。松山之战明军溃败中，吴三桂突围，奔归宁远，经召集散亡，致力经营，军势有所恢复，仍守宁远。当农民战争节节胜利，以排山倒海之势向北京进军，清政权准备争夺全国的统治权，入主中原尚无把握时，当时扼守关门、颇有战斗力的吴三桂的关宁铁骑就成为各种势力的争夺对象。松锦战役之后，明失去了辽西，因此，宁远就成为明朝在辽东保卫关门的战略据点，吴三桂也就成了明朝守卫辽东和保卫山海关的主将，为明廷所倚重，也是清政权力求争取的对象。早在皇太极死前，就曾经争取过吴三桂归降，并通过其降清的母舅祖大寿屡次前往招降，但吴三桂虽偶有犹豫，却从未明确表示。崇德八年（1643）九月，皇太极死后，清兵攻取宁远和山海关之间的前屯卫、中后所、中前所等卫所时，吴三桂还曾抵抗过清兵对宁远的攻取，使清军打通入关道路的计划未能实现。

在李自成农民军以破竹之势逼近北京、京城危在旦夕的形势下，崇祯皇帝忙晋封吴三桂为平西伯，并起用其父吴襄提督京营，急征吴三桂入关勤王。于是，吴三桂弃宁远，率众 20 万，日行数十里，风风火火地入关勤王去了。三月二十日当其抵达丰润时，却传来了京师已被李自成攻破、崇祯帝死难的消息，而李自成又派军避过吴三桂迅速攻下了山海关。于是，东西失据的吴三桂就如瓮中之鳖一样，处于农民军的包围之中，左右为难，进退维谷。西进京师，平贼讨逆，他自知无此实力；东取山海关，以他数万大军，重回宁远，并非没有可能，但与清朝对峙多年，结仇颇深，即使重归宁远，仍然前有北兵，后有农民军，仍处于左右夹攻之中，势难立足。在这种情况之下的吴三桂曾一度被李自成招安过。

此时的李自成在李岩等人的劝说下，也为形势所迫，不想大动干戈，决意招安。有的书中记载李自成曾说过："山、陕、河南、荆襄已在掌中，大江以南传檄可定，惟山海关总兵吴三桂（吴为宁远总兵）是一骁将，当招致麾下，而辽东劲敌又使我衽席不安。"因此，李自成遂派李甲、陈乙，以"不失封侯之位"之诺前往招降吴三桂。身处困境的吴三桂也深感到"与北兵结仇深，势难归北"，乃"决意归李"。明末遗民彭孙贻对此事在其所著《流寇志》中特加按语说：

> 贻游江右，德安马大令告贻曰："有客平西幕者云，世传吴襄作书招平西（吴三桂受崇祯帝封为平西伯），平西告绝于父，起兵勤王，非也。都城既陷，三桂屯山海，自成遣使召三桂。三桂秘之，大集将士，告之曰：'都城失守，先帝宾天，三桂受国恩，宜以死报国，然非藉将士力，不能以破敌，今将若之何？'将士皆默然。三问不敢应。三桂曰：'闯王势大，唐通、姜瓖皆降，我孤军不能自立，今闯王使至，其斩之乎，抑迎之乎？'诸将同声应曰：'今日生死唯将军命。'三桂报使于自成，卷甲入朝。"

然而不久，其又弃李复叛，走山海关拥兵自重。事出猝然，其因何在？对此亦众说纷纭。彭孙贻云吴三桂在入京朝见新主的途中，忽然遇到父亲手下的苍头与一姬妾同骑东奔。他十分惊奇，忙令人拦下问之。原来那苍头与吴襄姬妾私通，乘兵乱偷偷逃跑，却不想遇到了吴三桂。于是，苍头在情急之下骗吴三桂道："老将已被抓，全家被杀，只有我与老将军姬妾得以逃脱，正要去禀告将军，望将军早定大计呀！"吴三桂闻言大怒，遂翻然复走山海，拥兵自守，使人乞师于清，共击李自成。而吴梅村《圆圆曲》中的一句"冲冠一怒为红颜"却又被传唱至今，历久不衰……其实，吴三桂的复叛无论是因为全家被杀还是为了爱妾陈圆圆，促使其突然发生变化的直接原因，是大顺军侵犯了他的家庭利益，一是其父吴襄在农民军追赃逐饷中受到刑逼；一是他的爱妾陈圆圆被李自成的大将刘宗敏所掳。正应了范文程在上多尔衮的奏表中所说的那样："……刑辱缙绅，拷劫财物，士忿矣。"

三月二十七日，吴三桂东返山海关，打败了防守山海关的农民军。占据山海关后，无所归依的吴三桂联合山海关地区的乡勇武装，又集结起 8 万兵士，拥兵自守，以为权宜之计。已推翻明朝、进占北京、控制了统治全国中心并时"忧关东"的李自成，对吴三桂这种降而复叛的表现不能不予以充分的注意。当他得知山海关亦为吴三桂夺取后，更感到局势之紧迫，于是，他立刻令与吴三桂共同和清兵作过战的降将唐通，以犒师银 4 万和大顺政权的招降敕书，并三桂之父吴襄的手书，再次前往招降吴三桂。吴襄在其亲笔书中劝道："昔徐元直弃汉归魏，不为不忠；子胥违楚适吴，不为不孝。然以二者揆之，为子胥难，为元直易。我为尔计，不若反手衔璧，负锧舆棺，及今早降，不失通侯之赏，而犹全孝子之名。"而这次的吴三桂却任唐通等妙笔生花，巧舌如簧，再也不肯归降了，并发布檄文，与李自成誓不两立，仍保朱家正统，与农民军血战到底。

李自成为解决山海关之变，屡更登基即位日期，并于四月十三日亲率大军6 万，号 10 万，浩浩荡荡东征。十四日到通州，十五日达密云，十七日则简轻骑以向永平，急奔山海关，十八日便达天津西，又益调诸军 10 万，增强了向吴三桂进攻的力量，以巨石压卵之势向东扑来。孤守山海关的吴三桂兵粮有限，无所依托更无援军，短战尚可，长守不济，迟早会城破人亡。在此危急形势之下的吴三桂不得不思虑再三，再次归降非他所愿也已不可能，只好另图他策。

接到吴三桂"泣血求助"的信后，多尔衮大喜过望。他没想到上苍竟如此眷顾他，看来此次似乎不用再绕道而行，费时费力了，他仿佛看到了北京的龙廷在向他招手。于是，他当即派人去锦州调汉军炮兵，运红衣大炮往山海关进发。同时也立刻向吴三桂复信，答应立即统兵前往救援。为使师出有名，多尔衮在信中说："予闻流寇攻陷京师，明主惨亡，不胜发指，用是率仁义之师，沉舟破釜，誓不返旆，期必灭贼，出民水火。"他一方面盛赞吴三桂，"夫伯（吴三桂为明封为平西伯）为报主恩与流贼不共戴天，诚忠臣之义也"，并打消吴三桂曾与清兵为敌的顾虑说："伯虽向守辽土，与我为敌，今亦勿因前故尚复怀疑。"另一方面，则以中国之主的身份，逼诱吴三桂卖身投靠，提出："今伯若率众来归，必封以故土，晋为藩王，一则国仇可报，一则身家可保，世世子孙长享富贵，如山河之永也。"在这场运用实力和把握机遇的较量中，多尔衮在范文程与洪承畴的谋略帮助下，逼使吴三桂一步步就范了。

当李自成于四月十七日率军到达永平、进逼山海关时，心急如焚的吴三桂又再次派人前往已改途赴关、军行至连山（今辽宁锦西）的多尔衮营中，急告贼锋所至，并请求多尔衮火速进抵山海关，首尾夹攻，以破闯贼。还建议多尔衮率大军所过之处要秋毫无犯，"则民心服而财土亦得，何事不成哉"。接信后，多尔衮立刻下令星夜进发，越过宁远，兼程急进，一昼夜之间行了200里。善于审时度势的多尔衮是不愿放弃对他有利的任何时机的。四月二十一日晚，清兵抵达山海关外，屯兵不进。

机警的多尔衮对吴三桂的求援请兵始终存有戒心，尽管他不愿放弃任何有利时机，但也绝不会拿全军将士的生命、大清的事业作赌注，毕竟防人之心不可无，因此，在到达山海关后，他将阿济格与多铎召进帐中商议道："岂三桂知我南来，故设此诱邪？且吾尝三围彼都，不能遽克，自成一举破之，其智勇必有大过人者，今统大众亲至，志不在小，得毋乘战胜精军，有窥辽之意乎？不如分兵固守，以观动静。"阿济格与多铎也深以为多尔衮所虑不错。于是，多尔衮下令屯兵不进，驻营于山海关外的欢喜岭，休息士卒，并派使前往山海关报知吴三桂。至此，各方面集结于山海关的兵力有：吴三桂与山海关的地方武装共 8 万左右，处在防守地位。李自成的军队共 10 万上下，处在进攻状态。多尔衮所统率的清兵共 14 万骑，这是经过相当时期休整的生力军，到关后即蓄锐以待。此时，即四月二十一日夜，李自成与吴三桂的军队已经激战一天了。

山海关是万里长城东部的起点，号称"天下第一关"。关城南临渤海，北依燕山，东西为进出关门的必经孔道。它"外控辽阳，内护畿辅"，是明朝经营辽东陆路的咽喉之地，一关雄踞，万夫莫当。建州从兴起发展到与明朝相对抗的清政权之时，山海关的战略地位就更加重要了。此时的山海关，关城之外，四面尚有卫城，除南翼城面临海外，其他东、北、西三个方向都被李自成的军队团团围攻。吴三桂军损伤惨重，北翼城守军又已归降，吴军已难于支撑，开始动摇，形势十分危急。当得知清军已到时，吴三桂又惊又喜，用大炮轰开关门以外的大顺军，亲自率领 500 名骑兵突围而出，至清军营中拜谒清军统帅摄政王多尔衮。为了表明自己的忠心，吴三桂当即就在清营中剃发盟誓，正式归降了大清。在与多尔衮定下破敌之计回关后，又尽剃关内百姓之发，开关延战；然而迫于战期，军中有尚未尽剃发者，均密令以白布裂为三幅，阔如三指，缠之于身，以为暗记，免遭清兵误杀。

第二天上午，三方面的军队在关城之西的石河战场上展开了决战。但此时的李自成并不知清兵已至，他只知道边兵勇劲，自己又不宜拖得太久，成败只在此一决，便将所有的希望都寄托在这一战上，驱众死斗。吴三桂也自恃有清兵为后盾，更是"悉锐而出"，与农民军决一死战。而老谋深算的多尔衮却隐兵于东山之中，蓄锐不出，待机而动。他一方面想从这场战斗中看看吴三桂降清的真伪与诚意；另一方面也想看看李自成势力的强弱，因为他就要与这帮"流寇"争夺天下了。同时，也可以减少清兵的伤亡，坐收渔人之利。战场上，杀声雷动，矢集如雨，血流如河，吴三桂军与李自成军已鏖战许久了，尽管双方都有伤亡，但农民军的力量似乎更强一些。吴三桂已渐渐不支了，却仍然不见清兵的影子，他左顾右盼，心急如焚。正在西山之上指挥战斗的李自成看着这对自己越来越有利的形势，不禁会心地笑了，看来今天他是稳操胜券了。然而，就在吴三桂几乎支持不住，山海关唾手可得的时候，东山的密林深处突然间响起三声号角，在一片呐喊声中，剽悍英勇的满洲铁骑从东山杀出直扑农民军阵中。面对突然杀出的清兵，李自成顿时惊呆了。两日的激战，他们消耗已经太大，"强弩之末，难穿鲁缟"，何况他所面对的是休整一新、强悍无比的清兵呢？他不知道对方有多少兵马，但他知道再战下去，损失最大的只会是自己。"退兵！"他果断地下令道，但心中却在滴血。看来，关东之忧是他所不能解决、至少是一时不能解决的。于是，这场集结了30万大军的山海关之战，在经过两天一夜的激战后，至此结束，多尔衮也占据了入关的门户，真正踏上了逐鹿中原之路。

山海关战役，由于多尔衮成功地争取了吴三桂，因而在兵力上取得了绝对的优势，争取到战争的主动权，使李自成由主动转化为被动，最后陷于令人扼腕的失败之中。多尔衮之所以取胜，除了优势兵力这些客观因素外，多尔衮本人的才能以及范文程、洪承畴等人的谋划等主观因素也是一个重要原因。多尔衮的机智、果断和善于审时度势、把握时机，使他很快便掌握了战争的主动权。他不仅随着形势的变化，果断机敏地改变了入主中原的行军路线，在形势多变中，不错过机遇，掌握有利时机，巧妙收服了吴三桂，而且在战场上注意保存实力，隐兵蓄锐，"坐山观虎斗"，窥视有利战机，在李、吴消耗殆尽沦为强弩之末的形势下，再"后发制人"，以蓄锐的生力军猝发强攻，使战场形势急转直下，坐收渔人之利，赢得了入主中原的第一个决定性胜利。

从李自成方面来看，他进入北京后，虽为"忧关东"而屡改登基之期，但对清兵入关的危险依然重视不够，准备不足。他对明清争斗中山海关的战略地位缺乏应有的重视，对山海关的防卫缺乏得力措施，致使复为吴三桂所得。特别是在对吴三桂的争取上，显然是由于策略上的错误而导致吴三桂归而复叛，成为祸端。在向山海关进军中，农民军虽然在军纪上有所注意，但对于战争前途和应采取的战略战术则缺乏应有的认真研究，特别是对敌情缺乏调查，因而对吴三桂勾引清军以及清军的举动，临战前茫然无知，终于由主动陷于被动，以致在敌情变化的情况下懵然失策，匆促西撤，从此不复振作，终成一个悲剧的结局。

大战方息，多尔衮按捺不住内心的兴奋，决定乘胜追击，当即便在军前承制，晋封吴三桂为平西王，带领马步兵 1 万，尾追匆促西撤的李自成农民军。自己也在休整一天后，便乘胜向已被李自成占有、统治全国的政治中心北京进发了。

早在往定中原之前，范文程就曾对多尔衮说："国家止欲帝关东，当攻掠兼施，倘思统一区夏，非恤安百姓不可。"吴三桂也建议他："祈令大军秋毫无犯，则民心服而财土亦得，何事不成哉！"多尔衮与他的父兄一样有"盗天下之心"的恢宏气势，他要的是整个天下，而不是关东一隅。因此，在向北京进军中，他严明军纪，坚决地改变了清兵历次入关时"攻掠兼施"的政策。他宣布清兵入关的目的是"为尔等复君父仇，非杀尔百姓，今所诛者惟闯贼"，俨然一副义师模样，并号召明朝官民："官来归者复其官，民来归者复其业，师律严肃，必不汝害。"同时对清兵严加约束，当时随军的朝鲜国王世子记录的所谓"摄政王令旨"中说：

> 谕官兵等人知道，曩者三次往征明国，俱俘掠而行。今者大举，不似先番，蒙天眷佑，要当定国安民，以希大业。入边之日，凡有归顺城池，不许杀害，除剃头而外，秋毫无犯。其乡居散屯人民，亦不许妄加杀害，不许擅掠为奴，不许跣剥衣服，不许拆毁房舍，不许妄取民间器用。其攻取之城，法不可赦者，杀之。可以为俘者，留养为奴。其中一应财物，总收公用。其城屯不论攻取投顺，房舍俱不许焚烧。犯此令者，杀以徇众。……凡我将佐，于所属官员人等，当三令五申，务使通晓。

多尔衮的严肃军纪确实卓有成效，在从山海关到北京的行军途中，几乎未遇到任何反抗。当时随军的朝鲜人证实："入关之初，严禁杀掠，故中原人士无不悦服。"以致他们感到："建文之时，死节者甚多，而今乃不然，良可怪也。"并深为慨叹曰："大明天下竟无一男子，提一旅奉朱氏耶！"

有些私人著作根据多尔衮入北京时某些明朝遗民的亲身见闻，对多尔衮进入北京时的情景作了详实的记录。

出于政治上的需要，清军四处放言云故明太子在吴三桂军中。因此，当李自成逃离北京后，故明遗臣们又重新组织起来，守城搜贼，以待太子归时重建大明社稷。

五月初二，当闻言吴军即至，满城遗老遗少备法驾迎太子于朝阳门外，望尘俯伏，但迎来的却是大清国摄政王多尔衮，不禁惊悸不已，面色难堪。但在大兵临城之下，这些在官场中斡旋多年的遗老遗少都是"有识之士"，他们立刻改换面孔，劝请多尔衮乘帝王法驾入宫。故作姿态谦让一番后，多尔衮便恭从众命，将皇帝的仪仗队向宫门陈列，在仪仗导引下，奏乐鸣钟，乘辇入武英殿升座，接受臣下的朝贺。善于阿谀奉承的故明降官们以为多尔衮即清主，立刻上劝进表，劝正坐在皇帝宝座上的多尔衮昭告天地，继为天下之主。范文程则在一旁笑说道："此未是皇帝，我国皇帝去岁已登极矣。"众人相顾惊异，却无人敢言。于是，不知有意还是无意，乘帝辇、用帝仪、坐帝座，多尔衮这位大清朝的无冕之王却真正地享受了一次帝王的威仪。

多尔衮就是如此兵不血刃地进入了北京城，《建州私志》的作者在总结历代兴废后，对多尔衮的顺利进占北京颇有感慨地议论说："未有鹬蚌之利，掩覆之捷如此！"

三、袭明制初建清王朝

李自成在山海关战斗中失利后，西撤至永平，并把部队重新集结起来，仅用 4 天时间，便于四月二十六日回到了北京。

山海关一役，李自成虽然受到了挫折，但从大顺军的整个实力来看，还没有因为和清军战斗而受到毁灭性的损伤。仅以山海关战役而论，李自成的失利主要是因为敌情不明，战前对敌情侦察不够，对清兵临关的动态没有掌握，因而对清兵的突然出击猝不及防，被迫主动撤离，从战略上看形成了被动之势。但大顺军从战场上急退仍不失为主动撤离，恐怕李自成也是为了保存实力，在敌情不明的情况下不想和清军硬拼，才主动撤离战场。因此，在山海关战场上，大顺军只是和吴三桂军激战两天一夜，有所消耗，在清兵突然出现时，没有来得及接战拼搏就主动撤离了，所以，李自成军队的实力没有受到太大的损失，其大将刘宗敏也只是为流矢所伤。对此，我们从山海关战役后多尔衮给清廷的捷报中可以得到印证。在这些奏疏中，只记述了多尔衮到达山海关当天的晚上败唐通于一片石，斩杀百余人。对第二天的大会战，只提到大败贼兵，追杀 40 里，斩获晋王和驼马缎币等，没有提到对李自成军队人员的斩获。可见，李自成军队在主动撤离中主力是没有太大伤亡的，并不像清朝官修史书和某些私人记述的史料所说的那样遭受到了毁灭性的打击，只是在战略上由于诸多因素而陷入步步被动，最终导致无可挽回的巨大失败。

山海关之战农民军失败以后，当时的大顺政权，除北京地区有李自成亲自率领的这部分主力外，在陕西、山西以及河南、湖北等地区还有相当数量的军队，有些地区已经建立政权。所以当时李自成的农民军在明朝已被推翻的形势下，他们便成为当时国内举足轻重的武装力量。但是，李自成在占领北京之后，由于气骄志满，政策上犯了一系列错误，对统一全国在战略上缺乏全面安排和得力措施，因而招致了山海关战役的失败。另外，大顺政权内部因意见不一而形成分裂，对建都何地又举棋不定，以致在总体战略上步步被动，失去了主动地位。在清兵进逼下，没有对尾追的吴三桂和清兵采取战略反击，便轻易决定放弃北京。山海关既败，又放弃北京，失去了控制全国的政治中心，重演了历史上"鸿沟一误又鸿沟"的悲剧。一招的失误尚可弥补，一串的失误却无法挽救，因为那已注定了失败的命运。恐怕李自成自己也不会想到他的轻易撤离，已为他的悲剧式结局徐徐拉下了大幕，而他也逐步地走出了历史舞台。

四月二十九日，李自成如惊弓之鸟一样仓促地于北京紫禁城武英殿举行了登基即位的典礼，圆了他向往已久的"帝王之梦"。当天夜里，他便下令焚毁明宫部分建筑，将府库中数千万两存银提出装车，匆匆地离京撤往陕西。此时的大顺军虽然军队素质有某些消极变化，大顺政权也在失去人心，战斗力和进北京时已不能相比，但仍尚存较强的战斗力，在多尔衮心目中，仍然是不可轻视的劲敌，是他夺取全国政权的重要障碍，是清政权的最大心腹之患。

在多尔衮进占北京以后的五月间，当时进入到四川的张献忠正率众 40 余万，溯长江而上，向重庆进军，势力也在迅猛发展。如此形势，迫使想要夺取全国政权的摄政王多尔衮不能不考虑如何争取汉族官僚士大夫，以及怎样利用他们的统治经验以实现其征服全国的目的。

顺治元年（1644）五月初六，北京城里哀声四起，故明臣民们举城为崇祯帝举哀临丧。是谁如此大胆，竟敢在清兵盘踞的北京城中为故明皇帝发丧？这个人就是大清摄政王多尔衮。为了拉拢和争取汉族官僚士大夫的支持，多尔衮决定在北京城为崇祯帝发丧，以期通过此举，把故明臣僚的忠君思想引发出来，让他们在追思故主中转化为对新朝的效命，使他们最终报效于新君，忠于摄政王。

据说在安排筹备和主持崇祯帝丧礼的人选时，发生了一段小小的插曲。故明礼部侍郎杨汝诚以"典礼浩繁，不能独任"的理由要求增派主持丧礼的官员。于是多尔衮便问道："汉官中何人最贤？"沈惟炳等立刻保举李明睿，多尔衮便即刻任命李明睿为礼部左侍郎，而李明睿却以有病推辞了，或许在他的心中尚存留着一丝民族大义，只想如徐庶一样入曹营而片言不发。多尔衮并未因此而责怪他，只是自言自语道："尔朝皇帝尚未收殓，明日即欲令京城官民人等哭临，无神主何以哭临，无谥号何以题神主？"语气颇为悲哀凄凉。李明睿没有想到一个"外夷"之人竟会说出如此感人肺腑之言，不禁"闻言大恸"，立即接受了多尔衮的任命，"议谥于朝房，谥先帝为怀宗端皇帝，周皇后为烈皇后，安奉神主于帝王庙"。五月初四，多尔衮发布令旨谕故明官员耆旧："流贼李自成，原系故明百姓，纠集丑类，逼陷京城，弑主暴尸，括取诸王公主驸马官民财物，酷刑肆虐，诚天人共愤，法不容诛者。我虽敌国，深用悯伤。今令官民人等为崇祯帝服丧三日，以展舆情。著礼部太常寺各帝礼具葬，除服后，官民俱著遵制剃发。"在三日发丧后，葬崇祯帝于已故田皇妃陵寝处，名之"思陵"。

在保留明朝国家制度方面，首先宣布对明朝原有官吏归顺者尽复原职；入京后第五天，便令在京内阁、六部、都察院等衙门官员，俱以原官同满官一体办事，急不可待地将国家机器的职能迅速地恢复起来，以便于把满汉官员们的思想与目标尽快统一起来，好集中力量应对李自成以及各地的反抗。

正是基于此目的，多尔衮进京后，积极煽动故明士大夫对农民军的复仇心理，以获取他们对清政权更加广泛的支持，除宣布按照明朝的礼仪制度为崇祯皇帝发丧外，还对明朝的国家机构予以保留，利用归顺的明朝旧官，沿袭明朝制度来建立新的王朝。同时，强迫民众按照满族的习俗剃发易服，并以"剃发者贼亦非贼，不剃发者非贼亦贼"相威逼，迫使人民屈服。多尔衮抢占北京之后，便立刻宣布：

> 曩者，我国与尔明朝和好，永享太平，屡致书不答，以至四次深入，期尔朝悔悟耳，讵意坚执不从，今被流寇所灭，事属以往，不必论也。且天下者非一人之天下，军民者非一人之军民，有德者主之，我今居此，为尔朝雪君父之仇，破釜沉舟，一贼不灭，誓不反辙。所过州县，能削发投顺，开城纳款者，即予爵禄，世守富贵。如抗违不遵，大兵一到，尽行屠戮。有志之士，干功立业之秋，如有失信，将何以复临天下乎？

然而，当时的形势与多尔衮的期望还有很大的距离，有形无形的反抗正在社会上酝酿，人心向背还捉摸不定，人们对清政权的态度更多的是疑惧、观望。摆在多尔衮面前的是一项非常复杂而又十分艰巨的任务。

1644 年 3 月，李自成推翻明朝以后，明朝的残余势力陆续向明朝南方的政治中心南京集结。和多尔衮抢占北京同时，明朝南京的兵部右侍郎兼右佥都御史，总督庐州、凤阳等处军务的马士英，联合江淮四镇中的高杰、刘泽清、刘泽佐等，利用史可法为南京兵部尚书的地位，逼使史可法仓促间迎立福王朱由崧监国于南京。五月十五日，福王于南京被拥立为延续明祚的皇帝，改元弘光，史称南明。南京政权的建立，宣布继承明朝帝统的朱由崧就成为当时恢复明朝统治的象征。这样，南京便形成与清朝相对立的另一个政治中心，它是清政权摄政王多尔衮继续前进中不可忽视的障碍。西北的大顺政权、东南的福王政权、西南的大西政权的相继建立，便将清军的活动范围局限于以北京为中心的京畿地区。一直到多尔衮入北京的 38 天以后，才派遣巴哈纳、石廷柱去平定山东一路地方，派叶臣去平定山西……到六月下旬，多尔衮向沈阳奏报，当时他所控制的地区仅仅是"大同以西，黄河以北，尽皆底定。燕京以南，顺德以北，俱已来归。疆域日扩，一统有基矣"。当时的顺德府（今天的邢台地区）地区南达黄河尚将近 300 里，所以黄河以北，当时还尽非清军所有，而且所占地区的局势也不稳定，就连北京当时也人心不定，时有讹言，认为清政权在北京待不长久，讹传七八月就要东迁，致使多尔衮特发谕令进行辟谣，重申"燕京乃定鼎之地"，力求安定人心，接受清朝的统治。

另外，由于战乱和过去北京的粮食主要是来自东南的漕运，在李自成推翻明朝，进占北京前后，南粟不达京师，使北地米价日腾。特别是南京政权建立后，南方漕运更不可通，使燕京米价极贵，斗米值银三钱。再加上几十万清兵屯驻于北京，消耗极大，钱米几乎一空，新朝的兵食民生很难维持。这些都是多尔衮所面临的亟待解决的问题。

面对上述各方面的问题，想要征服全国的摄政王单纯依靠少数的满族铁骑和入关前清政权的统治机构，是很难实现他的愿望的。为了适应其征服全国，使清政权君临天下的需要，从当时应急的需要来看，明朝的封建国家机器对清朝来说仍然是最为有效的工具，不能不加以利用。同时，在征服全国的过程中，所需要的人力物力，维持统治的财赋来源，都离不开明朝已有的经济制度与渠道。所以，明清鼎革只不过是主易制存，在新旧交替中，作为新王朝的建立者，就不能不"清因明制"了。

沿袭明朝的制度，当然离不开原来熟悉明朝典章制度的故明官吏。而在入关前清政权的国家机器中，处于决策地位的议政诸王大臣们，此时已是"半皆贵胄世爵，不谙世务"。他们虽然能征惯战，富有作战经验，而且都是军功累累，但是要征服经济、政治、文化高度发展的中原地区，却显得经验不足，力不从心，孔武有力却无治国安邦之才。所以必须依靠汉族官僚士大夫，才能利用他们的统治经验，使明朝已有的现成国家机器重新运转起来，才能实现真正意义上的征服全国。虽然入关前已经归附的汉人和战争中投降于清的文武官吏如范文程、宁完我、王文奎和李永芳、张存仁、洪承畴、祖大寿等，已经把中原王朝的统治经验尽力引入，也让多尔衮体验到了这些经验的可贵，使他渔人得利，顺利夺取北京，控制了全国的政治中心。但是，毕竟这些人还是太少，面对征服全国的任务，他感到应该继承并发展他和皇太极共同执行过的"知汉人者，莫若汉人"，使汉人为国效用的政策，也就是效法辽、金入主中原后"以汉制汉"的有效经验。

于是，除了在五月初六，命原来明朝的内阁、六部、都察院等衙门官员同满官一体办事外，五月十四日，多尔衮又将原来明朝内阁大学士，曾被崇祯皇帝罢黜为民的阉党冯铨，用书信征召至京，以大学士原衔入内院佐理机务。六月初一，又正式任命洪承畴为内秘书院大学士。八月又将曾任故明内阁大学士的谢升征召入京，令入内院办事。再加上对明朝原来六部及其他中央统治机构官员的起复任用，逐步又把明朝的统治机构及其基本制度恢复起来，并把入关前清政权的中央统治机构成员与之混合在一起，组成了以满族成员为核心的新朝统治机构。

入关前清政权的最高决策机构是议政王大臣会议，但多尔衮进占北京以后，议政诸王中的另一辅政王济尔哈朗和代善、豪格等，尚与幼帝福临留守沈阳，所以多尔衮在北京的实际决策机构是内三院（时简称内院），而内三院又听命于多尔衮，这样，多尔衮便成为清政权当时在北京的最高决策人。他把原来明朝内阁的成员和主动归顺的得力人员任命为内三院的大学士，这样就把明朝原有的内阁与清政权的内三院合在了一起，实际发挥着明朝内阁的作用，洪承畴、冯铨、谢升等也以明朝内阁官员的职能执行他们的任务。

顺治元年（1644）六月初二，洪承畴与冯铨以虽然备员内院，却对各部题设俱未知悉，只为摆设为由，请求多尔衮恢复明朝内阁的票拟制度。票拟是明代内阁所实行的一种制度。明英宗朱祁镇 9 岁登基，年少不更事，其祖母高太后遂委政于内阁"三杨"（杨溥、杨士奇、杨荣），每有奏本，均由内阁首辅会同其他辅臣商议拟出处理意见，由首辅书于题本上上奏皇帝，称作"票拟"。这种制度虽有其弊端，但对加强中央集权确也起到了防微杜渐的作用。这对初入中原尚未掌握稳固政权的清政权来说无疑具有重大意义，因此多尔衮当即允准了。

七月，他们又再次上疏请求整顿各部，理顺各级统治关系，明确各自职责，并选拔人才充实各级机构。多尔衮再次准行，并传令吏部遵照执行。经过冯铨和洪承畴等的整顿，各部院的行政效率显著提高，国家机器运转也更加灵便了。

多尔衮为了借重中原王朝的统治经验，以求尽快地稳定社会秩序，实现清政权对全国的统治，对在其入关后主动归附并积极为之效命的故明地方官员，同样重视并采纳他们的献策建言，不次拔擢，予以重用。其中宋权就是一例。宋权是明朝应天巡抚，在河南失据后驻扎距北京不远的密云。李自成攻打北京时，他用计杀害了李自成的将领黄锭等，与农民军势不两立。当多尔衮从山海关往北京进发时，他率部归降，仍被任命为应天巡抚如故。后来，他又上言建议多尔衮敕议崇祯帝庙号，以笼络人心；整顿赋税，蠲免额外之征；育贤选才，勤求上理。多尔衮对这几项建议大加称赏，不仅立刻嘉奖了他，而且在此后的政策实施中均都体现出来。顺治三年（1646），多尔衮将宋权超擢为国史院大学士，作为内三院的重要成员，成为被多尔衮利用依靠而参加决策的汉官之一。

皇太极在松锦之役招降洪承畴后，对他的赏赐与厚待曾引起一些贝勒大臣的不满。于是皇太极问他们："我等栉风沐雨，所求为何？"

"入主中原。"众人齐声道。

"这就如行路一般，你我皆为瞽者，今有一向导，奈何不乐乎？"皇太极说完，众人始方领悟。

多尔衮入据北京后，更加感觉到汉族士大夫对其问鼎中原的重大意义与关键作用。"知汉人者，莫若汉人"，多尔衮就是在这种"以汉制汉"政策的发展中，利用中原王朝的统治经验，逐步建立起以满族贵族为统治核心，满汉蒙等各族日渐融合共生的大清王朝。

选官仓促和对故明官吏几乎全盘的接收，自然也会造成吏治的不饬，乃至将故明官场中种种腐败现象带入新政权中来。顺天巡抚柳寅东就曾上言：

> 吏部掌铨衡，统百官，吏治之源也，若监司守令各当其职，自然政治廉平，太平可致。近见升除各官，凡前朝犯赃除名，流贼伪官，一概录用，虽云宽大为治，然流品不清，奸欺得售，非慎加选择之道，其为民害，不可胜言，是所当亟清其源也。

此论不可谓不精当，却失之时宜。此时的清政权刚从东北一隅走出，从无对如此先进地区的统治经验，而要想在中原站稳脚跟，首要的任务便是使国家机器迅速恢复运转，以维持国计民生。但这需要大量人才，尤其是汉族官僚士大夫的加入，因为满洲贵族虽有征战之勇，却多无安国之才，关外原有的知识分子又不能满足需求，关内士子又颇怀有芥蒂之心，这就造成了清政权问鼎中原之初严重的人才危机。因此，对于清政权来说只要能使国家机器运转起来，不论是前朝贪佞，还是流贼遗余，都必须任用了。尽管这样会造成很多弊端，但这些弊端随着统治的稳固是可以慢慢清除的，而国家机器运转的搁浅，哪怕是暂时的，都足以毁灭大清几代人入主中原的美梦。因此，多尔衮对此批复道："经纶方始，治理需人，凡归顺官员，既经推用，不必苛求。"

总之，在恢复和争取尽快稳定统治、发展大清事业上，入主北京之后的多尔衮面对广大的中原地区及其相对先进的制度文化，更离不开富有实践经验的故明官吏与汉族官僚士大夫的帮助。多尔衮需要他们的统治经验、治国之道、建言规策。在这种相辅相成、彼此依赖、互为利用中，随着统治秩序的逐渐恢复，新王朝满汉合协的统治基础也逐步确定。于是，统治基础的日渐稳定，也为清政权集中力量对付农民军等反对势力提供了可能。顺治元年（1644）六月，顺天巡抚柳寅东向多尔衮启言："时已届秋，庙堂宜早定大计，今日事势，莫急于西贼（指撤往陕西的李自成）。欲图西贼，必须调蒙古以入三边，举大兵以收晋豫，使贼腹背受敌。又须先扼蜀汉之路，次第定东南之局。"这样，清入关前所制定的"虽与明争天下，实与流寇角"的总体战略方针，得到了汉族士大夫的积极响应，从而加速了明清交替的过程。

同时，多尔衮的功绩也受到满族贵族的肯定与颂扬。遵照皇太极遗志，顺治皇帝被多尔衮迎至北京，并于顺治元年（1644）十月初一，在北京重新登基，宣布为君临天下之主。在颁发即位诏书的同时，还加封多尔衮为"叔父"摄政王。在赐给多尔衮的册文中说：

我皇考上宾之时，宗室诸王人人觊觎，有援立叔父之谋，叔父坚誓不允，念先皇殊常隆遇，一心殚忠，精诚为国。又念祖宗创业艰难，克彰大义，将宗室不轨者，尽行处分，以朕系文皇帝子，不为幼冲，翊载拥立，国赖以安。及乎明国失纪，流贼窃位，恶播中原，叔父又帅领大军入山海关，破贼兵二十万，遂取燕京，抚定中原，迎朕来京，膺受大宝。此皆周公所未有，而叔父过之，硕德丰功，实宜昭揭于天下，用加崇号，封为叔父摄政王，锡之册宝，式招宠异。

措词之间虽有夸耀，却也不可谓之失实。这就是清政权入主中原之初，刚刚建立起来的大清王朝对清初摄政王多尔衮业绩的肯定与评价。

四、多尔衮统一的基本政策

据魏源在《圣武记》中记载，清军入关后，兵力总数只不过 20 万左右，而能够作战的兵力超不过十四五万。山海关战役时，清兵共 14 万骑，很可能便是集结起来的全部作战兵力。当时，关内可以对抗清兵的军队，最慎重的估计也有百万以上。如李自成的农民军撤到陕西后，也不少于四五十万；张献忠于四川亦拥有十数万之众；江淮四镇兵共计二三十万；据守武汉的左良玉三十六营，至少也有二三十万。这些都是具有相当战斗力的队伍。此外，福建郑芝龙略计也有 20 万众，其他还有湖南、江西、广东和云贵等地兵力，总计绝不少于百万。他们虽各不相统，而且有的还互相攻击，但就是各部分分别对清，兵数都不相上下，处于伯仲之间。然而，居于少数的清兵却用了不长时间，没打多少硬仗便取占了北京和南京，仅用一年左右的时间，就基本控制了影响全国的南北政治中心。这种局面的形成，究其原因固然是多方面的，但多尔衮确定的统一的基本政策也是其中重要原因之一。

顺治元年（1644）五月初二，多尔衮进入北京，六月十一日议定迁都。虽然皇太极在临死前曾有遗训："若得北京，当即徙都，以图进取。"但当时满族统治集团内部对取代明朝、统一全国尚无把握，对迁都北京意见不一。英亲王阿济格就不欲留北京，主张大肆屠戮之后，留置一二王镇守燕京，大军则退回沈阳或退保山海关。这样做虽也不失有开疆拓土之功绩，但亦等于放弃了问鼎中原大业的机会，大清几代人的梦想或许就要从此永远搁置了。承继父兄遗志的多尔衮的野心绝不仅限于关东一隅，或如辽、金一样盘踞幽云成为北方之君，在他的眼里，大清必须成为君临天下的共主。因此，对阿济格等人的提议，他坚决反对，并果断下令迁都北京，以图进取。就如多年前努尔哈赤迁都沈阳一样，此举对清朝积极向关内发展、取代明朝的大业起到了不可估量的作用。唯一不同的是：前者是于被动之中不得已而为之，后者却是处于主动地位的积极进取。

面对中原百万雄兵，多尔衮知道无力与他们同时抗衡，但他却巧妙地抓住了各派力量之间的矛盾与冲突，在轻重缓急形势的估测中，确定了先平西北、次定东南的总体战略部署。李自成是多尔衮逐鹿中原的最大障碍，也是其在

"为尔等复君父仇"旗号下请缨出战所要讨伐的对象，对他的讨伐同时也是多尔衮寻求中原汉地民众支持的关键所在。因此，顺治元年（1644）十月初，多尔衮把顺治帝迁到北京并宣布为全中国的皇帝后，便集中力量去镇压撤往陕西的李自成。由于清军兵力有限，只能集中力量"与流寇角"，对南明政权则采取了"暂以安抚"的方针。

高举义师旗号的清军初入关时，着实蒙骗了许多故明的官僚士大夫，将清兵看作复兴明朝的希望之旅、中兴之师，就连福王政权也深为蒙蔽，曾于顺治元年（1644）七月，派兵部侍郎左懋第、太仆寺卿马绍愉、总兵陈洪范等，以大量金银缎绢为酬，前往清营感谢他们的义举。顺治二年（1645）六月，多尔衮又向江南福王政权表示："辅立贤藩，勠力同心，共保江左者，理亦宜然"，并希望"通如讲好"，借以稳定江南，麻痹其对清的反抗意识，一时竟在福王政权君臣的心目中产生了"联虏剿寇"的幻想。

顺治二年（1645）正月，李自成于潼关失利，撤离西安，转战湖北。多铎占领西安，使李自成失去了赖以恢复的基地。使多尔衮在夺取农民起义胜利果实的过程中，更进一步增强了夺取全国政权的信心。至此，他认为"攻破流贼，大业已成"，在对南明政权的欺蒙哄骗之中，悄悄地将兵锋指向了东南。

东南地区的福王政权在当时无疑是"复明"的重要象征，不仅江淮以南皆奉其为正朔，受其节制，就是原在北京的故明官吏以至太监等，有些也纷纷南逃，寄希望于南京。这样，南京就成了与清相对立的政治中心。这对多尔衮来说，就如天有二日一样，是绝对不能允许的。尤其东南各地更是国家财赋仰给所在，关乎新朝的经济命脉，立足未稳的清政权也越来越感到南京政权的存在，已在李自成溃败后成为他夺取全国政权的最大障碍。多尔衮为了征服全国，很快就改变了容许福王政权存在的态度。他在致史可法的信中，斥责福王政权的建立是"拥号自尊"，逼其削号归藩，降服大清。之后，又命豪格镇压山东等处义军，为清兵南下扫清道路。顺治二年（1645）三月，多铎自陕西经河南东进南下，四月十五日围逼扬州。四月二十五日，扬州城破，史可法英勇就义，清兵血洗扬州十日。五月十日夜，福王出奔芜湖。五月十五日，多铎不战而入南京。五月二十五日，降将刘良佐俘挟福王至南京，南明福王政权至此败亡。同时，李自成在湖北通山县九宫山遇难牺牲。河南、湖广、江西、江南等处尽皆归顺。

福王政权垮台，使各种抗清力量骤然间失去了统一号召的中心，从此，全国的大局便为多尔衮所控制。多尔衮以相对少数的清兵，之所以能较快地左右全国大局，与其在军事征服的同时也采取一系列的政治手段，政策比较成功是分不开的。

当时人曾记述说，多尔衮初定都北京时，"南下之意未决"。剃发之令初下，曾有人认为不当而奏道："南人剃发不得归，远近风闻惊畏，非一统之策也。"多尔衮听后却说："何言一统，但得寸进寸，得尺进尺耳。"似乎对征服全国尚无通盘的长远打算。顺治二年（1645）受南明节制，驻扎睢州的原明朝援剿河南总兵许定国在清军的劝诱之下，于正月十三日夜用计杀死了时在睢州的江淮四镇中的高杰，与李际遇各拥众4万、5万降清。时多铎军不满1万，在合许定国军后，兵威大振，并是以渡河，以许定国为前导，往征江南。史可法闻讯后，痛哭不已，"知中原之不能复图也"。李介立在《天香阁随笔》中说："时摄政王初定北都，南下之意未决，得定国乃决策下，豫王以轻兵径行千里，直抵扬州，定国一人故也。"甚至著名史学家谈迁也认为："河南援剿总兵许定国，杀高杰于睢州"，"此实南北兴亡之大机"。其实，以为多尔衮南下之策至得许定国乃定，似乎不尽然。但在收服许定国后，对其远征江南确实起到了不可估量的作用，这也是多尔衮在其征服中实施"以汉制汉"政治策略的体现。

顺治二年（1645）四月，左良玉下九江，气病而死，其子左梦庚率部降清。由于左良玉东犯而形成北部江防空虚，于是清兵得以胜利渡江，南京不战而取；左良玉部下金声桓降清后请收江西自效，结果未费清朝一矢一兵一粮，十三府七十二州县数千里地被拱手献给新朝；在进兵福建中，多尔衮接受洪承畴的建议赐郑芝龙以王爵之尊，以为招降，清兵于是得以长驱直入，斩唐王朱聿键，顺利占领福建……乾嘉时人杨凤苞曾议论云："明末南都之亡，亡于左良玉之内犯；福京之亡，亡于郑芝龙之通款；滇中之亡，亡于孙可望之迎降。之三人者，南疆兴亡之大关键也。"此言确实不虚。从多尔衮这方面来说，不能不说这是他争取汉族士大夫支持的成功。曾参加过抗清斗争的哲学家朱之瑜在总结明亡教训时说："溥天沦丧，非逆虏之兵强将勇，真足无敌也"，"虏马渡江，只矢不折"，"皆士大夫为之驱除"。

多尔衮为扩大其统治基础，争取汉族上层人士的支持，特别注意招揽人才，敢于用人。他曾自诩："这知人一事，我也颇用功夫。"因此，刚至北京，就征召被明朝士大夫视为有才无德的阉党冯铨入内院佐理机务，予以重用。明朝给事中陈名夏曾降李自成，又降清，可谓数易其主，多尔衮却并不以此为嫌，爱其才而超擢为吏部侍郎兼翰林院侍读学士，之后又任为吏部尚书，加太子太保，引为亲信。对江南士大夫中的代表人物更注意笼络。他以为"治天下全在得人"，因而在攻下南京后便问："江南即下，有甚好人物？"当臣下说："钱谦益是江南人望。"他便立即将这个"有才无行"的钱谦益调京候用，命以礼部侍郎管秘书院事，充修《明史》副总裁。

控制江浙后，以多尔衮为首的清朝统治集团更加感到需要争取汉族知识分子的合作。顺治二年（1645）七月，浙江总督张存仁上疏言：

> 近有借口剃发，反顺为逆者，若使反形既露，必处处劳大兵剿捕。窃思不劳兵之法，莫如速遣提学，开科取士，则读书者有出仕之望，而从逆之念自息。

老臣范文程也建议："治天下在得民心，士为秀民，士心得则民心得矣，宜广其途以搜之。"多尔衮采纳了他们的意见，连续两年开科取士，网罗人才。在策试出题上，也结合当时稳定统治之需，要求考生对经世济用之术直陈无隐。对某些具有民族气节、有影响且不甘心与新朝合作的知识分子，甚至逐个争取。如侯方域，由直隶、山东、河南三省总督张存仁询访其家极力招揽，才使其上条陈事并参加省试。孔尚任写《桃花扇》，"借离合之情，写兴亡之感"，所反映的就是明清之际具有民族气节的知识分子对南明败亡和清初统治的情绪和态度。他们一方面认为"大兵进关，杀退流贼，安了百姓，替明朝报了大仇"；另一方面，又讥讽那些投靠清朝和放弃抗清斗争而隐逸的士大夫是"开国元勋留狗尾，换朝遗老缩龟头"。某些不甘心受清统治的东南才学名流，对终于剃发易服以至为清所用，感到"我今朱颜丑，何以归故乡"，以司马迁对李陵的心情，想抒发而又不便公开表露，对某些悔于仕清者寄以难言的同情。上述两个方面，前者是多尔衮所以能够争取和利用汉族士大夫的社会基础；后者所反映的则是多尔衮在以清代明中比较复杂的矛盾和斗争。这种斗争的发展变化，使因清征服而上升的民族矛盾有了下降趋势。东南地区的地主乡绅及某些知识分子对清的征服，从反抗抵制逐渐转向屈服乃至合作。这个变化趋向的出现，正是多尔衮推行"以汉制汉"的政策的结果。

清从入关到控制全国局势的过程，也为多尔衮不断地集权创造了条件。其继承并发展皇太极的"知汉人者，莫如汉人"，使汉人"为国家效用"政策的过程，也是清朝封建专制主义集权制度不断强化的过程。不论是争取和利用汉人，或者是以满族贵族为核心吸收和利用汉族知识分子参政，它们都是专制集权基础的扩大。这个基础的不断扩展，一方面使满族贵族的传统势力逐渐被削弱；另一方面，则使君主权力更加强化。

在争取和利用汉人的问题上，多尔衮比皇太极有过之而无不及。入关之后，多尔衮进行了两个方面的集中：一方面集中满汉官员的意志，全力镇压农民军；另一方面，就是集中权力于自身。这两个方面互为作用，使清的统一事业和集权专制相辅相成，推动了清王朝事业的发展。

清入关后，在国家机器中，议政王大臣会议的作用日趋削弱。在决定军国重大事情时，多尔衮主要是依靠内三院和六部，其中更注意重用汉人如范文程、洪承畴、冯铨、谢升、宋权、陈名夏、金之俊等。在多尔衮摄政期间，虽然满族居于统治核心地位，在中央统治机构中，满官掌握实权，但汉官比例不断加大，内三院和六部的汉官明显见多，不论是数量还是治理能力方面，汉官都超过满人。派到地方上的疆臣大吏，因"国初，海内甫定，督抚多以汉人充之"。据《清史稿·疆臣年表一》载，多尔衮摄政的时候，中央派往各地的总督基本都是汉人。可见多尔衮入关以后，主要是利用汉族官僚士大夫的经验，来满足其取代明朝事业的需要。

在集中权力方面，由于入关战役多尔衮赢得了决定性的胜利，所以在山海关大会战结束的第二天，便始称摄政王，并以此名义发布令旨。顺治元年（1644）七月，已决定迁都，顺治帝尚未来到北京，多尔衮借"顺天府差人取鱼，向各王府投送"这件事，谕令"大小臣工，只应办本等职业，不宜谄上渎下"，提出"政权宜归一"，限制满族诸王大臣及各方面官吏的擅权越职，要求一切权力皆集中于摄政王。十月，多尔衮又被加封为叔父摄政王。占领南京以后，顺治二年（1645）五月二十三日，礼部又再次议定摄政王称号仪注，称为皇叔父摄政王。此时，他大权在握，关内关外都知道有睿王一人，却不知还有个顺治皇帝，成为清朝开国之初的实际最高统治者，真正的"无冕之王"。尽管坐在金銮宝座上的不是他，但左右龙廷的却只有他。

多尔衮集权的矛头，主要是指向满洲权贵。他在入关前，即已罢黜诸王掌管六部，并把自己突出于济尔哈朗之上，更加专权。顺治三年（1646）二月，甘肃巡抚黄图安请终养，吏部认为他借端规避，不愿为大清效力，议将其革职。范文程忙呈禀郑亲王济尔哈朗，说终养乃是人子之至情，汉人极为重视，不应如部议将黄图安革职。或许是由于一时的疏忽，范文程似乎忘记了此时大清的真正统治者是多尔衮，而不是济尔哈朗。因此，多尔衮知道后大怒不已，认为他有意不先向自己汇报，要将其下法司论罪，范文程也因此与多尔衮不和而时常称病不朝，避居家里。可见，在恢复国家机器运转、奠定大清基业的同时，多尔衮对权力也是严格控制的，要求臣下一切皆听命于摄政王，不许政从多出。同时又从各方面寻找借口，削弱宗室诸王权力，限制同为辅政王的济尔哈朗的作用，后终于罢黜其辅政王封号，由其同母弟多铎取代了济尔哈朗。顺治三年（1646）五月，多尔衮以调遣、奏请不便为由，将收贮于大内的国家信符转贮于摄政王府，以便于直接发号施令。多尔衮就是这样以自己的意志为至上，在使自己的权力高于一切的基础上，对具有实力的异己势力不断打击、排除。顺治五年（1648）二月，肃亲王豪格镇压了四川的张献忠后回到北京，本来功绩赫然，三月间，多尔衮却利用多人讦告济尔哈朗诸种罪状，借机大兴刑狱，郑亲王济尔哈朗被降为郡王，肃亲王豪格则被幽闭致死，勋臣额亦都、费英东、扬古利诸子侄都受到牵连。至此，议政王大臣会议的一些重要成员，不是被铲除就是遭受了严重打击。

多尔衮在铲除异己之后，便把摄政王的专制权威高置于满洲贵族议政王大臣会议之上。顺治四年（1647）四月，顺天巡抚廖攀龙在奏疏之中称皇叔父摄政王为九王爷，便被革职下刑部议罪；甘肃巡抚张尚在题本内称皇叔父，遗"摄政王"三字，因此被革职拟罪。顺治五年（1648）十一月，顺治帝又下诏曰："叔父摄政王，治安天下，有大勋劳，宜加殊礼，尊为皇父摄政王。凡诏书皆书之。"当时臣下的启奏本章，均把"皇上"和"皇父摄政王"双抬并列，档案记录称多尔衮为"王上"，都是抬头书写。为使各级统治机构都贯彻摄政王的令旨，支持并保护汉官发挥作用，顺治六年（1649）六月，谕令"诸王及诸大臣，有干预衙门政事及指责内外汉官，谓某贤能应升，某劣当降者，不论其言之是非，即行治罪"，并禁止他们传呼各衙门官员。在满洲贵族权势不断削弱中，摄政王权力却日益上升，并以此推动汉化，较快地实现了全国的基本统一。统一的不断发展，又为日益加强集权创造了条件，从而使君主专制政体原则在满族统治集团中占了优势，这在一定程度上"剥夺了那些旧的封建等级的权利，使国王变成了一国之神"，从而为清代皇权的高度发展奠定了基础，为福临亲政树立起了皇权的绝对权威。所以，顺治帝亲政以后，统治得以稳固，是和多尔衮发展和奠定了集权专制制度的基础分不开的。尽管他是在强化自身权威，乃至一定程度地也形成对皇权的一定威胁，但他的集权举措却有意无意地为顺治帝亲政后的皇权至尊铺设了道路。

清政权是以满族贵族为核心的封建政权，在这个政权中，满族虽然居于主要的统治地位，但在社会中，毕竟人数很少，在社会发展阶段上又较后进，为了保持满族作为统治民族的地位，就势必要保持满族贵族的特权。明清鼎革之际出于征服和维护统治地位的需要，满族原有的某些比较落后的因素也被保留下来。这种保留，反映在多尔衮所执行的政策中，也构成了其保守的一面。

清朝的建立和统一，不是先进战胜落后，而是先进的腐朽被后进的新生力量所征服。少数的征服者为了实现其征服，便把其某些习俗强加在被征服民族的身体发肤之上，用"剃发""易服"来作为自己征服的标志，使被征服者在政治上屈服。为"别顺逆"，多尔衮在占据北京的第二天便下令所有投诚官吏军民都须剃发、易服，因遭到普遍抵抗，不到一个月便取消了。但到占领南京后不久，多尔衮看到统一的障碍已基本被肃清，立刻重申剃发之令。六月中谕令礼部："今中外一家"，"若不画一，纯属二心"，限期旬日"尽令剃发"。严禁官民规避陈奏，严申"仍存明制，不随本朝制度者，杀无赦"，于是展开了"留头不留发，留发不留头"和"头可断，血可流，发决不可剃"的政治征服和反征服的激烈斗争。嘉定三屠和江阴城守死难，严重破坏了东南地区的社会经济，影响了社会发展的正常进程。

列宁说："专制制度的全部历史是一部掠夺各地方、各省区、各民族土地的历史。"清初的圈地，正是通过暴力掠夺进行的。清朝对土地的圈占，虽然只是在入关之后的一定时期内，于京畿部分地区推行，却对被圈占地区已经高度发展的生产关系造成了严重的破坏，也是引起华北地区社会动乱的新因素，成为促使民族矛盾上升的重要原因之一。从圈占目的看，似乎是为了安置东来诸王、勋臣、兵丁等，实际上是想通过财产权利的再分配，把八旗成员都变成社会上层统治阶级，以巩固其政权的主要基础。被圈占者的遭遇十分悲惨，"圈田所到，田主登时逐出，室中所有，皆其有也。妻孥丑者携去，欲留者不敢携。其佃户无生者，反依之耕种焉"。不仅土地房舍被剥夺，甚至连妻子儿女也沦为奴仆，把佃户变成农奴。这使圈地后的生产关系发生了某些落后性的变化，使急需恢复的社会生产受到了野蛮的摧残，因而也把阶级和民族矛盾弄得错综交织，使社会矛盾呈现复杂状态。

此外，城镇的圈房、为满人集居而强迫搬迁的徙城、八旗以俘获为奴的蓄奴制度、汉民强隶八旗为奴仆的投充以及保护蓄奴和投充的逃人法，还有受清政府保护的满人高利放债等，都受到多尔衮的支持和保护。一御史曾对这些举措提出异议，认为扰民太甚。多尔衮则驳斥说："满人入关已二载，即有资囊，亦已用乞。若不圈田，何以为生？岂汉人该丰衣饱食，而满人该饿死耶！藏匿东人，自入主以来，逃亡已十之七，不严此令，必至无复一人，是我等皆孤立矣。放债原有明示，愿者借之，借者自应如数偿还，何虑之有？以后再若胡言，重法不宥。"并下令诸臣不得再对圈地等诸事进行奏议，违者治罪。这种政治上的强制式压迫，固然有为维护统治民族的地位、保持八旗战斗力的需要，却造成了社会的更不安定和动乱，刺激了社会矛盾的进一步发展。在顺治三、四年的圈地高潮中，被圈之民，流离失所，相从为盗，以至势达京师附近，致使"国门之外，大盗公行"。继顺治二年东南地区奋起抗清之后，又出现了顺治四、五年间南北皆起的抗清高潮。

由上可见，多尔衮两重性的政策，影响了清初社会矛盾的发展变化。先进方面是他顺应了历史发展趋势，因袭明制，发展集权，加强汉化，利用汉人，推进统一。保守方面是为了维护民族统治，保护民族特权，把满族的某些落后因素强加在中原地区已经高度发展的经济生活当中，加剧了清朝初年的民族与社会矛盾。

第四章

文治武功与清初社会矛盾

一、参汉酌金的文韬之略

　　顺治元年（1644）五月初二，大清摄政王多尔衮率领蓄锐已久的八旗将士抵达燕京城下。此时的北京，已非昔日大明王朝国都的煊赫面貌。早此40余天前，李自成领导的农民军攻克北京，明思宗朱由检用一根绦带在煤山古槐上结束了他与明王朝的寿命，而大明的遗臣们只有在农民军"追赃逐饷"的哀泣声中，为他们死去的主子轻唱一曲哀歌了。40天后的当下，李自成在山海关失利后，匆匆圆了他的帝王之梦，便仓皇出走，西向而逃，北京暂时处于政治真空时期。京畿四野，几经战火蹂躏；远近田畴，皆为兵马践踏，数百里青草不生；城内城外之人，相率为盗，聚众抢劫，杀人越货；京城里粮豆等生活必需品都被农民军席卷一空，物价涌贵，衣食维艰；金碧辉煌的明朝皇宫仅幸存武英一殿，其他的都在浓烈的熏烟中默默地向苍天哭诉。

　　当清军临近北京时，一群故明官吏、太监都以为是吴三桂奉太子还京，中兴有望，便备好銮仪法驾，齐聚朝阳门外恭候，可迎来的却是大清国的摄政王多尔衮，不由得心中惊悸，面色难堪。但大兵临城，这些在官场斡旋多年的人中还是不乏"识时务"之士的，他们立即改换面孔，劝多尔衮乘辇入宫。故作一番姿态后，多尔衮便欣然应允，在仪仗导引之下，奏乐鸣钟，乘辇入武英殿升座，接受臣下的朝拜。从此，中国便开始了这位无冕之皇统治下的7年历史。

　　多尔衮率领的八旗劲旅，四月初由辽东起兵，在不足一个月的时间内，行程 2000 里，轻取北京城，完成了其父兄数十年未竟之事业，这不能不使多尔衮踌躇满志。然而，他并没有过分地沾沾自喜，因为清军占领北京后中国大地上各种力量攒动所形成的复杂政治格局，不容许他有丝毫马虎。

正如前所述，大顺农民军在山海关战役受挫后退回北京，主力并没有受到多大损失。李自成仓促宣布登基后，便放弃北京，匆忙撤往其桑梓之地陕西。当八旗贵族尚局促于辽左之时，就已经认识到大顺农民军是一支不可小视的力量，多尔衮就曾以大清国皇帝的名义致书大顺农民军将帅，愿协谋同力，并取中原，但大顺军却书使未驰，更无倾怀以告。这足以使多尔衮认识到大顺农民军与清王朝不合作乃至敌对的立场。到此次入关前夕，多尔衮就更明确了清与明争天下，实"与流贼角"的认识。李自成率农民军退入山西后，便加紧防御，阻止清军继续深入；退入陕西后，即着手计划反攻，收复燕云。在大顺军之外，还另有一支生龙活虎的农民起义军，即张献忠领导的大西军。其由湖广举兵入川，建立政权，并很快控制了全川。大西军兵强将勇，又占有号称"天府之国"的四川全境，实力雄厚，自然也是摄政王多尔衮等满洲贵族的劲敌，是其进一步扩大在中原战果的又一对手。

与此同时，长江以南的广大地区完全控制在南明政权的手中。崇祯帝于煤山自缢之后，留都南京兵部尚书史可法、户部尚书高弘图、兵部侍郎吕大器为一派与马士英、刘孔昭、徐弘基等人经过几番切磋和斗争，最后达成妥协，拥立避难江南的神宗嫡孙、福王朱由崧监国，不久又即帝位于南京武英殿，颁诏天下，以次年为弘光元年，以图重振朝纲，恢宏中兴大业。尽管弘光政权是亡明之绪余，但君昏臣暗，党争内耗，是不可能有大的作为的。但南京作为南部中国的政治中心，弘光政权又是明朝恢复的象征，江淮以南皆奉其为正朔。以南京为中心的江浙地区，是中国物产最丰富之所，也是人文荟萃之地；当时江淮四镇拥兵不下 20 万，雄踞武昌的左良玉也有二三十万精兵，进可师出鲁、豫，直逼河北；退可划江而守，拱卫南京，成南北相峙之势。仅此两点，便足以使摄政王多尔衮等满洲贵族不敢小视南明了。因此，顺治元年（1644）夏季，全国 15 个省级行政区划，只有北直隶、辽东的全部和山东、河南的部分地区控制在清王朝手中，大部分地区仍为清王朝敌对势力所有。在这种形势下，多尔衮不敢过于乐观，要扩大抢占北京的成果，要想真正成为天下共主，必须首先站稳脚跟，审慎及时地调整政策和策略，在巩固中求发展。

率八旗劲旅占领北京后的多尔衮在实施一系列拉拢汉族士大夫的举措后，争取到部分故明降官降将的支持，似乎在京畿地区可以站住脚跟了。然而，在以往近 30 年的明清争战中，满洲贵族留给中原地区广大汉族人民的印象太不佳了，每次入关都是以杀人放火、掠夺人口和财物为目的，并且每次都是如此实践的。因此，对这支所谓"吊民伐罪"的"仁义之师"，广大汉族人民自然是不敢轻信的。这次占领北京，也自然而然会勾起民众对往事的回想，引起京畿民众的忧心、不安、骚动和反抗。北京城内外居民纷纷传播清军将屠城而去的消息，这种传闻也并不是毫无根据，满洲贵族中确有持此议者。于是，四野上下议论纷纷、人心惶惶。清太宗皇太极在其遗训中一再叮嘱："若得北京，当即徙都，以图进取。"因此，多尔衮及时审时度势，为尽快稳定北京局势，继续扩大战果，便遵循兄长遗训，于顺治元年（1644）六月召集诸王、贝勒、大臣共同议定迁都事宜，批评了屠城东还的意见，并当即派遣辅国公吞齐喀、和托与固山额真何洛会捧书去沈阳恭迎圣驾。多尔衮在给顺治帝的奏疏中云：

> 仰荷天眷及皇上洪福，已克燕京。臣再三思维，燕京势距形胜，
> 乃自古兴王之地，有明建都之所，今既蒙天畀，皇上迁都于此以定天
> 下，则宅中图治，宇内朝宗，无不通达，可以慰天下仰望之心，可以
> 锡四方和恒之福，伏祈皇上熟虑俯纳焉。

这份以请求口吻向顺治帝提出的申请报告，道出了多尔衮"宅中图治""以定天下"的迁都目的。当时仅 6 岁的小皇帝虽然不理解，也不会理解摄政王的战略用意，但还是会照办不误的。据载，顺治帝在八旗王公、贝勒、大臣的簇拥下，于八月二十日在沈阳起驾西行，行进迟缓，1600 里的路程，走了一个月，到九月十九日才从正阳门进入紫禁城，成为紫禁城中的小主人。

早在福临向北京行进的途中，多尔衮便在北京着手研究确定幼帝再次登极的一应礼仪。他十分重视这次登极典礼，因为这是向全国显示八旗劲旅军事实力的一次好机会，同时也是向天下宣告满洲贵族入居中原真正用意的一次盛会。多尔衮批准了礼部尚书郎球及一班汉族儒臣洪承畴、冯铨、谢升、李明睿等所拟定的郊庙及社稷仪式、乐章和历法，一应礼仪程序商定完毕。十月初一，福临亲诣南郊，祭告天地，即皇帝位，再次举行登极大典。于是，在举行包括上香、行礼、献玉帛、献爵、读祝、亚献礼、终献礼、撤馔、焚祝帛、授御宝、迎神、送神等诸般繁琐的登极仪式，履行了这番中原帝王的登极仪式之后，福临就算代天牧民，君临九州了。作为开国大典的内容，必不可少要大封

功臣戚贵，多尔衮便以他"硕德丰功"被封为叔父摄政王。

摄政王多尔衮是这次登极典礼的总导演，6 岁的幼帝只不过是应笛声而舞罢了。对于这番仪式的重要意义，小皇帝还不可能有更深的体会，而摄政王多尔衮心中却感慨万千，不能平静，他深知自己肩上担子的分量。他心中明白，开国大典的举行，仅是在名义上象征着满洲贵族成了中华新主人，而要成为中华的实际主宰，还有很多艰难的工作需要去做。大清朝的典章、制度、用人、行政等各方面都要调整、完善，否则就不能适应变化了的社会环境；最为急切的是，必须消灭大顺农民军和弘光政权，以武力征服全国，只有如此，才算以大清朝的"新桃"换了南明和大顺军的"旧符"。

满族是中华民族中的一员，数千年来生活在白山黑水间的东北边陲，虽与中原王朝有种种恩恩怨怨，但经济、文化的联系和交往从未中断。满族的先人曾接受明朝的封号，为"大明看边忠顺有年"，与中原王朝有着明确的从属关系。满族与汉族在民族文化心理上虽有差异性，但也有共同性。努尔哈赤建立的后金政权实行军政合一的八旗制度，在国家机构、管理体系、法令法规等各方面与明王朝的差异是明显的。但努尔哈赤也并不完全排斥中原文化的影响，甚至下令将《三国演义》译成满文，烂熟于心，从中吸取对明斗争的策略。到皇太极时期，清朝的统治阶层调整政策，注意吸收中原文化中有利于加强统治的因素，加快了封建化和中央集权的步伐。《大明会典》是明王朝的重要法典，是中原地区历代王朝行政统治经验长期积沉的产物，清王朝统治者将其视为治国安邦的至宝。天聪年间，皇太极就曾下令诸事均照《大明会典》而行，并依照明朝中央行政机构模式改定官制，成立六部。所以汉官宁完我说："我国六部之名，原是照蛮子家立的。"从清初社会发展趋势来看，这种因袭是不可避免的。努尔哈赤称汗建国，僻居一隅，初创八旗，军政不分，尚可维持统治；皇太极由汗而帝，占据辽沈，版图扩大，"参汉酌金"除掉因循之习，"渐就中国（明朝）之制"，使政权得以巩固发展，这是一种变落后为先进的积极态势；而清军入关后，以摄政王多尔衮为首的满洲贵族所面临的形势，既不同于皇太极时期，更不同于努尔哈赤时期，满族以数十万人为基础，要实现对数千万人口的统治，不借鉴中原王朝的经验，不承袭汉地传统文化，光凭武力征服无疑是办不到的，还是要看摄政王多尔衮的文治功力。

顺治元年（1644）四月，清军向山海关挺进时，吴三桂诣清营乞师，就曾恳请清军秋毫无犯，以成天下霸业。对此多尔衮深为赞赏，严申军纪，着意改变清统治者在中原地区人民心目中的形象，从此在对南明政权和汉族民众的政治宣传中，着重强调清廷镇压农民军为明朝复仇的一面，避而不谈与明朝数十年的矛盾斗争和明清战争的历史。为了表示对明朝的仁义，也为了激起汉族士大夫对农民起义军的强烈仇恨，进入北京后，多尔衮接受范文程等人的建议，实践自己的诺言，发布谕旨，为崇祯帝发丧。这一举措收到了较好的社会效果。谕旨一下，"官民大悦，皆颂我朝仁义，声施万代"。一些汉族官员为此感激涕零，甚至说："清兵杀退逆贼，恢复燕京，又发丧安葬先帝，举国感清朝之情，可以垂史书，传不朽矣。"入关后，摄政王多尔衮所施行的另一个方略就是祭孔尊经，尽力缩小满汉民族间的文化心理差距。刚刚占领北京，多尔衮便下令剃发易服，悉从满洲旧贯，这对广大汉族民众来说，是一种民族文化心理的严重侵害，引起强烈的反抗与社会震荡，迫使多尔衮放弃成命。为进一步缓和矛盾，他又遣官祭祀先师孔子，并以孔子六十五世孙孔允植仍袭封衍圣公兼太子太傅，孔允钰、颜绍绪、曾闻达、孟闻玺仍袭封五经博士，表示对汉族人民传统儒家文化的承认。当然，此时的满与汉文化有其共性，但差异也是很大的。多尔衮此时的祭孔尊孔，并非出自对自身民族文化的扬弃和对汉族传统文化的屈就，而是出于统一华夏的目标而实行的十分高明的策略。入关后摄政王多尔衮在文治方面的最大成就，就在于他改弦更张，变过去的"杀掠之暴"为"吊伐之仁"，麻痹汉族民众的反抗意识，使他们产生了"联虏灭寇"的幻想，这就为多尔衮赢得成功创造了良好的时机，清王朝的中央、地方各级统治机构得以完善，"以汉制汉"的策略得以实行，"首崇满洲"的目的得到实现。

多尔衮摄政时期的中央机构，与努尔哈赤和皇太极时期没有多大的差异，依然是皇太极亲手创建的"三院八衙门"，三院是内弘文院、内秘书院和内国史院，八衙门是指吏、户、礼、兵、刑、工六部和都察院、理藩院。除理藩院外，其他机构都仿自明朝。

内弘文院负责侍讲，颁行制度；内秘书院负责撰写对外书信、敕谕，登记各衙门奏疏；内国史院负责记录皇帝起居、政事、诏令，编修史书。内三院是清太宗仿照明朝内阁建立的，从职能和工作范围看，远远比不上明代内阁，其地位低于六部，所任大学士的权力也无法与内阁大学士相比。皇太极时期，政务不繁，内三院定为二品衙门，仅设满汉大学士各二人，而六部则为一品衙门。

多尔衮进入北京之后，宣布一切按照明朝留下的规矩办事，并令洪承畴仍以太子太保兼都察院右副都御史的身份入内院处理军国大事。后来，洪承畴与冯铨联名上疏要求按明代内阁改造清朝内三院，恢复票拟之权，使其成为皇权之下的中枢决策机构。多尔衮虽然认为他们所言极是，却没有完全照准，仅为了应付日益增多的政务，将内三院大学士员额作些调整，将汉大学士由两名增至五六名。直到顺治二年（1645）三月，经过半年多的盘桓，多尔衮才对洪、冯二人的建议作了明确答复：各部、院章疏可直接上奏候旨，各衙门有事，可由主管部转奏；省、府、道、州、县官员与某部有关的事，先送该部，由部臣请旨定夺，如部臣处置不当，可通过都察院上奏，只有"与各部无涉，或条陈政事，或外国机密，或奇特谋略，此特本章，俱赴内院转奏"。同月，满洲大学士刚林奏请确定各衙门品级，六部由原来的一品变为二品，内三院仍旧为二品，两者算是拉平了地位。但是，同年评定文武官员品级时，六部尚书、内大臣、固山额真、都察院和理藩院承政等各部、院长官皆为一品，而内三院大学士与六部侍郎、都察院参政及各部佐官等却同等品级，定为二品。多尔衮重视清初的政权建设，重视发挥内三院的智囊团作用，对范文程、洪承畴、冯铨等人颇为信赖，经常在一起讨论军国大计，也确实采纳了他们不少有益的建议。然而，也正是由于他重视政权建设，才并未如洪、冯所请求的那样过分抬高内三院的地位，使其如明代内阁一样成为中枢机构，因为那极易造成权臣的擅政和对他摄政权威的损害。因此，内三院在实际上只不过是多尔衮摄政的咨询机构。范文程、洪承畴、冯铨等人也仅是高级参谋而已。但在清初的政治生活中，处于摄政王掌握之下的内三院，还是发挥了极其重要的作用。

六部是清代的政务机关，其各部承政（尚书）清一色由满人担任，其副职则由满、蒙、汉人参互充当，汉人在六部供职的较少。摄政王多尔衮入关以后，盛京六部移至北京，六部属员有增加，然掌部务者一仍满人。多尔衮虽曾明令故明官员，归降者以原官就任，可实质上并无汉人摄六部事。这年五月，都察院参政祖可法、张存仁鉴于吏、兵二部事繁员缺，职司不能克尽，因而向多尔衮建议以内院通达治理之人，暂摄吏、兵二部事务。但多尔衮却拒绝了，借口是"内院机务殷繁，不便令其署理部务"。实际上，这只不过是托词，多尔衮虽然欲"以汉制汉"，但将关系重大的吏、兵两部的权力交给内院通达治理之人，即汉族文职官员，他并不完全放心。像明朝高级降官党崇雅、陈名夏、金之俊、谢光启、刘余祐等人只能被安排在六部侍郎的职位上进行考察，终日战战兢兢，不敢勇于任事，遇有重大问题，唯满官眼色是察，无法施展治平本领。这不仅对清初的政权建设无利可言，而且激起了一些汉族降官的不满，扩大了统治阶级内部满汉贵族之间的矛盾。顺治三年（1646），吏部都给事中向玉轩忍耐不住，抱怨说汉官在六部中仅任侍郎，不做尚书，致使六部许多日常事务不能及时处理，汉侍郎更限于地位，遇事而不能任、不敢言，希望能有所改变。限于自身的狭隘性，多尔衮不仅未予采纳，并寻机以结党营私名义将向玉轩赶出了朝廷。但此事、此言却对多尔衮产生了一定的影响。随着征服范围的扩大，统一事业的发展，更经过四五年间对汉族降官的观察、考验，多尔衮终于在顺治五年（1648）七月决定设六部汉尚书，并亲点陈名夏、谢启光、李若琳、刘余祐、党崇雅、金之俊分任吏、户、礼、兵、刑、工六部尚书，都察院也调配了与满洲等额的汉左右都御史。汉官从此便在六部、都察院中同满洲人一起同任正职，确立了满汉复职的官僚制度。入北京后，多尔衮也"参汉酌金"，很快完善了中央机构。为储备人才，采冯铨之议设立翰林院；又明确了都察院的监察职能；更恢复了明代六科、十三道制度，作为纠劾谏诤机构，并希望这些风宪之官能有所建树。但在清初那种高压政治氛围中，在满洲权贵当权的背景下，这只不过是一种摆设罢了，摄政王每天所听到的多是恭维阿谀之词。

法律是一个政权的象征，法制的完善是主权国家政治完善的标志。后金政权和皇太极时期清政权还处于习惯法向成文法的过渡阶段，基本上还没有系统严密的成文法典，各类案件的判决，都以习惯法和长官的意志为准则。而且在军政合一的八旗制度中，一般的民事、刑事纠纷均由所在旗主裁定，没有像明朝那样有严密的临民治事的地方行政官署和官吏。这种情况的弊端在清政权进入辽沈地区后已明显表露出来，入关后这方面的矛盾更加突出了。面对如此广阔的国土，如此错综复杂的社会关系、阶级关系、人际关系、财产关系，入关前的习惯法显然不能适应新的环境，尤其是中原地区的广大汉族人民数千年前就已经在成文法典的约束、保护下生活，把他们再拉回到古老而又野蛮的习惯法时代是根本不可能的。要维护清军入关后新的社会秩序，必须修订大清王朝自己的成文法典。对此，深谙治国之道的汉族降官们似乎比满洲新贵们更为焦急，纷纷启言要求"速定刑律，颁示中外"。顺治元年（公元1644年）九月，多尔衮下令"各衙门中有才识通明、熟谙律令的，着堂上官开送内院酌派"，以襄修律事。直到顺治四年（公元1647年）三月，《大清律》才正式出台。但这部《大清律》并不像御制序文所说"详绎明律，参以国制"，几乎就是《大明律》的翻版，谈迁就曾说过："《大清律》即《大明律》改名也。虽刚林奏实，实出胥吏手。"

摄政时期，多尔衮在文治方面的最大成功莫过于"以汉制汉"方针的贯彻。清军进入北京伊始，多尔衮便向故明内外官员发布谕旨："各衙门官员俱照旧录用"，"其避贼回籍隐居山林者，亦具以闻，仍以原官录用"。这对于在明末农民革命风暴中被打得丧魂落魄六神无主的故明官僚无异于一剂强心剂，使他们在绝望中又重燃希望，纷纷投向清廷怀抱。多尔衮又下令保护故明官员的经济利益，使故明官员感到恩同再造，故明降官吴孳昌的奏疏很能反映这种心境和矢志报效清廷的态度：

大清轸念元元，吊民伐罪，义旗所指，元凶鼠窜，悯臣明主之雁惨，锡谥发丧，人心共快。凡为臣子，荷我王为举朝雪不共之仇，为敷天除水火之痛，感激涕零，矢报无地，是臣之身实清朝再造之身。

短短数月，故明蓟辽总督王永吉、南京礼部尚书朱继祚、户部侍郎叶廷柱、兵部侍郎李化熙等人，皆被罗致于摄政王手下。我们检阅《清世祖实录》就会发现，顺治元年、二年，摄政王多尔衮与臣僚们讨论最多的恐怕就是举逸贤、佐治体的事。多尔衮不仅要求各级衙署和官员做好这件事，同时也亲自去做，招降了冯铨等诸人。其以管仲与齐桓公相比而招降吴三桂，就可以看作一个突出的例子。多尔衮对故明文官武将不加鉴别兼收并取，引起了部分官员的异议。但多尔衮却因时势所需，无法作出精确鉴别，为了满足人才的需求，四处网罗英才，佐助文功。顺治二年（1645）三月，因铨选乏人，提前举行了贡士廷试。八月，又在一些相对安定的省份举行了乡试，但由于战争未息、交通梗塞等原因，许多秀才没能按期赴省参加乡试，从而失去了参加次年二月会试资格。鉴于此，多尔衮采纳了大学士范文程的建议，突破了乡、会试三年一行的时限。多尔衮摄政 7 年，于顺治三、四、六年举行会试 3 次，大学士范文程、刚林、宁完我、冯铨分任主考官，多尔衮亲自主持殿试廷策，共录取 1100 名进士，全都安排到中央、地方各级行政衙署。清初名臣魏裔介、李霨、魏象枢等皆中试于摄政时期，就连一些以文章气节相标榜如侯方域一类的复社名士，也纷纷入摄政王彀中。

于是，经过摄政王多尔衮的一系列政策策略的实施，又支撑起了新形势下清初国家机器的运转，逐步奠定了大清王朝定鼎中原的基业。

二、摄政王的武略奇勋

占据北京之后的形势并不如所预想的那样好，甚至有许多是多尔衮未曾预料到的。在各种政治势力的雄踞对峙之中，多尔衮审时度势，及时确定了先平西北、次取东南的武力征服方针。

大顺农民军是多尔衮比较熟悉也深感威胁的一个对手。山海关之战，清、吴联合虽然打败了大顺军，但是农民军作战之勇猛、兵力之强大，确实是多尔衮在与明朝军队对阵中所未曾遇到的，这更加深了他与明朝争天下"实与流寇角"的认识。当他率清军向北京挺进抵达罗公店，得知李自成的大顺军已撤离北京时，不禁大喜过望，没有想到李自成竟会如此轻易放弃这样一个颇有战略与政治地位的故明国都。于是，他忙将部分兵力交由英亲王阿济格、豫亲王多铎统领，以吴三桂为前导，马不停蹄追击西撤的农民军。仓皇出逃的李自成在焚毁明朝部分宫殿后，没有忘记将内库之中藏银洗劫一空，数千万两白银及一应辎重，使大顺军负重不能驰，只能缓缓西撤。到达涿州时，遭到故明官员冯铨、宋权纠集的地方武装的阻止，不得已尽弃辎重而退。五月初三，轻装速进的吴三桂率军于定州北清水河岸追上了大顺军的殿后部队——担任掩护撤退任务的果毅将军谷大成、左光先军。一场激战，寡不敌众的农民军失利而遁，谷大成战死，左光先负伤。五月初四，大顺军至真定（今河北正定）。初五，初战告捷后意气风发的吴三桂与辽东巡抚黎玉田联兵追至真定，李自成亲率精锐迎战，大顺军直逼吴军营前呐喊："今日决一死战，勿令满兵来助乃豪杰耳。"吴军张两翼分兵轮番战斗，自辰至酉，互有杀伤。据称是役李自成负箭伤，而吴三桂也筋疲力竭，无力再战了。因此，农民军虽有损伤，却阻止了吴三桂的追击，使大顺军得以经获鹿至固关，顺利进入山西，留李过率精兵驻守固关，阻止清军入晋。阿济格、多铎、吴三桂等所部清军亦鞍马劳顿，人困马乏，无力追击了，只能至固关而止，五月十二日回军燕京。

李自成率领大顺农民军主力于五月初十来到太原。这一路的败退是农民军起事以来不多见的。自从进入北京之后，大顺军官兵似乎以为天下就此太平，该是享受的时候了，纪律松弛、生活腐化，丧失了以往无坚不摧的战斗力，就如一把搁置多年、业已生锈的利刃一样，已经开始变钝了。再加上农民军对新敌手以骑兵冲击为主的战阵和战术极不适应，使得大顺军奇迹般地被兵力不占优势而又长途奔袭、鞍马劳顿的八旗兵连连挫败，几乎无丝毫还手之力。

然而，李自成毕竟是久经战斗生活磨炼的，他不甘心事业功败垂成，让满洲贵族抢走 10 余年斗争的成果。五月初十，李自成一到达太原，便立即着手防御和反攻的战略安排。他要凭借这块战略要地，在中原大地上与清军决一死战。此时，黄河以北的山东、河南省部分地区及北直隶的态势已发生根本变化，一些控制地方的故明官绅，或投降清廷，或结寨自保，或称臣于弘光朝廷，大顺农民军被封闭在山右和关中地区。六月中旬，李自成亲赴晋南平阳（今临汾）召集将领商议军机，重新布置兵力，以李过守府谷、保德，以陈永福、韩文铨守太原，以马科率军直逼汉中。七月初，大顺军便开始分兵反击，实行他们的反攻计划。于是，一时间清朝地方官员纷纷飞章奏报，频频告急，要求朝廷速发兵堵剿。

早在顺治元年（1644）六月，柳寅东就曾建言："时已届秋，庙堂宜早定大计。今日事势，莫急于西贼。欲图西贼，必须调蒙古以入三边，举大兵收晋豫，使贼腹背受敌。又须先计扼蜀汉之路，次第定东南之局。"多尔衮对此议深为赞赏，立派固山额真叶臣统兵进攻山西。但此时的大顺军似乎在屡战屡败中略微有些清醒，稍事休整后战斗力有所恢复，已不似仓皇西撤时那么狼狈了。因此，叶臣的攻击进展缓慢，并未取得多大效果。七月初，多尔衮在接到山西军事紧急的奏报后，感到叶臣一军难抵大顺军的凌厉攻势，下令石廷柱从山东移军山西，增援叶臣，又任命马国柱为山西巡抚，配合恭顺侯吴惟华对山西加强招抚，才使形势有所改观。在清廷的招抚之下，投降大顺军的故明将领姜瓖以大同、宁武、代州等地降清，晋北落入清军手中，同时清军又沿彰德而下，在晋南泽潞发起攻势，对固守太原的大顺军形成南北夹击之势，渐次使之陷于被动之中。九月初，协守保德的唐通又降清，率兵突入陕西，攻陷米脂，杀戮大顺军家属，牵制了大顺军在山西的兵力。九月十九日，多尔衮又派出席特库率兵援晋，大顺军已完全丧失主动。在大顺军内部倒戈将领的配合下，叶臣攻下晋南泽州、潞州，回师晋南固关，围攻太原，大顺军守将陈永福战死，太原陷落，全晋已落在清军手中，李自成的大顺军被压缩在陕西境内。恢复旧业似乎已根本没有可能，甚至是否能守得住这块发祥之地，对李自成来说也尚未可知。

此时的南明弘光朝廷在多尔衮的欺蒙下尚处于一片歌舞升平之中。顺治元年（1644）五月初三，马士英等经过暗中秘密策划，造成既成事实，迫使史可法等奉明福王朱由崧监国于南京，建立了南明政权。五月十五日，朱由崧正式即位，以次年为弘光元年，颁诏天下，以表朱明昭穆未绝。同日，任命史可法、马士英、高弘图、王铎为东阁大学士。根据史可法的请求，分设江北四镇：总兵刘泽清辖淮、海，驻淮安，经理山东一路招讨事；总兵刘良佐辖凤、寿，驻临淮，经理陈、杞一路招讨事；靖南伯黄得功辖滁、和，驻庐州，经理光、固一路招讨事；总兵高杰辖徐、泗，驻泗州，经理开、归一路招讨事。定每镇额兵3万，岁供米20万石，折色银40万两，听各镇自行征收；辖区内一切官军民壮悉听统辖节制，田土山泽听其开垦采发，欲以此四镇作为抵御清兵南下的前沿。同时，又晋封总兵高杰为兴平伯，刘泽清为东平伯，刘良佐为广昌伯，黄得功为靖南侯，左良玉为宁南侯。朱由崧在即位诏书中称："朕谅德弗胜，遗弓抱痛，敢辞薪胆之瘁，誓图俘馘之功，尚赖亲贤勠力勖勷，助予敌忾。"言辞不可谓不悲壮、慷慨，但并未讲明中兴大业的政策、方针。而且，此诏书并非出自他手，更不代表他的志向，只不过是履行惯例、欺人骗己的一纸空文罢了。

弘光小朝廷从建立起，就显露着灭亡的迹象，君昏臣暗，政治腐败，继承了故明朝廷所有的腐朽与黑暗。皇帝朱由崧是明神宗嫡孙、老福王朱常洵的嫡子，得封福藩世子。从明王朝万历以来的党争历史考察，福藩这一宗支便与"国本"之争、"梃击"之案有着密切联系，是阉党政治赌注的投向目标，对阉党素存好感。拥立福王，就预示着阉党余孽的抬头，而阉党余孽的抬头便注定了弘光政权覆亡的命运。朱由崧个人素质极差，不孝、虐下、干预有司、不读书、贪、淫、酗酒……几乎所有顽劣恶事他都做尽了，是个比刘禅还扶不起来的阿斗。他即位后，不理朝政，整日深居禁中，"惟以演杂剧，饮火酒，淫幼女为乐"；还下令民间大选淑女，增派钱粮，以满足其造宫殿和举行大婚典礼的巨大开销，引起民众极度恐慌，哀怨连天。据说这年过春节时，万民欢悦，宫中上下喜气洋洋，唯有皇上朱由崧却茶饭不思，闷坐于兴宁宫中。随身的太监们以为他思念被农民军杀掉的老福王和自缢死去的明思宗，也深有感触，劝皇上节哀顺变，而他却摇摇头道："梨园但缺佳丽耳。"整日沉溺于个人逸乐之中，毫无光复旧国的信心。就是这样一个人，可以指望他中兴大明天下吗？对此，大学士史可法曾提出警告，劝皇上不要以"江南片席地，俨然自是"，而要"复故土以光祖业"，但弘光帝却只将此当作过耳清风。

弘光帝昏庸无能，朝廷大权落到马士英的手中。马士英字瑶草，祖籍云南，在明末党争中向阉竖，甲申国变时正任凤阳总督，人称他"人长智短，耳软眼瞎"，谋国无方，内耗有术。朱由崧即位第四天，即五月十九日，他便排挤了史可法，令其督师扬州。当时史可法的幕客应廷吉说："士英入参机务，可法动受其制，不得已而出。"尽管史可法从大局着想接受了这项命令，但马士英的做法却引起了江南人民的普遍抗议，认为"秦桧在内，李纲在外"，要求"还我史公"。南京国子监的几百名太学生联名上书弘光帝，要求收回成命，但弘光帝是一个比马士英更"耳软眼瞎"的人，一切都无济于事。马士英排斥史可法出京后不久，又援引私人，将他的同年好友、罢闲家居、专爱谈兵说剑的阉党分子阮大铖拉入弘光朝廷，并提拔为兵部侍郎，引起清流的不满，各派互相攻讦。马士英却一不做、二不休，索性把吕大器、姜曰广、张慎言等相继罢免，更置国事于不顾，结党营私，谋利专权，与在朝的诚意伯刘孔昭、大宦官韩赞周、兵部侍郎阮大铖等结成集团，依靠在外拥兵自重的刘泽清、刘良佐等将领的支援，翻逆案作顺案，疯狂迫害东林、复社人士，周钟、项煜、雷演祚被处死刑，御史黄澍被革职为民，追赃论罪，《留都防乱公揭》参与者吴应箕、侯朝宗、冒辟疆皆被通缉追捕。阮大铖又编造一个黑名单，取名《蝗蝻录》，指东林为蝗，目复社为蝻，列名者2200余人，皆欲杀之而后快，弘光朝的党争由此愈演愈烈，而弘光政权覆亡的脚步也越来越近了。

史可法督师扬州，虽有其名，却无其实。他麾下四镇将领个个桀骜不驯，不听节制，他们抢夺地盘和赋税，为此互相火并。史可法各处奔走调解，协调四镇关系，用去了许多精力却收效甚微。四镇还自设行盐、理饷、总兵，监纪各官，各霸一方，凶横掠夺，商贾凋敝，民不聊生，与中央貌合而神离，这样的军队是很难抵挡剽悍的八旗铁骑的。

多尔衮刚刚占领北京，主要力量放在对付河北、山东及河南抗清义军上，还无暇顾及江南。为麻痹江南弘光政权的抗清意识，防止弘光政权与农民军联手，即采用欺骗手段，对弘光政权予以口头承认。顺治元年（1644）六月，多尔衮传檄河北、河南及江淮间故明勋旧及文武大臣，称："予闻不共戴天者，君父之仇；救灾恤患者，邻国之谊"，因"流贼"攻陷北京，明主身亡，"大清皇帝义切同仇，用伸吊伐"，"予用息马燕京，抚兹黎庶"。"深痛尔明朝嫡胤无遗，势孤难立，用彰我大清宅此北土，厉兵秣马，必歼丑类，以靖万邦，非有富天下之心，实有救中国之计。咨尔河北、河南、江淮之间诸勋旧大臣、节钺将吏及布衣豪杰之怀忠慕义者，或世受国恩，或新膺异眷，或自矢从王，皆怀故国之悲，孰无雪耻之愿？予皆不吝封赏，特与旌扬。其有不忘明室，辅立贤藩，勠力同心共保江左者，理亦宜然，予不汝禁。但当通和讲好，不负我朝永怀继绝之恩，以敦睦邻之谊。"这是一道颇有欺骗作用的檄文，尤其其中的"息马燕京，抚兹黎庶""非有富天下之心，实有救中国之计"使弘光君臣，甚至包括史可法在内，都产生了"联虏剿寇"的幻想。

七月初五，弘光君臣决定以兵部侍郎左懋第为正使，左都督陈洪范、太仆寺少卿马绍愉为副使，组成使团，携银10万两、金千两、缎绢万匹，北上向清求和，并万分滑稽地晋封降清的吴三桂为蓟国公。拟定的谈判事宜有：于天寿山重设陵园，改葬崇祯帝后；弘光政权给清王朝岁币银10万两。这种媚颜事敌的"修好"，实在是愚蠢之举。副使马绍愉在崇祯朝就是主持和议的代表，一贯媚眼事敌；陈洪范是清朝招降的对象，早已打定主意投降清廷；只有正使左懋第颇具民族气节，他在七月十八日启行时上疏朝廷"望严谕诸臣整顿士马，勿以臣北行为和议必成，勿以和议成为具恃。必能渡河而战，始能扼河而守；必能扼河而守，始能画江而安"，恳望朝廷勿对谈判寄以过高的希望。

多尔衮的目的是暂时麻痹弘光君臣的抗清意识，"卧榻之旁，岂容他人鼾睡"，多尔衮所要得到的是整个天下，他决不会允许在中国这片土地上还有别人与大清平起平坐，即使偏安于一隅也不行。弘光使团抵达北京后，清方根本无签订和约之意向，对使团颇事慢待，百般凌辱，扣下所送岁币绢帛，收买了副使陈洪范和马绍愉，羁押正使左懋第。左懋第空怀报国壮志，却根本无法完成使命，最后被清朝砍下了不屈的头颅，仅能以"寸丹冷魄消难尽，荡为寒烟总不磨"的气节教育后人。

就在弘光和谈使团启程不久，多尔衮于七月二十六日派遣副将韩拱薇、参将陈万春致书史可法，信中称：

> 兹乘逆贼稽诛，王师暂息，遂欲雄踞江南，坐享渔人之利，揆诸情理，岂可谓乎？将以为天堑不能飞渡，投鞭不足断流耶？夫闯贼但为明朝崇耳，未尝得罪于我国家也。徒以薄海同仇，特申大义。今若再拥号称尊，便是天有二日，俨为敌国。予将简西行之锐卒，转旆东征，且拟释彼重诛，命为前导。……诸君子果识时知命，笃念故主，厚爱贤王，宜劝令削号归藩，永绥福禄。朝廷当待以虞宾，统承礼物，带砺山海，位在诸王侯上，庶不负朝廷伸义讨贼，兴灭继绝之初心。至南州群彦，翩然来仪，则尔公尔侯，列爵分土，有平西之典例在，惟执事实图利之。……

同出自一人之意的书信，刹那间粉碎了那纸檄文带给弘光君臣的喜悦与希望，尚未体味出其中的各种滋味，一切便都烟消云散了。史可法也从此放弃了"联虏剿寇"的幻想，上书曰："近见北示，和议固断然难成，一旦南侵，即使寇势尚张，足以相拒，两者必转而相合，先向东南。宗社安危，决于此。"之后，史可法出巡淮上，谋复中原，命高杰部移驻徐州，进取开封、归德；又多次上书弘光朝廷，请拨军饷，而马士英却居中掣肘，致使忠义之士唯坐困而已。马士英等人却以助饷为名，继童生捐免府州县试之后，又开纳银得官例，如武英殿中书 900 两，文华殿中书 1500 两，内阁中书 2000 两……时人讽道："中书随地有，都督满街走；监纪多如羊，职方贱如狗。相公只爱钱，皇帝但吃酒；扫尽江南钱，难填马家口。"又云："南都之政，幅员愈小则官愈大，郡县愈少则官愈多，财赋愈贫则官愈富，斯之谓三反。三反之政，乌乎不亡！"

李自成在被逼入陕西后，已成强弩之末，只能作困兽之斗了。这就使南明政权在多尔衮统一进程中的阻碍作用日益凸显出来。正是在这种情况下，多尔衮才致书史可法，向弘光政权敲响了战鼓。顺治元年（1644）十月初一，多尔衮在导演了福临的登极典礼之后，马上着手调遣军队，同时向大顺军和弘光政权发起进攻，开始了入关后持续数十年之久的武力征服。十月十九日，以英亲王阿济格为靖远大将军，平西王吴三桂、智顺王尚可喜以所部随征，全军 3 万余骑经山西进攻陕北。二十五日，又以豫亲王多铎为定国大将军，恭顺王孔有德、怀顺王耿仲明以所部随征，全军 2 万余骑征讨南明。这是一个双管齐下、两线作战的方针，但一次偶然的事件使南明弘光政权的命运又得以延续数月。就在清军准备两线作战的时候，大顺农民军发动了反攻，渡黄河攻怀庆府（今沁阳市），杀了清总兵金玉和。河南巡抚忙向多尔衮飞章告急。多尔衮当即命令南下的多铎军顺路往征大顺军，并谕阿济格与多铎会师西安，合力攻剿。

李自成在取得怀庆战役胜利后，兵分三路出潼关，准备以河南为基地，收复山右，挺进京畿。在探知清军将攻陕北后，李自成便回师陕西，准备在延安御敌。多铎率军在十二月上旬才抵达河南怀庆，渡过黄河后，在故明降将的接引下直扑潼关。而此时的阿济格却尚在土默特、鄂尔多斯处，远离战场。多铎率军在潼关外驻扎，并不急于攻城，飞章调集红衣大炮前来助战。十二月二十九日，双方初战，大顺将军刘宗敏失利。顺治二年（1645）正月，李自成、刘芳亮督军与清兵再战，又败北。不久，清军调来红衣大炮轰击城池，潼关城破，守将被杀，李自成撤往西安。潼关为关中门户，门户洞开，李自成自料西安也难保，决定放弃西安，走蓝田，过商州，向河南撤退。阿济格部在击败大顺军的抵抗后，到二月中旬才开进西安。此时，李自成早已进入河南，阿济格急忙率清军追到河南，李自成被迫退入湖广。此间，大顺军与追击清军8次会战，均告失利，刘宗敏被俘牺牲，牛金星、宋献策纳款降清，大顺军损失惨重。顺治二年（1645）五月，李自成在湖北通山县九宫山遭到地主程九伯的乡勇袭击，不幸遇难，时年39岁。大顺军余部在李过、高一功、郝摇旗率领下进入湖南，与南明桂王部将何腾蛟联合抗清，步入了一个历史转折阶段。

多铎在潼关大胜后，锐气更增，顺治二年（1645）二月离开西安，经潼关再入河南，三月初决定率师下江南，兵锋直指弘光小朝廷。三月初七，多铎部兵马分三路出击：一路由多铎自将，出虎牢关；一路由固山额真拜尹图率领，出龙门关；一路由尚书韩岱指挥，出南阳；三支大军齐趋归德。二十二日，清军攻克归德，南明巡抚凌駉被俘，不屈而死。清军入安徽，占领颍州、太和等城。四月初五，清军经亳州、泗州，抵淮河北岸，乘夜渡淮。四月十八日，清军兵临扬州，弘光政权危在旦夕。

早在清军全力攻陕时，督师史可法便前后10余次上疏，请求皇上"振举朝之精神，萃四方之物力，以并于选将练兵之一事"。而弘光君臣却无动于衷，仍"轻歌于焚屋之下，痛饮于漏舟之中"，醉生梦死，毫无亡国之忧患。就在多铎部清军逼近扬州之时，弘光小朝廷尚在为北来"太子"之真伪大肆争吵。马士英、王铎等以为太子是假，必欲诛之；左良玉等认为太子是真，必须保全东宫，以安臣民之心，这实际上是弘光政权内部一场争权夺利的斗争。两派各执一端，皆想借此打倒另一派，南京城里闹得沸沸扬扬，党争正酣。三月二十五日，宁南侯左良玉假称奉有太子密诏，入诛奸臣马士英以清君侧，在武昌移檄远近，率部顺流东下，发动了内战。南京震动，马士英急调江北四镇兵抵御，黄得功、刘泽清、刘良佐皆入卫。史可法又三报扬州危急，使弘光帝左右为难，不知所措，只说了一句几乎等于没说的话："上游急则赴上游，北兵急则赴北兵，自是长策。"史可法谓："上游不过欲除君侧之奸，原不敢与君父为难；若北兵至则宗社休矣。"当君臣集议之时，诸臣皆言淮扬最急，应当防御。连昏聩的弘光帝也说："看来左良玉原不曾反，如今还该守淮扬。"马士英恼羞成怒厉声道："此皆良玉死党为之游说，不可听。宁可君臣同死虏，不可君臣同死左。"且瞋目大呼："有议守淮扬者，斩！"于是，弘光帝默然，诸臣咋舌，只有在无奈之中保持沉默，也正是在这沉默中为弘光政权的覆灭拉下了无言的帷幕。

多铎部对扬州发起冲击时，督师史可法麾下仅有高杰残部 1 万余人守城，他制械筹饷，动员民众，誓与扬州共存亡，表现了可歌可泣的爱国主义英雄气概。多铎几次派人诱降，均被他严词拒绝了。五月二十五日城破被执，多铎再次劝降，史可法说："吾意早决，城亡与亡。"从容就义，时年 44 岁。清军血洗了这座繁华城市。军民殓史可法衣冠，礼葬于梅花岭下，至今凭临，犹给后人以"宁为兰摧玉折，不作瓦砾长存"的悲壮气概。

扬州既破，南京已危如累卵。弘光帝在一群宦官保护下，仓皇出奔黄得功军中，马士英则携金银财物逃往杭州。五月十四日，多铎军抵南京城下，忻城伯赵之龙等文武大僚数十人开门迎降，南京不战而下。几天后，叛将刘良佐引清军追擒弘光帝于芜湖，押解南京，成为阶下之囚。弘光小朝廷偏安江左，至今正好一年，便作鸟兽散了。

清军击溃了大顺农民军，又灭亡了弘光小朝廷，不仅控制了黄河以北各省区，而且把铁骑推向了江南。摄政王多尔衮以为大兵临境，人民不敢不接受清王朝的统治，只要派出招抚大员，天下便可传檄而定了。在派出内院大学士洪承畴招抚江南各省后，又派遣吴惟华招抚广东，孙之獬招抚江西，黄熙允招抚福建……然而，由于多尔衮严厉推行剃发易服的民族文化心理征服政策和清军肆行杀戮的暴行，激起了各地民众的坚决抵抗。

顺治二年（1645）六月初七，南明福建巡抚张肯堂、巡抚御史吴泰枝、礼部尚书黄道周、南安伯郑芝龙等奉唐王朱聿键监国于福州，不久称帝。朱聿键曾在衢州誓师："恭行天讨，以光复帝室，驱逐清兵，以缵我太祖之业。"颇有些兴复景象。数日之后，明大学士钱肃乐约总兵王之仁、黄斌卿、张名振等在鄞县起事，奉鲁王朱以海监国于绍兴。十月间，鲁王军队同清军展开激战，重创清军，取得胜利，成为 30 年来未有之事。一时间江南各地自发抗清义旗如万木临风，此起彼伏，与大河以北抗清义军相呼应。福建唐王政权在仙霞岭一线部署 10 万大军，遏止清兵入闽，并决定第二年春由唐王率师自浙东、江西而出，亲征应天。

可惜的是，唐王政权和鲁王政权在大敌当前的情况下，不能和衷共济，团结对敌，而是互争正统，同室操戈。这两个政权都控制在一群军阀手中，他们打着抗清旗号，扩大个人实力，拼命聚敛，搜刮民膏，导致民怨鼎沸。顺治三年（1646）六月，清兵横渡钱塘江，方国安投降，鲁王逃入舟山，计划划钱塘而治的鲁王政权名存实亡。福建的唐王政权，被郑芝龙把握。郑芝龙拥兵自重，无意北伐，又接受清方诱降，尽撤仙霞岭防兵，清军跨越仙霞岭，朱聿键试图往江西依附何腾蛟，被清兵追杀，唐王政权连同他的恢复宏图俱成画饼。清军占领了江南、浙东、浙西，势力推进到福建及广东。

顺治三年（1646）十月十四日，南明两广总督丁魁楚、广西巡抚瞿式耜等奉桂王朱由榔监国于肇庆，以明年为永历元年。同年十一月，南明大学士苏观生、何吾驺等立隆武帝之弟唐王朱聿锷监国于广州，改元绍武。"二百里立两帝"，互不相容，监国桂王遣兵科给事中彭耀入广州，命唐王去帝号，苏观生怒斩彭耀于市，集兵往攻肇庆，清军乘间自闽入粤进窥潮、惠，绍武政权仅存40 天便寿终正寝。永历小朝廷是个东奔西躲的软弱政权，无力胜任抗清大任，从此农民军余部成了抗清的主力军，演出了一幕幕可歌可泣的历史活剧。

李自成在九宫山遇害后，大顺农民军余部进入湖南，深明大义的农民军将领李过、郝摇旗、高一功等以合营的方式与南明将领何腾蛟、堵胤锡联合抗清，在湖南、湖北发起凌厉攻势，连克征剿清军于岳州、湘潭等地，取得巨大胜利。顺治四、五年间，李过、高一功率忠贞营英勇奋战，分头出击，连克常德、辰州、衡州、湘潭、郴州，永历帝亦下优诏褒奖。在大顺农民军联明抗清的高潮中，降清明将金声桓、李成栋、姜瓖分别在江西南昌、广东广州、山西大同倒戈反清，引起多尔衮极度不安与震惊。

金声桓原是左良玉的部将，顺治二年（1645）随左梦庚降清。他奉多尔衮之命招抚江西，攻取十三府七十二州县，自恃功高，清廷当不吝封侯之赏。可多尔衮却只封他做个江西提督，并指使招抚孙之獬、巡抚章于天对其暗中监视，金声桓心中常怀怨恨。在大顺军联明抗清形势推动下，顺治五年（1648）正月，金声桓与副将王得仁举兵抗清，要求军民剪掉发辫，复归南明，并迎原弘光朝东阁大学士入省做盟主，以资号召。永历帝封金声桓为豫国公，王得仁为建武侯，江西各处一时间抗清浪潮高涨。

李成栋原为史可法部将，后在徐州投降清朝，曾参加江阴、嘉定、松江等处屠杀抗清志士的活动。顺治三年（1646）底，率军南下广州，攻克梧州、肇庆，将永历政权逼入广西。他在效力清廷后，战绩颇多，自以为一定能挂印封侯，可多尔衮仅赏他个广东提督的头衔，谋任两广总督而不得，遂生怨望。当金声桓据江西抗清时，切断了广东与清廷的联系，李成栋处境艰难，乃与手下密议举事，以为"事成则易以封侯，事败亦不失为忠义"。四月初十，他挟持佟养甲等叛清归明，树"靖国安民"大旗，命军民解辫，用永历年号，派人赴南宁奉表称臣，请求释罪，迎永历帝入广东。

金声桓与李成栋虽然反戈抗清，但他二人个人素质极差，不明大义，更无战略眼光，不敢联兵出江西乘虚直捣江宁。金声桓被谭泰、何洛会部围困在南昌，既无粮饷又无救兵；李成栋被分割在广州，进退失据，一筹莫展。顺治五年（1648）十月，李成栋率军 10 万增援金声桓，在赣州城处被清军击溃，李成栋落荒而逃，掉入山涧淹死。到顺治六年（1649）正月，谭泰以红衣大炮攻破南昌，金声桓投城中东湖死，王得仁突围中被杀，江西又复为清军所控制。同月，何腾蛟遣堵胤锡及大顺军李过、高一功部渡江援赣，湘潭城空无兵。清总兵徐勇侦知此情后，率轻骑乘机而入，捕杀何腾蛟，继而又攻陷衡州、永州、郴州，湖南屏障已失，广东也危在旦夕，永历小朝廷只好流浪到广西、云贵。抗清斗争的热点暂时转移到塞北。

姜瓖原是明朝的大同总兵官，当大顺军进入山西向京畿进军时，他自度不支，便投降了李自成。大顺军在山海关战败，退向晋陕，清军尾随而至，他杀死了李自成部将张天琳和韩文铨，又投降了清朝。摄政王多尔衮因正值用人之际，又见他忠诚为国，擒杀伪将，仍命他镇守大同，负责处理地方军政大事。顺治五年（1648）全国抗清形势高涨之时，多尔衮派其兄阿济格以防御蒙古为名赴晋以事牵制，激起了姜瓖的不满。而阿济格又处处以征服者自居，藐视姜瓖，放纵军队，胡作非为，蹂躏地方，甚至糟蹋大同有身份汉人的嫁娘。这唤起了姜瓖的良知，成为其反清的直接诱因。顺治五年十二月，姜瓖于大同举兵抗清，自称大将军，易明朝冠服。以刘迁为左大将军，略雁门关、代州、繁崎、五台等地；以王永强为招抚大将军，据榆林，进窥西安。原明朝宁夏巡抚李虞夔在平阳起兵，攻陷潼关、蒲州、解州，一时间，大同附近十一城皆叛。

姜瓖的反戈引起多尔衮的极大恐慌。他一方面致书姜瓖，以示招抚；另一方面则接连派出数批八旗劲旅，携红衣大炮赴阿济格军协攻大同。大同是北方重要边镇之一，地势险要，易守难攻，又北接蒙古，倘若姜瓖据此险要又以蒙古为外援，则后果难料。而且，激变姜瓖的是多尔衮的哥哥阿济格，倘若再不能及时镇压，无疑会影响到摄政王的威严。因此，在这种紧急形势之下，顺治六年（1649）二月十四日，多尔衮亲自率领内外官兵远征大同，给前线清军鼓舞士气。又陆续派出亲王满达海、郡王瓦克达、平西王吴三桂、贝子巩阿岱等率兵赴晋增援。多尔衮此行因多铎在京出痘病死，未抵大同而返。处理多铎后事毕，又于六月赴宁武关、朔州前线视察军事。到八月，姜瓖被部将杨振威等23人所杀，久攻不下的大同城才在敌军的倒戈中被攻下。

多尔衮费了9个月的时间，投入八旗兵的全部兵力，总算平息了山西的抗清斗争，显示了他非同一般的武略，为清王朝在中原站住脚乃至最后的武力统一奠定了基础。但在摄政王的文治武功中，我们所看到的难道仅仅是辉煌吗？

三、首崇满洲与剃发易服

当人类选择武力作为解决一切是非争端的方法之时起，征服者便对被征服者拥有了绝对的支配权力，便将一切胜者的尊荣建筑在败者的悲哀与屈从之上。没有人能够解释这种方式与心理思维来自怎样的内部因素或外部环境，抑或是内部因素与外部环境的结合。因为几乎每一个生活在不同地理环境和具有迥然相异的民族心理素质的民族或人群，都无一例外地选择了这种方式，接受了这种心理，形成了这种固化思维：胜者为王，败者为寇。

多尔衮虽然在建功立业的文治武功中审时度势，积极拉拢汉族士大夫，招降纳叛，甚至在其摄政时期的各级政府机构，尤其是地方政府中，所任用的汉官数量竟然占据了绝对的优势，但这并不意味着满汉贵族之间矛盾的消弭和征服者与被征服者之间地位的变易，清政府仍是以满洲贵族为统治核心的政权。因为多尔衮明白"知汉人者，莫若汉人"，治理汉族占绝大多数的国家，必须实施"以汉制汉"的手段，这是一种方式与策略，也是多尔衮在其文治武功中最卓有成效的举措。但我们还应当看到在"以汉制汉"的上方还高悬着"首崇满洲"这一基本原则。这一原则在摄政时期的政府机构、法令法规及社会生活的各个方面都有体现，且不可动摇。

多尔衮摄政时期，国家的决策权不在六部，也不在汉官占多数的内三院，而在由满洲贵族组成的议政王大臣会议。所谓议政王大臣会议，并不是多尔衮的首创，而是清太祖时期的产物。尽管多尔衮摄政以后曾几番打击、限制诸王的权力，提高自己的地位，但整个摄政时期议政王大臣会议仍然发挥着决策机构的作用。摄政时期的议政王、议政大臣清一色由满洲贵族担任，范文程、宁完我被任作议政大臣则是福临亲政以后的事情，且仅是一种点缀而已。有关军国大事、内政外交，在摄政时期均由议政王大臣会议决定，即谈迁所说的"六部事俱议政王口定"，再由六部执行。多尔衮曾明确传谕各部：各部事务，有不须向摄政王面奏的，都交由有关满洲亲王办理。顺治五年（1648），摄政王多尔衮调整六部机构，配置了满汉等额的六部尚书，但并没有否定或削弱"首崇满洲"的原则，在这些机构中满官的权力大于汉官，凡核议政事，均由满官一人主之，而汉官只不过相随画诺罢了。在地方行政机构中，主宰一省的巡抚和主宰数省的总督等封疆大吏，摄政时期绝大多数都由旗人担任，汉人寥寥无几。像经过长期考察，认为可托重任的汉军旗人洪承畴出任江南总督时，还要派出满洲贵族勒克德浑、叶臣等贝勒、固山额真予以牵制，更不曾把委署地方官员的权力像交给豫亲王多铎、英亲王阿济格那样交给洪承畴。

另外，摄政时期的法令法规也体现着"首崇满洲"的原则。《清朝通典》中记清法云："凡重囚应刺字者，旗人刺臂，奴仆刺面，民犯（汉人罪囚）徒罪以上刺面"，"凡私行买卖……旗人枷两月，鞭一百；民人杖一百，流三千里"。摄政时期，旗人犯罪还有"换刑""减刑"等特权，旗人罪犯归旗务机关审理，地方有司不得与闻，收监时满人也另有"宗人府空房""内务府监所"等特殊优待。而多尔衮所极力实行的"圈地令""逃人法"则更是公开损害汉民利益，掠夺汉民财产，满足满人的特权利益。

由于"首崇满洲"原则在各个领域中的实行，使摄政时期满汉民族间的社会生活出现了许多不可思议的奇怪现象。时人记载：国初"法纪混淆，重满轻汉，虽一放马厮养，鞭棰府县正官，无敢不忍受者。其在京师，即吏部卿贰，往往受鞭挞，恬不为怪"。据说，顺治五年（1648）时，小皇帝福临外出行猎至迁安。随行的侍从们一路上飞扬跋扈，到达迁安时竟然闯入县令张自涵家中强行索取鸡鸭鹅等食物、钱财，稍有不从便拳脚相加、鞭笞肆虐，以致张自涵因饱受欺侮而数次欲上吊自杀。一帮本来卑贱如狗的奴才，却敢公然闯入朝廷命官家中如此肆虐且肆无忌惮，唯一的原因便是他们是满人，是征服者。在多尔衮摄政时期，由于"首崇满洲"原则的实行，使满人皆富而多财，缺钱者往往向满人借贷，高利付息。但借债人必须先找一中间担保人，倘若借债人不能按时付息或付息不足，债主往往迁怒于中间担保人，对其大加诟骂侮辱。时国史院检讨陆嵩为他人作保向满人借贷，因借债人付息爽期，陆嵩便被债主追捉于道、饱受侮辱，最后竟因此而被免官。弘文院编修陈子鼎也因为他人作中间担保人，失期被殴，扭送刑部，被罚跪三日，杖二十，并被免官。至于旗下厮养与朝绅争道，鞭挞汉官；旗地庄头胁逼民产，污人妻女；满洲官兵强索民粮，压价强买，种种的不平等到处可见。我们并不否定多尔衮摄政时期利用汉族地主安定社会秩序的卓有成效的努力，在他"以汉制汉"建树辉煌文治武功的同时，在"首崇满洲"的原则下，又给广大汉族人民带来多少痛苦与辛酸呢？

1644年五月初二，是中国历史上十分重要的日子。这一天，雄踞辽左的八旗劲旅，在摄政王多尔衮的统率下，于大顺农民军主动撤离之后，开进了北京城，成为这座古城新的主人。这是多尔衮父兄几十年来想到而没有做到的事，这在满洲贵族的军事征服史上也是前无古人的奇功异勋。在八旗将士和部分故明遗老遗少的簇拥下，多尔衮乘辇直入武英殿，成为这座金碧辉煌的宫殿的新主人，心头怎能不鼓满春风得意之情！自四月二十二日吴三桂剃发投降、献关迎入八旗铁骑以来，多尔衮带领八旗军队，走新河驿，过抚宁，经昌黎，到玉田，抵通州，故明降官降将纷至沓来，兵不血刃，真可谓一路凯歌行进，这使摄政王多尔衮飘飘然以征服者自居，志得意满，不再掩饰其征服者的本来面目。

满族长期生活在东北地区从事农耕射猎，形成了独立的有别于中原地区汉族人民的风俗习惯，剃发就是固有的习俗之一。所谓剃发，就是把脑袋四周的头发剃掉，只留头顶部位的头发，梳成大辫。这种具有民族特点的发式，在后金时期就已普遍实行，并在被征服地区强行推广。长时期以来，在满洲贵族头脑中形成了一种习惯性的心理定式，即以剃发与否判别顺逆，"剃发者贼亦非贼，不剃发者非贼亦贼"。满族社会实行军、政合一的八旗制度，所有旗下诸申人等，平时耕耘，战时从征，以骑马射箭作为自己的优良传统，故而窄衣短袖成为其服装特征，同汉族传统的宽衣博带的服式截然有别。

本来不同民族、不同地区由于长期的生产、生活习惯及地理、气候条件的不同，自然会形成不同的文化心理，反映在服式、发式上也就千差万别。当然，不同民族、不同地区在长期的经济文化交往中，也会产生某些相互碰撞、互相渗透的文化倾向。但这种渗透与变化，是潜移默化的长期历史过程，是渐变积累的结果。如果有谁企图在较短的时期内凭借暴力将自己的服式、发式强加给其他民族，只能造成被强加民族文化心理上的伤害，对抗的情绪也会随之爆发。

事实上，如果征服者采用野蛮的、血腥的手段强迫被征服民族接受自己的文化习俗、衣冠发式，并将其作为识别顺逆的标志，那就不能视为简单的更换衣冠发式，而是一种文化心理上的征服行为。正是为了达到这种文化心理征服的目的，摄政王多尔衮在进入北京后的第二天，马上谕令兵部：

今本朝定鼎燕京，天下罹难军民，皆吾赤子，出之水火而安全之。各地城堡，著遣人持檄招抚，檄文到日，剃发归顺者，地方官各升一级，军民免其迁徙，……有虽称归顺而不剃发者，是有狐疑观望之意。

同日又谕故明内外官民：凡投诚归顺的官吏军民都须剃发，服饰亦依本朝制度。一日之内连发两道令旨，提及剃发易服，看来多尔衮对于实施文化心理征服已经迫不及待了。于是，摄政王一声令下，京畿、河北等清军占领区立即展开了剃发活动。在中原汉族人民的传统文化心理中，认为身体发肤受之父母，不可随意损伤，否则便是忤逆不孝，必遭天谴。因此，剃发令一下，在人民群众中就引起了很大的反感与反抗。京城人民四处奔走哭诉相告，不知犯了怎样的滔天大罪，前世作了什么样的孽，竟要被剃光脑袋。于是，哀怨之声四起，京畿地区一片骚乱。就连当时在清营中的朝鲜官员也说："如此等事，虽似决断，非收服人心之道。"

在汉族人民此起彼伏的反抗声中，多尔衮感到自己在北京立足未稳，全国的广大地区还控制在政敌手中，实行这种大拂民意的文化心理征服措施还不到时候，便施展了一个政治家的韬晦之术。五月二十四日，多尔衮又再谕兵部：

我国建都燕京，天下军民之罹难者，如在水火之中，可传檄救之。其各府州县，但驰文招抚，文到之日即行归顺者，城内官员各升一级，军民各仍其业，永无迁徙之劳。予前因归顺之民，无所分别，故令其剃发，以别顺逆。今闻甚拂民愿，反非予以文教定民之本心矣。自兹以后，天下臣民照旧束发，悉从其便。

于是，不到半个月，多尔衮便匆匆收回了剃发易服的成命，衣冠发式之制暂且不变，这多少缓解了与中原地区汉族人民的矛盾。

多尔衮心中有数，发是要剃的，服也是要易的。暂时停止的原因在于军事征服的任务还远远没有完成。李自成领导的大顺军占据山陕，秣马厉兵，准备反攻；弘光政权建都南京，支撑着东南半壁；且两种势力的武装力量皆不在清军之下，鹿死谁手，尚未定局，容不得丝毫的政策疏忽或策略失误。多尔衮曾谕礼部说："向来剃发之制，姑听自便者，欲俟天下大定也。"后来的实际情况也证明了这一点。

顺治元年（1644）十月，摄政王多尔衮以和硕英亲王阿济格为靖远大将军，统率八旗劲旅进攻陕西大顺农民军；又以和硕豫亲王多铎为定国大将军，统领清军谋下江南；从此，清军入居北京后的大规模军事行动展开了。顺治二年（1645）五月初，阿济格部清军追击溃退中的大顺军到湖北通山县，多铎率领的另一支清军于顺治二年（1645）五月十四日攻克南京。消息传到北京，多尔衮以为天下已定，立即一反剃发易服的宽容政策，摆出了急不可耐的阵势。五月二十九日，大学士等人见户部官启事毕，摄政王多尔衮有意无意地言道："近日观览奏章，对剃发一事均以不合旧时礼乐为劝，似乎太有失伦常了吧！难道本朝就没有礼乐之制吗？不遵本朝之制，却仿效明朝，是何居心？倘若说身体发肤受之父母，不敢毁伤，犹有道理。若以礼乐制度为凭，却为不通之说。"廊下汉官听罢不由心中一动，敏感地意识到风云之将变。这确实是多尔衮对清朝统治集团主要是汉族高级降官的一次吹风会议，预示着政策策略的即将改变。果然，不出数月，剃发之令再度风行。这年六月，多尔衮以皇帝的口吻谕令礼部：

> 向来剃发之制，不即画一，姑听自便者，欲俟天下大定，始行此制耳。今中外一家，君犹父也，民犹子也，父子一体，岂可违异。若不画一，终属二心，不几为异国乎！此事无俟朕言，想天下臣民亦必自知也。今布告之后，京城内外限旬日，直隶各省地方，自部文到日，亦限旬日，尽令剃发。遵依者，为我国之民，迟疑者，同逆命之寇，必置重罪。若规避惜发，巧辞争辩，决不轻贷。……

从此，清军所到之处，便以发式、服式别顺逆，对抗拒不剃发者格杀勿论，甚至连剃不如式者，也难免杀身之祸。城中之人处于政治商旅中心，消息灵通，因此剃发令一下便不得不剃发了。家住郊外的由于消息闭塞，偶或不知，发不剃便冒昧入城，被清兵撞见就强行剃发，稍有反抗就惨遭刀锋之害，这样冤死之人不计其数。直到近代，在我国某些地方的剃发师傅挑担的一旁还保留着一根木杆，据说便是清初剃发易服时的遗留。那时，剃头师傅都有清兵保护，遇有未剃发或不如式者，便强行剃发，若不从反抗，便砍下脑袋挂在担子旁边的木杆上示众，有时一天竟要在木杆上挂上数颗人头。后来，随着民族融合的一步步加深，那根杆子再也无人头可挂，失去了它的作用，却作为一种风俗保存了下来。

本来，多尔衮刚进北京时所下"百官俱于次日见朝，通城人尽行剃发"的命令，便大拂民意，民间人士纷纷具奏，愿从旧俗。就连新任兵部侍郎江南人金之俊也上奏请罢剃发，以笼络人心。摄政王多尔衮却置之不理，说道："我存若辈首，若辈乃惜此发耶？"一句话问得金之俊等人面红耳赤，胆战心惊，不敢再言。在存头与存发之中，他们选择了前者。后来由于剃发造成了社会剧烈动荡和人心的惶惑不安，甚至一些士大夫也感到此事有性命之忧，乃约同乡好朋，弃家资以遁。面临如此形势，在全国尚未统一的局面下，多尔衮下令暂缓实行剃发易服，但实际上剃发活动仍在进行中，仅是规模小些、要求相对宽松些而已。豫亲王多铎攻克南京后，在没有接到多尔衮重申的剃发令前，便擅自决定"剃武不剃文，剃兵不剃民"。显然，剃发一事作为清廷的既定政策，始终在满洲贵族们的心头盘桓，从入关起就从没真正停止过。

清廷蛮横无理地强制推行剃发令，实行文化心理征服，极大刺伤了汉族民众的自尊心，进一步激化了本来就已尖锐的民族矛盾，遭到了中原以及江南地区人民的坚决反对。但无论什么形式的反对，都是以多尔衮为首的满洲贵族所不允许的。

顺治二年（1645）八月，清廷原任陕西河西道孔闻谭奏言："臣家宗子衍圣公已遵令剃发，但念先圣为典礼之宗章甫缝掖，自汉暨明三千年未之有改，今一旦变更，恐于皇上崇儒尊道之典有所未备，应否蓄发以复本等衣冠，统惟圣裁。"孔闻谭的要求仅限衍圣公一人蓄发复汉族衣冠，问能不能获准，又请求摄政王裁定。多尔衮却断然拒绝了，并姑念孔闻谭是孔圣人后裔，方免死革职，永不叙用。对提出这种违拗剃发令的官员，他予以严厉处分，以绝臣民之议。对被征服地方人民，皆令剃发，不从者杀无赦，甚至有的道士、优伶、疯子不剃发，都不免杀身之祸。清政权就是用"留头不留发，留发不留头"的血腥手段强行改变汉族民众的文化习俗，严重挫伤了他们的自尊心，使民族矛盾空前激化。江阴、嘉定、松江、昆山、常州、宜兴以及整个中国大地，掀起了波澜壮阔、可歌可泣的抗清斗争，成千上万的志士仁人用血泪控诉满洲贵族的暴行，以身家性命浇铸文化自卫的长城。许多缙绅富商倾其资财，毁家纾难；城市居民、手工业者、农民和知识分子也拿起了抗清的武器；就连商贾僧道也都来助师。各地民众自发组织起来，公举领袖，杀掉中央政府派到地方的各级官吏，监视剃发降清的无耻之徒，在没有援助、缺少器械的情况下，制械练兵、婴城自守。江阴人民公推阎应元、陈明遇为城主，以"头可断，发不可剃"的视死如归精神相砥砺，抵抗清朝军队 80 余日，清军损伤惨重。城破之日，满城之人皆被清军杀戮，"咸以先死为荣，无一人归顺者"。不仅江阴人民如此，其他地区的人民也是这样，他们"宁为束发鬼，不作剃发人"，纷纷举义旗于八方，使抗清义军遍及全国各地。当时旅居中国的西方传教士卫匡国在《鞑靼战纪》中记载了这场文化心理上的征服与反征服的斗争，并这样写道：

　　鞑靼人（即满洲人）对服装和头发的式样要求很严格，谁不接受这种装束就被判为最大的叛国罪。……中国人（指汉人）为保护他们的头发和服装所表现出来的悲愤和战斗勇气，甚于保护国家和皇帝，他们往往宁愿掉脑袋也不愿遵从鞑靼风俗。

这不正是一个民族维护自身尊严，保卫自己文化心理不受侵犯所表现出来的大无畏英雄气概吗？！

四、圈地、投充、逃人法

一个民族对另一个民族的征服，归根结底起源于经济上的动因。当完成这种征服之后，一般会给予本民族成员更大的经济利益与特权，而这种利益与特权又往往是建立在损害被征服民族利益基础之上的。

顺治元年（1644）五月，摄政王多尔衮带领八旗劲旅进入了北京。同年九月末，清王朝的小皇帝福临亦迁都燕京。从此，征服战争规模不断扩大，大批满洲贵族、将士及旗下厮养涌入关内。八旗诸王、贝勒及将士是清王朝立国的阶级基础，是多尔衮进行武装征服的中坚力量。清王朝为确保八旗将士的战斗力，必然要给以优渥的待遇，保护他们的经济特权，这些特权的攫取和保持是通过对被征服者的剥夺来实现的，其野蛮性和残酷性，恐怕在中国封建社会史上也是极其罕见的。

有的论著认为："在关外之时，满洲贵族各自占有大大小小的田庄，驱使农奴和奴婢为其提供衣食，一般八旗士兵、平头百姓则按'计丁授田'的原则拥有一部分土地，成为生活和军事装备的来源。这些人入得关来，衣食之源不能失去，家小不能不安置，所以必须想办法来解除'东人'们的后顾之忧。"看来似乎八旗劲旅入关之后，满洲贵族和将士生计还颇有后顾之忧与困难。实则不然，在实行圈地之前，清王朝就确定了满洲王公贵族的俸禄制和兵丁的月饷制。顺治元年（1644）十月，定诸王俸银：摄政王3万两，辅政王1.5万两，亲王1万两，郡王5000两，贝勒2500两，贝子1250两，镇国公、辅国公俱625两，俸银之外，还有大量禄米。各级官员亦有俸银、禄米和柴薪银。满洲骑兵、步兵也有7两5钱和3两4钱的月饷。从此，官有俸，兵有饷，虽离开辽东农奴制庄田的收入，但满洲贵族依然可以过着优裕的生活。

朱明王朝自成弘以降，法制隳坏，朝政日非，贵族官僚通过奏讨、钦赐、占夺、投献等手段侵吞官民田土，形成了规模庞大的贵族大地产，京畿地区存在大量朱明王朝皇亲、国戚、驸马、公侯、太监的庄田。明末的农民大起义，尤其李自成所领导的大顺农民军给这帮腐朽的寄生虫以沉重打击，许多人走死逃亡，京畿地区出现了大量无主土地。顺治元年（1644）七月初十，清王朝规定"故明勋戚赡田己业，俱准照旧"，"不许官胥侵渔，土豪占种"。这一规定似乎是要保护故明勋贵的利益在改朝换代时不受侵害，以拉拢汉族士大夫，寻求他们的支持，但实质上却是满洲新贵对京畿地区膏田沃土的垂涎，其中的隐含意义大概只有那些满洲权贵最为清楚。十二月初五，作为试探性举措，清廷下令清查无主之地，安置满洲庄头，实际上便将这些土地置于清王朝的直接控制之下。紧接着，同年十二月二十三日，多尔衮正式签发了圈地令：

> 我朝建都燕京，期于久远，凡近京各州县民人无主荒田及明国皇亲、驸马、公侯、伯、太监等死于寇乱者，无主田地甚多，尔部（户部）可概行清查。若本主尚存，或本主已死而子弟存者，量口给与，

其余田地尽行分给东来诸王、勋臣、兵丁人等。此非利其地土，良以

东来诸王、勋臣、兵丁人等无处安置，故不得不如此区划。然此等地

土，若满汉错处，必争夺不止，可令各府州县乡村满汉分居，各理疆

界，以杜异日争端。今年从东先来诸王各官兵丁及见在京各部院衙门

官员，俱著先拨给田园，其后到者，再酌量照前与之。

这道谕令听起来冠冕堂皇，似乎无可厚非。既然是将无主荒地和故明死于
寇乱的勋戚庄田分给八旗官兵，就没有夺民人田产之嫌了。这些无主土地的所
有权当然属于国家，由国家进行重新分配自然无懈可击。然而，只要我们摆脱
清廷官方文件的局限，考察圈地令执行的实际情况，就不能不承认，清初圈地
令无疑是公然掠夺汉地民众的一项恶政、暴行。

圈地令是由清朝户部官员和地方政府官吏来具体执行的，他们来到乡村田
野，由两人骑马拉着户部颁行的绳子，不分有主无主，看好哪块，四周一拉，
田地就划归八旗，换了主人。据当时人记载：田一被圈，田主当即便被驱逐，
原来的庐舍、场圃一应所有皆不得带走，甚至妻女略有姿色者也被强行留下充
当满人的姬婢。显然被圈占的不仅限于无主田地，大量有主田地，甚至包括田
地上的庐舍、场圃以及被圈田地所有者的妻室子女也在内！几根绳子便使人家
破人亡、妻离子散，这是何等野蛮的暴力掠夺！

顺治元年（1644）十二月的圈地，可能仅限于近京地区。随着八旗将士、
奴仆不断向关内涌来，圈地浪潮不断扩展，河间、滦州、遵化等府州县田地
圈占几尽，多尔衮便下令将直隶顺德府，山东济南府、德州、临清，苏北徐

州，山西潞安府、平阳府、蒲州等8处无主荒地及故明公、侯、伯、驸马、太监田地查明分给驻防八旗官兵，把圈地的范围由京畿地区扩展到山东、山西和苏北地区。顺治二年（1645）十二月，户部尚书英俄尔岱等奏言："臣等奉命圈给旗下地亩，查得易州、安肃等州县军卫，共三十六处。无主田地尽数拨给旗下，犹若不足。其未察地方，如满城、庆都等二十四州县尚有无主荒地，若拨给旗下，则去京渐远，兵民杂处，多有未便。议将易州等处有主田地酌量给兵。"贪欲的膨胀与升级，使满洲贵族们不满于仅限无主田地的圈占，更要求将对有主田地的圈占合法化。因此，英俄尔岱的奏疏成为一个信号，预示着大规模圈占民田即将实行。果然，顺治四年（1647）正月，摄政王多尔衮批准户部的请求，下令大规模圈占有主田地，仅此一次，满洲贵族便在京畿38个府州县圈占992217垧土地。那么，这近100万垧土地上原有汉人田主的命运又如何呢？是投充为奴，还是沦落他乡、流离失所？清政府并没有对他们做过妥善安排，官修史书上也绝不会对他们的命运记上几笔。但，有一点可以肯定：他们的境遇绝不会比英国"羊吃人"圈地运动中破产流亡的农民们更好，只会比那更悲惨。

八旗贵族将圈占的土地一部分作为畋猎、放鹰、往来下营之所，更多的还是被用来安置庄头，迫使农奴在庄田耕作，把满洲贵族在关外所实行的农奴制生产关系强行楔入经济形态先进的华北地区，这不能不说是历史的倒退。民众被迫离开家园，失去了昔日的衣食之源，加重了社会的动荡不安。当时人所记的情形是：田地多占，妇子流离，哭声满路，迁徙流离，深为可忿。许多人铤而走险，揭起反清义旗作拼死一搏。摄政王多尔衮是个极善权术的聪明人，面对人民群众的激烈反抗，他不得不采取措施试图缓解矛盾。顺治二年（1645）二月，他作了一番堂而皇之的许诺："令户部传谕各州县有司，凡民间房产有为满洲圈占，兑换他处者，俱视其田产美恶，速行补给，务令均平。"然而，这只不过是一番口惠而实不至的托词与空言，实际情况与之相距万里。顺天巡抚傅景星就曾上奏说：虽言视田产美恶补给旧主，务令均平，但兑换给原田主的都是碱薄屯地，而赋税却照原来的膏腴之地负担，以致有地不如无地。清初的地方志中也留下了"圈则倍占，退仅虚名"的记载，当反映了这段历史之现实。摄政时期负责拨补被圈田产的地方官吏极不认真，仅奉行故事而已。正如《庆都县志》中所说的那样："其被圈之地拨附近军地补还，无如奉行者草率从事，止提薄上之地，希完拨补之局，遂使良法美意不获实及。是被占者不毙于圈占，而毙于拨补也。"可见，多尔衮摄政时期的圈地归纳起来似乎应有以下几个特点：其一，圈占时令下必行，拨补时仅虚应故事；其二，圈占者多为膏腴之田，拨补者尽是卤碱不毛之地；其三，地被圈，田赋犹存，且要以膏腴上田则例纳粮于原地。这几点，写起来是那样的轻松，但当我们将它们反射回历史现实的时候，看到的却是一场多么惨不忍睹的历史景象呀！

据清初档案史料记载：新城县于顺治四年（1647）被圈占土地8万余垧，从乐陵补还6万余垧，从庆云补拨1万余垧，直到顺治六年（1649）还有6000余垧未能补足。而拨补过来的土地不是老荒，便是不毛之薄碱，"士民见兑地荒芜，即卖男鬻女为耕种之资，何资可凭？何策可种？似此久荒之地，势必不能开垦，抛地泣天而逃十之八九"。地薄而赋重，无田胜似有田。由此，我们也不难看出何以"民生之多艰"了。

令下必行，雷厉风行的圈占；有名无实，虚应故事的拨补，使得京畿近地之田悉圈赐八旗勋戚，各委庄头督之。汉人颠沛流离、远走他乡者不可胜数。整个香河县仅存汉人812人，又皆零替失业苟活，贷食于庄头者。香河知县丘应登视事未久竟怆然喟叹："长此不已，汉有孑遗乎？"对此，一些清廷官员也感到过意不去，目不忍睹，一位姓崔的御史便上疏痛陈圈地之害，以为其扰民最甚。而多尔衮却批示道："满人入来已二载，即有资橐，亦已用讫，若不圈田，何以为生？岂汉人该丰衣饱食，而满人该饿死耶！"充分暴露了满洲贵族征服者、掠夺者的蛮横面目，根本不顾及汉民的生活，也表现了多尔衮思想的狭隘一面。

当以摄政王为首的满洲贵族掠足了土地，且形势表明他已无力把圈地推向全国时，多尔衮又假惺惺地对过去所为作了一番反省。顺治四年（1647）三月又谕令户部：

> 数年以来，圈拨地产，实出于万不得已，非以扰累吾民也。今闻被圈之民，流离失所，煽惑讹言，相从为盗，以致陷罪者多，深可怜悯。自今以后，民间田屋，不得复行圈拨，著永行禁止。

又是一番口惠而实不至的许诺。"永行禁止"是骗人的，实际上从顺治四年（1647）三月至顺治七年（1650）末多尔衮死去，小规模的圈地仍在进行。就是到了福临亲政和康熙初年鳌拜专权时，都曾掀起了大规模的圈占狂潮，始作俑者就是"德高功劭"的摄政王。

研究摄政时期的圈地，不得不涉及圈房，可以说摄政时期的圈房是圈地的前奏曲。顺治元年（1644）五月多尔衮进入北京后，马上宣布以京城房屋之半屯驻八旗军兵，尽驱居民出城。以南城为民居，尽圈东城、西城、北城、中城为营地。左翼：镶黄旗在安定门内，正白旗在东直门内，镶白旗在朝阳门内，正蓝旗在崇文门内；右翼：正黄旗在德胜门内，正红旗在西直门内，镶红旗在阜城门内，镶蓝旗在宣武门内。限令居民在五月十一日前移出。"限期既迫，妇子惊惶，扶老携幼，无可栖止。前三门城门，皆经烧毁，以木撑闸板，距地三尺许，必伛偻而后得过。男妇拥集，肩背摩击，失足仆地，践踏立毙。既而人多木倾，闸板下坠，压死又数十人。其得出者，皇皇无归，饥寒交迫，一路米豆抛撒，滑不受步，倾跌接踵，哭声振天。妇女怀抱婴孩，力不能支，辄弃城壕中，伤心惨目，不可具述。"这便是我们的传主进入北京后的第一"仁政"，它的发展便是前面所述的圈地。

通过圈房、圈地，摄政王多尔衮为八旗王公、将士解决了住房和庄园。而八旗王公的庄园耕种和日常服侍还需要大量的劳动人手，解决这个问题的办法，便是与圈地俱来的投充和约束、惩治投充人役逃亡及窝逃之家的逃人法。《清史稿》载："汉民有愿隶八旗为奴仆者，谓之'投充'。"投充者由于不堪忍受主人的虐待，往往逃亡，自此清政府又颁行了约束、惩治奴仆逃亡的"逃人法"。投充的情况比较复杂，大致可区别为以下三种：一是个别的汉族地痞恶棍为寻求保护自愿投充旗人；二是土地房屋被圈占、生活无着的汉民，走投无路投充旗下；三是部分拥有土地的汉族农民（包括部分中小地主）被逼勒投充旗下。三种投充虽有差别，但大前提是相同的，即投充前的汉人，都是身份自由的有地或无地农民。投充后地位一落千丈，变成了八旗王公将士的奴仆。从这方面讲，对绝大多数人来说，投充并不是心甘情愿的举动，而是被逼无奈的选择。

对此，多尔衮也多加掩饰。他在下达给户部的令旨中，将汉民被逼投充旗下为奴，说成是"为贫民衣食，开一生路"，并假惺惺地严禁逼勒投充，俨然将自己打扮成救苦救难的菩萨，而根本回避了逼勒投充居多这一历史事实。实质上，逼勒投充是满族社会农奴制庄园经济的必然产物，是与圈地同时展开的对汉族民众田产财富的疯狂掠夺。从多尔衮下发给户部的令旨看，他对投充的各种情况都是很了解的，他赞同自愿投充，同时声言允许被逼迫投充者首告。奇怪的是，在摄政时期的历史资料中俯拾可见惩治逃人及窝逃人家的案件、法规，却不见投充者首告旗人威迫投充的记载。可见，多尔衮正是在自愿投充的幌子下纵容八旗贵族侵吞汉族人民的土地的。

满洲贵族、将士通过圈地、投充掠夺汉族人民土地的数量是惊人的。汉族人的田产庐舍变成了满人的产业，汉民自身变成了满人的奴仆，投充者免去的丁徭田赋又转嫁到其他未投充的汉族人民头上，使民生更加多艰。可见，圈地、投充就是用暴力掠夺汉族人民的田产，就是用暴力强制汉人给满洲贵族当奴婢、种地和当差纳粮。对于汉族人民的不满与反抗，多尔衮则凭借手中生杀予夺的大权进行严厉镇压，顺治五年（公元1648年）时，周公燮、高清甫等人就被加上"讹噪抗粮"的罪名，砍头弃市。尽管如此，饱受劫掠之苦的广大汉族人民反对逼勒投充的斗争却从未停歇。

为缓和民众的反抗情绪，安定京畿地区的社会秩序，多尔衮曾经许诺：

> 京城内外满洲人等，凡恐吓民人、逼勒投充为奴者，许令本人赴
> 部告理或赴五城御史及顺天府衙门控诉，转送尔部，治以迫胁之罪。
> 距京城三百里内外庄头人等，有逼勒投充为奴及将工匠逼胁为奴者，
> 道府州县官审明，即将受逼之人释放。如有庄头及奴仆人等恃强不从
> 者，该道即行拿解尔部，审明定罪。

这是多尔衮在日益高涨的反清情绪与斗争中，为缓和矛盾、安定社会秩序、消弭汉人的反抗斗争而颁发的禁止逼勒投充的文件。该文对包括多尔衮在内的满洲贵族毫无约束作用，直至顺治四年（1647）三月，多尔衮再次下令投充一事永行停止时，才有见效。之所以要永行停止投充一事，是因为旗下多一投充，则皇家少一土地民人，减户口而亏赋税。由此观之，下达这个命令仅是为了协调八旗贵族同清王朝封建国家在财产（包括投充人役）再分配中的矛盾，绝不是要保护汉族民众的利益。在此命令之后，可能大量逼迫汉民投充旗下为奴的事情相对减少了，但要杜绝是绝对办不到的，多尔衮本人即凭借自己的特权广招投充，数量之多是令人瞠目的。顺治八年（1651），多尔衮刚刚去世不久，清王朝统治阶级内部掀起鞭挞其生前罪恶的一场政治斗争，多尔衮被追夺王爵，家财亦被抄没，《清实录》中披露了多尔衮家族收纳投充人役的数字，仅从其中所记的两次来看，就收纳投充人役 1480 名之多，而且被逼投充者多是"房地富厚之家"，其从中所获的资财也绝不会少。"上梁不正下梁歪"，多尔衮本人竟是如此贪得无厌，他的停止投充的命令又怎么是真，又怎会得到

认真执行呢?

摄政时期投充汉民的大规模逃亡和逃人法的严厉实行,从另一个侧面证明了停止投充的命令纯系具文,也说明"自愿投充"是骗人的谎言。

满族在入关前虽已进入了封建社会,但仍保留了浓厚的奴隶社会乃至原始社会的残余。明天启、崇祯年间,满洲贵族军队曾多次破边墙攻入内地,抢掠了数以百万计的人口,分给八旗贵族将士为奴,在拖克索(农庄)中维持着农奴制剥削关系。入居中原后,在京畿地区圈占了汉族居民大量田地,并胁迫大批汉民投充旗下,将落后的农奴制生产关系强行楔入中原地区。投充汉民在庄园中劳作,成为旗下奴仆,与满洲贵族结成主仆关系,他们的身份低于平民,没有完全的人身自由,没有独立的经济地位,不仅本身受虐待遭凌辱,且世世代代子孙也要谨遵主仆名分,供满洲贵族驱使。

逼勒投充旗下的汉民忍痛受辱,过着非人的生活,主子不给饭吃,不给衣穿极为常见。一些八旗王公将士为了满足他们奢华的生活,除了压榨投充奴仆的膏血外,有时还利用投充的汉人替他们经商赚钱。李炳、李冲便是被主人利用来经商的投充汉人,他们每月要向自己的满洲旗人主子交纳月钱银12两。生意好时,尚可支付;生意不好时,无力交纳,只得被迫将房子典卖与主子交纳月钱,以致无栖身之地。旗下投充的奴仆,所生子女仍是奴仆,称"家生子"。"家生子"不许私自嫁娶,如有私自嫁娶者,嫁女的、娶亲的、做媒的,都要被主子处以鞭责、罚款。旗下投充奴仆还可以作为一种商品在旗内买卖,据谈迁目击:北京顺承门内大街就有将奴仆与马牛羊丛杂出售的人市。更有甚者,主人杀死奴仆不用偿命:正白旗满人明安纳,有一投充奴仆名邵二,一日两人不知何故发生口角，争执起来，互不相让。明安纳一时火起，持刀将邵二戮伤三处而死，而官府仅裁定将明安纳鞭一百，将邵二妻断出明安纳家便算了案。显而易见，汉民投充旗下，便是投入火坑，生活、财产、生命均无保障，世代为奴，供满洲贵族驱使，甚至过着猪狗不如的生活。绝不像摄政王多尔衮所花言巧语的那样是"为贫民衣食，开一生路"。投充旗下的汉民要摆脱悲惨命运，只有逃亡，舍此，别无他途。

对付投充汉民的逃逸，多尔衮的办法就是反复重申、严厉执行入关前便已实施的逃人法。顺治元年（1644）八月，多尔衮下令编置里甲制度，规定"凡遇盗贼、逃人、奸宄窃发事故，邻右即报知甲长，甲长报知总甲"，层层上报，隐匿不报者，一体治罪。摄政王多尔衮把逃人与盗贼、奸宄相提并论，足见对逃人问题的重视。当然，这个时候，圈地和投充尚未大规模展开，所以逃人主要是指满洲贵族从辽东携来的奴仆，即所称"东人"。谈迁在《北游录》中记载："国法禁隐匿东人，如犯者，家徙满洲，籍其产给告讦者，邻右十家论如之。"处罚是相当严厉的。自从顺治元年（1644）十二月圈地和与之同来的逼勒投充大规模地展开，逃人日众，摄政王多尔衮在顺治二年（1645）三月下令：投充旗下之民有逃走者，逃人及窝逃之人、两邻、十家长、百家长，都照逃人定例治罪。这是多尔衮对旗下投充汉民逃亡所做出的反应。尽管惩处极重，但投充汉民仍不断逃亡，因为生活备受凌虐，甚至生命都无保证，只有逃走才有一线生机。到这年五月，只此数月间，逃人竟已达数万之多，成为多尔衮及满洲诸王最为搔头难解的忧虑。因为这是与八旗王公重臣，也是与多尔衮本人利益息息相关的大问题，不能不引起摄政王的高度重视。他立即谕兵部：

"隐匿满洲家人，向来定拟重罪，朕心不忍，减为鞭笞。岂料愚民不体轸恤之心，反多隐匿之弊，在在容留，不行举首。"要求兵部对"逃人"一事作出必要的更加有效的措施。不久，兵部依谕拟定新例，并获准实施：

> 隐匿满洲逃人，不行举首，或被旁文讦告、或察获、或地方官察出，即将逃匿之人及邻右九家、甲长、乡约人等提送刑部勘问的确，将逃人鞭一百，归还原主。隐匿之人，从重治罪，其家赀无多者，断给失主；家赀丰厚者，或全给或半给，请旨定夺处分。首造之人，将本犯家赀三分之一赏给，不出百两外；其邻右九家、甲长、乡约各鞭一百，流徙边远；如不系该地方官察首者，其本犯居住某府某县，即坐府州县官以怠忽稽察之罪，降级调用。

摄政时期的逃人法令始终贯穿着这样一个原则：重惩窝主，轻惩逃人。这种轻惩逃人是相对于惩治窝逃者而言的。初时，逃人一次拿获者，鞭一百后送归原主；二次拿获，方才处死，后来竟又改为三次拿获方才处死。对逃人的惩治之所以越来越轻，是因为逃人毕竟是主人的奴仆、财产，轻易处死，虽有利于禁戢逃人，但对八旗王公、将士来说，无疑也是一种财产上的损失。既要禁戢逃人，又要保障满洲贵族财产少受损失，万全之计自然是重惩窝逃者了。窝逃者本人不仅要从重处分，且窝逃者之九邻、甲长、乡约及地方官都要被株连受处罚。

顺治三年（1646），山东平度州王大成之父王木匠携带妇女史氏从旗下逃出，隐匿于王大成家中，事觉报官。摄政王多尔衮亲自批复：王大成就地处斩，其母、其弟没官发旗下为奴，家产抄没；其父王木匠及史氏各鞭一百，归还原主；邻居九家及百户长子流放。顺治四年（1647）七月，山东定武被掠之人王大，从旗下逃回家中隐匿，被官府查获。70多岁的老父王三位被砍了脑袋，王大仍发还原主。

摄政时期的缉捕逃人尤其是重惩窝逃的法令，给社会带来巨大的骚动与不安。缉获逃丁一人，必牵连一二十家，甚至五六十人，因此倾财者不计其数。逃人经过之处，哪怕只吃过一顿饭，睡过一宿觉，都要追究明白，广为牵连，四方邻里皆受其苦。最为有意思的是，凡抓获逃人先解典史供录，然后解县。到了县里后，县官对旗人的私产——逃人视若长上，不敢稍加呵斥，只好严讯受株连之人，夹者夹，打者打，监禁者监禁，毫不留情。更有甚者，一些方吏狱卒更胁迫逃人坑害殷实之家，从中攫取财货。于是，竟出现了逃人高坐狱中胡言数语，而墙外因此家破人亡者却不知多少的滑稽而又凄惨的场面。一些满洲贵族更有意纵放自家投充奴仆逃去，辗转株连，以便从中攫夺窝主之家资。正像清初官员魏琯所说的那样："逃人日多，以投充者众。本主私纵成习，听其他往，日久不还，概讼为逃人。逃人至再，罪止鞭百，而窝逃犹论斩，籍人口、财产给本主。"纵逃索资，真不失为满洲贵族的又一生财之道。

清初谈迁在《北游录》中记述了这样一件事情：德州有位诸生叫李辉，家中很富有，他曾经买了一个9岁的幼女为侍女。后来，这一幼女之父投充满洲旗下，其主人得知其女在李辉家中为侍女时，不禁顿生歹意，以为李辉富有可以胁迫获财，几次要挟，可李辉均不为所动。于是，便以窝逃罪告到了官府。

地方官府几经审理，终搞清了真相，判李辉无罪并上奏定夺。而议政王会议却坚持要办李辉的罪，并声称若放弃对李辉的惩处，便是助逃，要严加治罪。在议政王会议的威逼下，地方官无奈，只好屈打成招，将李辉流放宁古塔，家产全部由告讦者所有。

多尔衮摄政时期，在被其征服的广大地区强行推行剃发、易服、圈地、逼勒投充和缉捕逃人的政策，这是清王朝实行文化心理征服和经济掠夺的五大恶政，这些政策的执行，侵害了广大汉族民众的利益，加剧了社会与民族矛盾。对这五项政策，不少身在庙堂的汉族官员也无法理解，他们纷纷上疏，请求放宽政策，而多尔衮则悍然下令"凡为剃发、衣冠、圈地、投充、逃人牵连五事具疏者，一概治罪，本不许封进"。像孔子苗裔孔闻谟因请求其宗子衍圣公留发复汉族传统衣冠，而获罪清廷，严饬罢官。广西巡抚郭肇基因擅带逃人，竟被处死并抄没全部家产。早年有航海投诚之功，对清初征服战争有鞍马殊勋的靖南王耿仲明因属下隐匿逃人，受到多尔衮的严词斥责，不得不引咎自裁。满洲贵族的利益是不容许侵犯的，"首崇满洲"是不可动摇的。

五、掳掠、屠城与社会矛盾

1644 年的清军入关，不同于以往任何一次。以往入关时清军的直接对手是朱明王朝，这次入关的直接对手却是大顺农民军；以往入关是破墙而入，而这次入关却是吴三桂开门迎降；在以前历次入关袭掠的军事活动中，以掳掠人口、牲畜、财物为目的，这次入关却旨在入京畿站稳脚跟并求得更大的发展；过去入关掳掠屠杀，在中原汉族人民的心目中留下了可憎的形象，此次如不改弦易辙，继续执行掳掠屠杀政策，势必无法在北京站稳脚跟，更无法实现更深一层的目的。种种的不同，似乎使野蛮的八旗劲旅刹那间文明了许多，也更成熟了许多。于是，以往的掳掠之暴便变成了现在的"吊伐之仁"。

摄政王多尔衮率军进抵山海关外西拉塔拉地方，复吴三桂书云："予闻流寇攻陷京师，明主惨亡，不胜发指。用是率仁义之师，沉舟破釜，誓不返旆，期必灭贼，出民水火。"并要求清军：勿杀无辜、勿掠财物、勿焚庐舍，甚至动人一株草、一颗粒便以军法处死。单从这些政治宣言来看，人们或许真的相信多尔衮率领的清军是吊民伐罪的仁义之师。然而，清军入关后的实践证明，这只不过是多尔衮为争取汉族官僚士大夫的支持与合作，减少进军阻力所作的政治宣传罢了。当清军在北京站稳了脚跟，在山东、山西、河南、河北取得了初步统治权后，自以为兵强马壮，取天下易如反掌，便扯破了吊民伐罪的假面，现出了征服者的本来面目。

多尔衮摄政时期，似乎对军队管束颇严，秋毫无犯。实际上，只不过是比以往历次入关的大规模掳掠杀戮收敛了许多，至于清军将士和旗下厮养抢掠粮食、草束和其他物资依然是司空见惯的事。顺治二年（1645）监察御史傅景星在其所上的揭帖中便记录了满洲官兵、庄头在易州、涞水地区抢粮、抢草、抢衣服，甚至弄出人命的事实。可见，官修史书中的"秋毫无犯"着实言过其实，确有掩饰之嫌，而多尔衮"勿掠财物"的许诺更是根本靠不住的空言。然而，上述揭帖中所记载的清军小规模的抢掠活动，比起下江南后的大规模屠城、掳掠来，却又着实是小巫见大巫了。

顺治元年（1644）十月，多尔衮分遣其同母兄弟阿济格、多铎率领两支清军向据守陕西的大顺军和据守江南的弘光政权发起进攻，在这西征南讨过程中，只要稍遇抵抗，便不问青红皂白肆意屠杀，祸及无辜百姓，演出一幕幕"扬州十日""嘉定三屠"等惨绝人寰的历史悲剧。

顺治二年（1645）四月，清军兵临江北重镇扬州城下。南明大学士督师史可法筹饷治械，以赤诚的爱国精神感召军民婴城固守，坚拒清和硕豫亲王多铎的诱降，至城破被执，实现了他"城存与存，城亡与亡，我头可断，而志不可屈"的以身许国的宏愿。恼羞成怒的清军痛恨扬州人民的反抗，更贪恋扬州的财富，从四月二十五日起，下令纵兵烧杀屠掠 10 天，然后封刀，制造了骇人听闻的扬州惨案。据当时身陷扬州、目击其惨祸的王秀楚记载：满洲"一卒提刀前导，一卒横槊后逐，一卒居中，或左或右以防逃逸，数十人如驱犬羊。稍不前，即加捶挞，或即杀之。诸妇女长索系颈，累累如贯珠，一步一跌，遍身泥土，满地皆婴儿，或衬马蹄，或藉人足，肝脑涂地，泣声盈野。行过一沟一池，堆尸贮积，手足相枕，血入水碧赭，化为五色，塘为之平"。五月初二，"谕各寺院僧人焚化积尸"，"查焚尸簿载其数，前后约计八十万余，其落进投河、闭户自焚及深入自缢者不与焉"。五月初四，"天始霁，道路积尸既经积雨暴涨而青皮如蒙鼓，血肉内溃，秽臭逼人，复经日炙，其气愈甚，前后左右，处处焚灼，室中氤氲，结成如雾，腥闻百里，盖此百万生灵，一朝横死，虽天地鬼神，不能不为之愁惨也"。这就是血雨腥风的"扬州十日"。

顺治二年（1645）六月中旬，清军攻下常州、无锡，二十四日清廷派遣降清明官方亨为江阴知县。方亨抵达江阴后，宣布清朝命令：清查城内户口，禁止民间私藏兵器，强迫军民降清剃发。强迫剃发，激起了江阴人民的不满与愤怒。因此，闰六月初，江阴居民自发集会于城内明伦堂，杀掉方亨，发出"头可断，发决不可剃"的誓言，公推本县主簿陈明遇为领袖，发动抗清斗争。陈明遇举荐具有军事才能的前任典史阎应元为城主，筹划城市防务。市民们修工事、集军粮，商人们捐献军饷，团结一致，组成了一支坚强的抗清队伍，坚持作战81天，阻止了数十万清军的前进。八月二十日，清军调来西洋大炮轰城，城破，阎应元、陈明遇壮烈牺牲。清军占领江阴城后，下令屠城，直至满城杀尽，方始封刀。全城人民咸以先死为幸，无一人顺从者。清军对手无寸铁的城内居民大砍大杀3天，到二十三日为止，小小县城内被杀者竟达17.2万余人，仅存未死老幼50余人。回想当年江阴城破之日，真叫石人垂泪，铁汉心折！

顺治二年（1645）六月，清军逼近嘉定县城，城中居民公推明朝进士黄淳耀、侯峒曾为城主，驱逐清朝派来的知县张维熙，掀起了抗清自卫斗争。但众寡悬殊，又无外援，致使嘉定城六、七、八月连续三次被清军攻克，无辜居民惨遭三次杀戮，几无存者。当时人朱子素所录六月的一次屠城，足以使人毛骨悚然，悲愤难当。六月二十六日辰刻嘉定城破，清军"下令屠城，约闻一炮，兵丁遂得肆其杀戮。家至户到，小街僻巷，无不穷搜，乱苇丛棘必用枪乱搅，知无人然后已。兵丁每遇一丁，辄呼蛮子献宝，其人悉取腰缠奉之，意满方释；遇他兵胁取如前，所献不多，则砍三刀，至物尽则杀。故僵尸满路，皆伤痕遍体，此屡砍使然，非一人所致也。予邻人偶匿丛篠中得免，亲见杀人情状，初砍一刀，大呼都爷饶死，至第二刀，其声渐微，已后虽乱砍，寂然不动。刀声砉然遍于远近，乞命之声，嘈杂如市，所杀不可计。其悬梁者、投井者、断肢者、血面者、被砍未死手足犹动者，骨肉狼藉，弥望皆是；投河者亦不下数千人。三日后，自西关至葛隆镇，浮胔满河，舟行无下篙处，白膏浮于水面，岔起数分。妇女寝陋者一见辄杀，大家闺秀及民间妇女有美色者生虏，白昼于街坊当众奸淫。"这就是多尔衮"仁义之师"的所作所为。

顺治三年（1646）清军攻金华，从省城调来大炮，城破之后怀着切齿仇恨烧毁、抢劫了城市。清军攻下福建建宁，杀3万余人，犹未满足，一把火把这座城市变成了灰烬。顺治七年（1650）十一月，清军攻下广州，屠杀掳掠长达10日之久，不论男女老幼，一律杀死，仅这10天，便屠杀了10万余人。

顺治五年（1648）正月，郑亲王济尔哈朗率清兵攻下湖南湘潭，下令屠城，从十一日开刀起，屠至二十六日封刀，二十九日方止。当时一个逃到乡下的文人，半个月后入城看到的却是一幅惨绝人寰的情景："近前则足软，欲退又不能。魂飞魄散，心胆俱寒矣。时血迹尚鲜，腥臭逼人，立身无地，有食亦不能下咽。但见尸首纵横满地，惨不可言。""市上人民不上二三十人，城中不满百人，受伤未死者数十人。"

简单的数字罗列是枯燥的，但在这数字之下所显现出的，却是令人心悸、目不忍睹、思不愿及的惨景。或许有人会问：这些屠城活动都是清军将领指挥干的，"将在外君命有所不受"，这又与多尔衮有什么关系呢？恐怕稍有历史常识的人都会想到，多尔衮应是这些惨案的最主要责任者。不是吗？大家知道，自满洲贵族入居北京，冲龄幼帝不能亲政，摄政王多尔衮俨然太上皇，出师作战已不躬亲，但军国大计皆由其敲定，诸将在外的活动皆循其谕令而行。顺治五年（1648）十一月，大同总兵姜瓖举兵反清，清军的调动、部署皆由他亲自筹划，到顺治六年（1649）八月二十八日，姜瓖部将杨振威等人杀姜瓖并其兄姜琳、弟姜有光降清，大同的军事对立已经解除，而摄政王多尔衮却明确指示和硕英亲王阿济格：

> 斩献姜瓖之杨振威等二十三员及家属并所属兵六百名，俱著留养，仍带来京。其余从逆之官吏兵民尽行诛之。将大同城垣自垛撤去五尺。

可见，虽史无明载，但多尔衮对屠城一事不仅知晓，可能还有所指示，即使没有，其罪仍不可恕。清初的一统天下，多尔衮的混同华夏，是建立在众多无辜民众的累累白骨之上的。

清军在征服全国的过程中不仅血腥屠城，而且肆意抢掠子女玉帛。对此，清朝官员十分隐讳，避而不言，似乎杳不知情。但对于掳掠人口之事，不仅他们知晓内情，甚至本身便是执行者和受利者，就连摄政王多尔衮也不会毫无知晓的。《清实录》中就记载有清廷将掳掠来的人口、财物分赏给有功将士的诸多史料，没有多尔衮这位大清无冕之王的认可，谁又敢如此大胆，私分劫掠之财货呢？关于如何处理掳掠人口，顺治二年（1645）三月，摄政王在给户部的指示中作出了明确规定：出征所获之人民，如有情愿入满洲家者，可赴部禀明。看起来似乎平等、自愿，实质上却是鼓励满洲将士劫掠的温情脉脉的谎言。

既然有了摄政王的许诺，清军在攻克扬州之后更大肆抢掠人口。进入南京后，"每日见扬州掠来的妇女进城，一阵数十，后面满兵持皮鞭赶着，打得可怜，就似赶猪一样"。"秋间，洪承畴来换豫王进京，将掠的妇女年十四五以上、三十以下，不胖不瘦的带有数百去。"难怪顾亭林会有"北去三百舸，舸舸好红颜"的悲叹。

清军抢掠的大量妇女，通过户部统一分配，有的分给八旗满洲，有的分给八旗蒙古。她们的命运又如何呢？是否像昭君、文成那样过着钟鸣鼎食的生活？无须多言，回答自然是否定的。明朝降清官员方拱乾被充军到宁古塔，他在《宁古塔志》中记载了分给八旗满洲的汉族女子的悲惨生活：

> 宁古无闲人，而女子为最。如糊窗则槌布以代纸，烧灯则削麻肤糠以代膏，皆女子手。不碾而舂，舂无昼夜，一女子舂不能供两男子食。稗之精者至五六舂。……舂余即汲，霜雪，井滑如山，赤脚单衣，悲号于肩担者不可纪。皆中华富贵家裔也，伤哉！

康熙年间从征噶尔丹的余寀亦有段文字，描绘了分赐八旗蒙古的汉族妇女命运：

> ……又十五里至土城，平原大川，周四山，宽数十里，篱落五六处，耕牧为业。附近内八旗蒙古，其中多有明末山左被虏人。一老妇衣百片破羊皮，披发跣足，走帐前乞食。初视之，如脱来丰都城内

鬼。熟察其音，则知为扬州人，年八旬余矣。何自至此，不忍问。与
之食，使去。

摄政时期的清军，除在军事行为对立刚刚结束后大规模掳掠妇女外，在没
有军事行为对立时也擅掠无辜居民，甚至乡屯散居之人也被掠去为奴。北直隶
沧州韩家庄周建名妻子在李村亲戚家偶住时，被满兵拿入营中，逼勒做了镶蓝
旗胡世他牛录下傻赖家人。顺治三年（1646），清军逼近钱塘，文学康某之妻
吴芳华，新婚方三月，于道路被清军所获，赏给正黄旗下尤某，挟之北去，吴
芳华赋诗一首，读之令人怅然涕下：

> 胭粉香残可胜愁，淡黄衫子谢风流。
>
> 但期死看江南月，不愿生归塞北秋。
>
> 掩袂自怜鸳梦冷，登鞍谁惜楚腰柔。
>
> 曹公纵有千金志，红叶何年出御沟。

秦淮难女宋蕙湘亦有与吴芳华同样凄惨的命运，被掠获分给镶黄旗下，她
在被挟去北、过卫州时写下《题卫州旅壁》云：

> 盈盈十五破瓜初，已学明妃别故庐。
>
> 谁散千金同孟德，镶黄旗下赎文姝。

明清鼎革，社会动荡，有多少无辜汉族女性被满洲贵族军队肆意掳掠，她们被分在满洲、蒙古旗下，身在塞外边陲，或为奴，或为妾，过着非人的生活。思乡不得归，念亲不能见，含辱忍垢，骨埋沙丘。

百姓何辜？居民何罪？竟遭多尔衮"吊民伐罪"的"仁义之师"如此残暴的屠杀、掳掠、污辱、作践！原来，摄政王多尔衮的"仁义"二字，在背后却是"野蛮""残暴"的同义词。

摄政时期，多尔衮为首的满洲贵族及其军队显然处于征服者的地位。在他们看来，一切妨碍其征服全国的群体，都被视为自己的敌人。早在努尔哈赤时期，就开始把朱明政权视为主要敌人。皇太极时期，清军控制了辽南和几乎整个辽西走廊，给朱明王朝沉重的打击。多尔衮摄政时期，为了彻底孤立、削弱朱明王朝并最终消灭之，曾以"倘混一区夏，富贵共之"为条件，拉拢大顺军进取北京。顺治元年（1644）四月清军誓师南下，仍以朱明王朝为主要攻击对象，目的在于抢在农民军之前占领北京。只是在向山海关行进途中得知李自成已经进入北京，推翻明王朝，建立了政权时，多尔衮方认识到原来的敌人已不复存在，而原来自己想拉拢的农民军，反倒成了清军此行的主要敌手，实现了清朝与明争天下"实与流寇角"的认识转折。这告诉人们：多尔衮是把任何政治势力在北京建立的政权都视为其争取天下的对手，要予以消灭的。他向大顺军发起围剿，并不是要镇压农民起义，而是要从其手中夺取天下。有人认为清军伐明是对明朝对其实行的压迫政策的正当抵抗，果如此，那么这种抵抗就应该有一定的时间、空间的限定。当清朝的疆界已向明朝大幅度推进、占领了全辽，并且自己抵抗的对象已不复存在，是与清方始终没有直接冲突的农民军控制着北京时，多尔衮就不应率军入关，而应留在辽东，与农民军相安无事了。然而，多尔衮还是急如星火地率军奔袭北京，这就说明清军入关完全出自政治征服的目的。

多尔衮进入北京后，一直是把农民军和南明政权同等对待，均视为敌对势力的。只是对各方的实力、情况不完全明了，才略施权谋，搞了一通"吊民伐罪"的虚假宣传，隐蔽起政治征服者的本来面目，用以破坏或推迟农民军与南明政权抗清统一战线的形成。满洲贵族作为政治征服者的面目并没隐蔽多久。顺治元年（1644）七月二十六日，在多尔衮致史可法的信中，便指责弘光政权"拥号自尊，便是天有二日，俨为敌国"。同年十月，摄政王多尔衮命英亲王阿济格为靖远大将军，统军攻打大顺农民军；命豫亲王多铎充定国大将军，率军征伐江南，拉开了全面政治征服的战线。然而，抗清的统一战线并没有马上形成，因为要使农民军与南明政权联合抗清，完成这一历史转变是需要时间和条件的。对于双方来讲，17年你死我活的大搏斗已经种下了深刻的仇恨，一时很难和解。尤其大顺农民军推翻了朱明王朝，"国破君亡"的仇恨刻骨铭心，有些竟幻想"借虏平寇"。当清军突驰猛进之时，南明政权和一些地主武装仍与农民军有局部冲突和战斗。

但是随着满洲贵族对中原地区的征服与各地人民反征服斗争的深化，在生死存亡的关键时刻，农民军将领郝摇旗、刘体纯、高一功、李过等不得不尽弃前嫌，向南明政权伸去联合之手，结束了双方近20年的武装对抗，在特定的历史条件下以不同程度和方式实行了长时期合作，揭起了"反清复明"的旗帜。上自朱明宗姓、官僚将帅，下到缙绅商贾都以各种方式投身到抗清斗争中来，甚至降清的故明悍将李成栋、金声桓、姜瓖、刘良佐等也反戈抗清。江南士大夫阎应元、黄淳耀、侯峒曾、王翊、华夏、陈子龙、夏允彝、夏完淳等数不清的仁人志士，纷纷以身殉难。甘肃的回民，广西、云、贵的瑶、苗、壮民，新疆的维吾尔族人民也都纷纷起义，反对清朝的政治征服。如果不是摄政时期社会矛盾空前尖锐，有谁会有如此巨大的号召力，能掀动如此广泛、如此声势浩大的抗清斗争！如果不是多尔衮征服恶政的刺激，大顺军、大西军的将士又怎么能联合在一起，提出并接受"反清复明"的口号！

在统治阶级内部展开的政治斗争，也受到这些矛盾因素的影响。降清汉官中发生了南北党争，御史吴达、王守履、李森先、邓孕槐、罗国士，给事中许作梅、杜立德、庄宪祖等在顺治二年（1645）先后交章弹劾冯铨、冯源父子及孙之獬索贿受贿等种种贪赃枉法行为，言之凿凿，证据可靠，可是摄政王多尔衮非但没有发落冯铨等人，反而把李森先等免官治罪。原因就是冯铨父子死心塌地效忠清朝，孙之獬在众人未剃发之先即行剃发，并且全家老少俱改满族衣装，是满洲贵族征服政策的坚定支持者。仅此一点，便决定了多尔衮在南北党争中要向北党倾斜。

实际上，从清军进入北京起，北方人民的抗清斗争就没停止过。顺治元年（1644）五月，河北三河人民首倡义举，掀起抗清浪潮之端；接着，昌平州人民起义，红西口、天津一带人民纷纷响应，威胁京畿近地，多尔衮派遣固山额真巴颜、李国翰、石廷柱等统兵攻剿。同年十一月，高密人张舆又举兵抗清，称总镇大元帅，保定、真定、霸州等地人民也乘机而起，四处袭击清军，出现了"盘踞险要、赋税不供、招纳亡命""吏不敢问"的局面。顺治元年（1644）

八月，当大顺军将领刘体纯率兵攻击大名、固关时，这一地区农民"倚山踞寨"纷纷响应。大名、内黄一带农民占据县城，与山东、河南农民军相联系，几成燎原之势。到顺治二年（1645），河北的饶阳、交河、保定、曲阳、定兴、平山、南宫、承德等地民众相继发动起义，抗击清军。山东兖、沂、邹、滕一带抗清义军多达数十支，最大的达数万之众。著名的满家洞义军聚集数万人，界连四县，穴有千余，周回二三百里。自顺治元年七月间举义抗清，清廷曾多次派兵围剿，但义军忽聚忽伏，搞得肃亲王豪格、饶余贝勒阿巴泰十分头疼。鲁东地区的农民义军，在顺治元年秋于青州杀掉清朝招抚使，登州、莱阳各府民众纷纷响应，声威所及，直达东海，顺治二年又攻克高宛、长山、新城等县城。鲁西曹县一带的榆园军，原是一支坚强的反明农民义军，当清军占领北京时，马上转入抗清斗争，成为鲁豫冀三省交界地抗清的中坚力量，就更是人人皆知的了。山西、陕西是大顺军的根据地，顺治二年春，大顺军被清军击溃，撤离山、陕，但广大人民并没有屈服于满洲贵族的政治征服，各地民众不断起义，掀起了抗清斗争的高潮。

河北、山东、陕西、山西、河南等北方数省的抗清斗争，参加者的阶层是广泛的。清山东巡抚方大猷在上奏朝廷的启本中就曾言："投诚者固多，而阳顺阴逆者亦不少，凡乡绅、土豪、宦裔、回子及闯贼余党伪官等众，日日招兵买马，毫无忌惮。"诚然，北方抗清斗争确实不如江浙一带声势浩大。但是，北方人民抗清斗争的分散性和相对孤立性，并不影响我们作出从清兵入关到攻克南京时民族矛盾确实有所深化的结论。这是由以多尔衮为首的满洲贵族旨在征服全国的政治动机和入关后的高压行动所决定的。满洲贵族以武力征服各地的政策是十分明确的，在征服计划的实施过程中，又推行了一系列野蛮的高压政策，使矛盾更趋激化，斗争愈加剧烈。圈地圈房、投充令和逃人法，直接剥夺了汉族人民的经济利益，保护了满洲贵族的特殊权力；剃发易服，强制推行满洲习俗，极大挫伤了汉族人民的传统文化心理；清军兵锋所至，屠杀掳掠，使各族人民的生命、财产蒙受了巨大的损失。因此，汉族和其他民族人民奋起抗清，完全是正义之举，他们英勇抗暴的精神和坚贞不屈的斗争意志，是可歌可泣的。多尔衮所实行的高压政策，不仅是不高明的，而且也应受到历史的挞伐。

我们揭露历史上政治征服的残酷性、野蛮性，目的绝不是煽动民族仇视心理，而是为了使各族人民更清醒地认识到今天民族大团结的来之不易，我们的先人曾为此付出过高昂的代价，从而更加珍惜各民族间的兄弟友谊，更紧密地团结起来。

第五章

摄政时期的社会
经济与国家财政

一、社会经济的毁坏与恢复

很久以前，中国的古贤圣哲们便不厌其烦地重复着"民以食为天"的箴言，以期告诫那些高居庙堂之上的帝王君侯勿使民无食，否则社稷危矣。2000年后的近代西方，马克思更作出了"经济是一切上层建筑之基础"的光辉论断。尽管对经济的论述往往是枯燥的、无味的，但作为一个生活在社会之中的人，他不可能脱离经济而存在。尤其是一个对社会历史的发展曾起过巨大作用的人，更不可能脱离他那个时代的社会经济生活而独存。从一定程度上说，他也决定了他那个时代社会经济生活的体制与特色。因此，当我们实事求是地来记叙多尔衮这个历史人物的时候，不可避免地要涉及摄政时期的社会经济状况和经济举措。

从顺治元年（1644）正月多尔衮率领八旗将士踏进北京起，到顺治七年（1650）十二月多尔衮在塞外喀喇城溘然逝去，前后约有 6 年半的时间。在这6 年多的时间里，继明末天启年间开始的纷飞战火非但没有停息，战争规模反而不断扩大。尤其是野蛮、残酷的征服战争，造成了巨大的社会经济的整体破坏。从塞北到江南，从城市到乡村，疮痍满目，尸骨遍野，社会经济的毁坏达到了前所未有、无以复加的程度。

据载，山东的土地几乎全部荒芜，一户人家顶多只存一二人；十亩之地也仅种了一二亩，真是"民无遗类、地尽抛荒"。山西的情况也十分糟，据户部尚书和硕端重亲王波洛奏报："近年来经大兵大荒之后，田地榛芜，生齿雕耗。旧日里甲徒存版籍之名，有一甲一里止存数人，甚有一里一甲全然脱落，其微幸存者十不一二。"中州河南是中国腹心之地，也是明军与大顺农民军争夺的主要战场，自明季以来，兵火相仍，短短数载，便变得郡邑丘墟、土田荆棘、户口耗减。北直隶京畿地区是圈地、逃人、投充等恶政影响最大的地区，据顺治四年（1647）地方官的查报，仅清苑、沧州、庆云三县便有荒地2800余顷，亡丁4000余人。田荒丁亡，满目萧瑟，"一望芦苇高二三丈，难以丈量查勘"，竟使调查官吏不得不望而却步。号称"天府之国"的四川景象更为凄凉，保宁、潼川、顺庆、龙安三府一州二十九县，一望丘墟，甚至豺狗虎狼竟在依山近水处公然昼行。陕西关中地区也只在近城地区才可见些许耕田，稍远则只有一望无际、已久不耕耨的原野。金声桓据江西而叛，顺治六年（1649）被清军平息后大肆屠杀蹂躏，使赣南之民死于锋刃、劳作、冻馁者竟然过半；南康、信丰、会昌、兴国四邑只剩瓦砾空城；尤其南昌城破之时，为清军荡平之日，省城内外积尸满地，流血成渠，百里鸡犬无声，万灶烟炊绝火，令人"目击心酸，无不欲绘郑侠之图，洒贾生之涕"。昔日"八千桂子，十里荷塘"，繁华发达的江苏、浙江地区，屡经战乱，男妇死于杀掠，庐舍毁于兵火，"桑柘之木伐以为薪，养蚕之人与食俱竭，而丝与杼皆废矣"。倘若昔日姜夔此时再过扬州，恐怕也只能被那惨景惊得目瞪口呆，悲愤之心下笔难言，更难再成那至凄至惨的过扬州之诗赋，因为那种凄惨悲凉绝非笔墨可形容。

招抚江南各省地方总督军务兼理粮饷的内院大学士洪承畴在顺治三年（1646）所上的奏报中，曾对江南潜山、太湖两县的田亩人丁作了清查，并与明末原额进行了比较，其结果明确反映出潜山、太湖两县土地抛荒均在原额的四分之三左右，即熟地只占四分之一，而现存人丁皆不及明末原额的五分之一。这就是维系国家经济根本、丁众田多的江南之地的景色，其他地方便不言而喻了。可见，此时社会经济毁坏的程度是令人震惊的。

总之，摄政时期社会经济的最大特点是"地荒民逃，赋税不充"。经济残破，必然赋税不充；赋税不充，必然使国家财政拮据，这给摄政王多尔衮的征服战争带来了极大困难，使清初的国家机器难以维持正常运转。这里需要指出的是，摄政时期的地荒民逃、经济凋敝形势的出现，固然有明王朝腐朽统治的因素，但更多的原因，则由以多尔衮为首的满洲贵族的暴行所致。

清初的封建官僚们认识到"人丁地土即财赋根本"，而赋税又是官僚、军队、宫廷的生活来源，是整个行政权力机构的运行保障。没有足够的赋税，就不能维持八旗王公、将士及新朝权贵的经济特权，国家机器就不能正常运转。特别在摄政时期，大规模的军事征服正在进行，军费支出逐年增加，没有雄厚的财政来源保证，就没有八旗军队的充足军饷，枵腹的将士是无法胜任征服全国的最后使命的。恢复经济、广开财源、保障供给，这是摄政王多尔衮必须认真对待的事情。清初摄政时期是一个特殊的历史时期，大规模征服战争一直持续进行，鹿死谁手尚无定算，对以摄政王多尔衮为首的满洲贵族来说，最主要的任务是占领全国，夺取号令天下的统治权，"悠悠万事，唯此为大"。要占领全国，就必须以雄厚的财源保障八旗军队的粮饷供应，只要做到这一点，其他事情便是多尔衮不必多虑或暂时无暇顾及的了。因此，在其摄政的 7 年中，很少有得力的恢复社会经济的措施出台，亦无恢复社会经济的巨大成绩可言，明末以来的经济凋敝愈演愈烈。多尔衮仅是凭着手中的权力和八旗将士的长枪大刀来维持清初的战时财政，支撑着八旗军队将一场征服战争不停顿地打下去的。

中国是一个农业大国，任何封建王朝的田赋收入都在国家财政收入中占首要地位。每次改朝换代的重大政治变故之后，都有地荒人亡、财赋不充、国帑枯竭的情况，新王朝的统治者都会自然把奖掖垦荒作为恢复农业生产，进而恢复社会经济的先决措施，清初摄政时期也实行了同样的政策，但效果却不甚理想。

摄政时期，针对当时存在的大量"无主荒地"和"有主荒地"，一些降清汉官建议实行不同的奖掖垦荒政策。顺治元年（1644）八月，山东巡抚方大猷提请把州、县、卫、所荒地无主者分给流民及官民屯种，而有主荒地则由原来主人招佃垦荒；官府对无力耕种者贷给种子、牛具银或放宽起科年限。多尔衮批准了方大猷的提请，并敕令地方官着力执行。同年十一月，河南巡抚罗绣锦又上疏，请求将河北各府县因兵燹之祸而荒芜的 94500 余顷无人佃种的荒田分发给协镇官兵开垦，3 年以后再酌量起科。但此次疏下部议，却无果而终。可能是摄政王多尔衮胸中早有成谋，要将河北荒地圈给满洲将士吧。总体而论，摄政时期荒地开垦不多，从顺治元年到顺治六年，有载可查的似乎只有千余顷。其因何在？分析起来似乎有三：其一，京畿、山东、山西、苏北地区，清廷推行圈地圈房政策，恶劣影响极大，使百姓担心开荒垦熟总有一天将非己有；其二，摄政时期战火越烧越大，社会环境动荡不安，使民人无意安身立命从事耕耘；其三，清廷截至顺治六年（1649）前没有明确规定开垦荒地的所有权，农民无垦荒积极性。看来，奖励垦荒的政策还需进一步调整和明确。

顺治六年四月，摄政王多尔衮发下一道谕旨，指示内三院"凡各处逃亡民人，不论原籍别籍，必广加招徕，编入保甲"，由各道府州县"察本地方无主荒地，州县官给以印信执照，开垦耕种，永准为业"，"俟耕至六年之后，有司亲察成熟亩数，抚按勘实，奏请奉旨，方议钱征粮。其六年以前，不许开征，不许分毫金派差徭"。这份颁行全国的令旨规定了开垦无主荒地的所有权问题，多少激励了一下民人垦荒复业的积极性，对改变摄政时期地荒丁亡的状况多少会有些促进。但是，对于一项法令来说，最重要的是它的执行及效果，而不是那些仅仅写在纸上的文字。多尔衮这道谕旨是否得以彻底的贯彻执行，我们不得而知。这道谕旨也给后来的研究者徒增了许多费解，有的学者认为摄政时期给予了垦荒者六年起科的空前优惠的条件，实际情况似乎并非如此。

早在顺治元年（1644）清廷就明确规定：久荒之地三年起科，这是载入清代会典的法规；第二年又补充规定：原为熟地而抛荒的"新荒"（东北民间称二荒地）一年之后供赋，这两条权威性的史料分别对"久荒"和"新荒"地的起科年限作了明确规定。据此分析顺治六年（1649）四月的摄政王令旨，显系要求清朝地方官员将六年开垦的"新荒"从"久荒"中分别出来，不能一概"三年起科"，"新荒"要在顺治七年（1650）起科，正好符合"一年后供赋"的规定。如果把谕旨中"其六年以前，不许开征"理解为开垦荒地六年后起科，显然是种误解，姑且不论多尔衮是否有菩萨心肠，就是从"久荒"三年起科的规定来推断，摄政王也绝不会同意"新荒"六年起科。

摄政时期有关垦荒政策还有一点引起研究者的歧见，这就是官给牛种问题。有的研究者认为是无偿白给，而实际上满洲权贵们是无此好心的，是要照数归还的。《大清会典》明确记载：官贷牛种给无力垦种荒地的贫民，"次年缴还一半，三年照数全纳"，对此就不再赘述了。

为了迅速垦熟大量荒地，摄政时期对各级官员实行垦田"考成"。顺治二年（1645）贵州道监察御史刘明瑛奏疏谈道："比年以来，烽烟不靖，赤地千里"，要使"农事兴而贡赋足"，光有"率民力作"的一般号召还不成，还必须"令巡按察核，以所属境内无荒土者注上考"。这是风宪之官提出的建议，但摄政王多尔衮却不知出于何种考虑未能及时采纳，直到他摄政后期，即顺治六年（1649）才以上谕的形式提出："各州县以抚民劝垦之多寡为优劣，府道以责成催督之勤惰为殿最，每岁终，抚按分别具奏，载入考成。"这个规定，实际上是很笼统含混的，因无具体客观标准，故执行起来也很困难，所以不得不予以补充。顺治七年（1650）又规定州县官员组织垦地100顷以上者，记录嘉奖一次；若州县与道府所属全无开垦者，各罚俸3个月，并以此为通例，令全国执行。

在摄政时期，对于开垦荒地、恢复生产，多尔衮虽做了一些工作，但成效甚微，以被清廷控制较早的山东为例，来看看摄政时期的垦荒情况。史载兖州府嘉祥县原额地5020顷99亩，其中荒地有3274顷76亩，多尔衮摄政时期所垦荒地仅有9顷92亩，只占荒地总数的千分之三，可怜之至，难以言表。顺治四年（1647）清朝官员清查荒地、招徕开垦时，也反映荒地开垦者百不及一。以此相印，可见不虚。这可能是入关伊始，兵事方殷，无暇投入更多的精力吧！天下尚未完全到手，谁会去管它的建设呢？大量的垦荒工作，只有留给亲政后的顺治皇帝和康熙皇帝去完成了。

摄政时期恢复社会经济的措施，除奖掖垦荒外，再就是整顿赋役了，两项措施的效果如出一辙，相差无几。清王朝是满洲贵族建立的政权，入关以前活动生息在东北边陲的白山黑水之间，其社会经济结构与封建制度高度完善的中原地区差异很大，就连被史家誉为"文武全才""知识渊博"的摄政王多尔衮，对中原地区以农业为中心的赋税制度也不十分了解，只是由于入关后国家财政日趋窘迫，在降清汉官的提醒下才想到整饬赋税制度，以解燃眉之急。顺治元年（1644）五月，摄政王多尔衮率兵占领北京不久，巡抚方大猷、给事中刘昌、御史曹溶便接连倡言"议国用""定经制"，请求尽快恢复正常赋税制度。同年十一月，山东道监察御史宁承勋吁请重新编制赋役全书，指出"赋役之制未颁，官民无所遵守"，应该敕令户部"著定书册，刊布海内，令州县有司遵照条规，户给易知由单，庶愚民尽晓，而永尊良规"。然而不知何故，摄政王多尔衮对这些建议未作任何反响，可能他已从圈占掠略的暴行恶政中找到了缓解国家财政日趋窘迫的方法了吧！直到顺治三年（1646）四月，多尔衮才以顺治帝的名义谕令户部：

> 国计民生，首重财赋。明季私征滥派，民不聊生。朕救民水火，蠲者蠲，革者革，庶几轻徭薄赋，与民休息。而兵火之余，多借口方策无存，增减任意。此皆贪官猾吏，恶害去籍，将朝廷德意，何时下究，而明季丛蠹，何时清厘？今特遣大学士冯铨，前往户部，与公英俄尔岱，彻底察核。在京各衙门，钱粮款项数目，原额若干，现今作

何收支销算。在外各直省钱粮，明季加派三项，蠲免若干。现在田土，民间实种若干，应实征起解存留若干。在内责成各该衙门，在外责成抚按，严核详稽，拟定赋役全书，送朕亲览，颁行天下。务期积弊一清，民生永存，称朕加惠元元至意。

真可谓"字字珠玑，句句至理"了。从这道谕旨，我们似乎看到了多尔衮整顿赋役、出民水火的坚定决心。可是这个被称为"一代之良法"的赋役全书，是在多尔衮死后 7 年才公之于世的，而在摄政时期，普天下的元黎吃尽了清王朝各级官员私征滥派、额外需索的苦头。这样一来，我们从这道谕旨中所看到的就只是多尔衮沽名钓誉、欺骗世人的高妙权术了。

"蠲者蠲，革者革，庶几轻徭薄赋，与民休息"，只不过是一句悦耳动听的空言。

二、蠲免政策及其局限性

明代末年，由于统治阶级挥霍无度、军费支出激增、贪官污吏蚕食鲸吞等原因，国家财政收支失去平衡，深深陷入危机的泥淖不能自拔。万历末年，贪得无厌的明王朝统治者以辽东用兵，军饷不敷，于田赋中每亩前后加征至 9 厘白银，通计全国共加赋 520 万两。崇祯三年（1630）以辽东军事失利，增兵加饷，明思宗朱由检批准兵部尚书梁廷栋的请求，每亩再增田赋 3 厘，通计全国又共加赋银 165.4 万两。两次合计加征田赋银 660 余万两，称作"辽饷"。崇祯十年（1637），为镇压中原地区纵横驰骋的农民起义军，朱由检又批准大学士杨嗣昌加征"剿饷"的建议，加征 280 万两白银，原议一年而止，但"饷尽而贼未平"，便无休止地继续加征下去了。崇祯十二年（1639），中原和辽左战事皆未平息，明王朝军费依然不足，惯于加征的杨嗣昌再度建议加征每亩 1 分白银的"练饷"，通计全国共加征白银 730 万两。"辽饷""剿饷""练饷"合称"三饷"，每年加征竟达 1720 万两左右，超过明王朝一个财政年度收入的一倍以上。随着明末政局的腐败和战争的扩大，加征有增无已。"私派多于正赋，民不堪命，怨声四起。"于是，加派加重了人民的经济负担，加大了民众对当轴者的离心力，加速了明王朝走向坟墓的进程。

据说摄政王多尔衮对明末加派所造成的恶劣影响是"心知前弊"的。清军入关之初，一些故明降官便以"定经制"为由，建议编制新的赋役全书，承认明末加派的既成事实，一概照征。多尔衮却犹豫了，照征"三饷"固然可多征无数银两，以满足征服全国的军事需要，但同时也会更加激起民众的怨恨与反抗。善于收拾人心的多尔衮不会不明白这些，他宁愿通过对反对势力的残暴掠夺来满足清廷军需及各项开支的需要，也不会、至少在名义上不会在此时公然承袭明末之弊政，使社会矛盾进一步激化。大学士范文程似乎与多尔衮有着相同的意见，他上书坚决反对承袭明末之败政，认为按照万历时册籍征收"犹恐病民，岂可更求哉"。入关后一个月左右，顺天巡抚宋权又献治平三策，提出尽裁加派弊政以苏民生，他认为明末致乱之阶，在于民穷，清王朝欲求平治天下，就应该除加派，使百姓安居乐业。这一建议对多尔衮似乎颇有影响，之后不久，在顺治元年（1644）七月多尔衮便向全国发出了大清摄政王令旨，云："自顺治元年为始，凡正额之外，一切加派，如辽饷、剿饷、练饷及召买米豆，尽行蠲免。各该抚按，即行所属各道府州县军卫衙门，大张榜示，晓谕通知。"同年十月，顺治小皇帝在北京再度加冕，多尔衮又以皇帝的名义颁诏天下，重申免除"三饷"及一切加派的许诺：

　　地亩钱粮，悉照前明《会计录》，自顺治元年五月朔起，加额征

解。凡加派辽饷、新饷、练饷、召买等项，俱行蠲免。

多尔衮对免除明末"三饷"及一切加派的许诺，不厌其烦地大讲特讲，类似的许诺，在顺治二年（1645）四月平定陕西和六月平定南京的恩诏中也曾反复重申。看来摄政王此次入关，倒真是要"吊民伐罪"，出民水火，轻徭薄赋，与普天下黎庶共享太平。近现代的一些历史学家也往往根据多尔衮的这些许诺，称清初革除明末"三饷"为不世仁政。但倘若我们深究其里，就不难发现多尔衮偷梁换柱、暗度陈仓的高妙权术之所在，也不难揭示清初蠲免许诺的局限。

所谓免除"三饷"，在摄政时期并未认真执行，在某种意义上讲，只是收拾人心的一种政治宣传，如同入关初期暂缓执行剃发易服命令一样。只要我们认真检索《清世祖实录》和清初档案文献，并认真考察摄政时期的赋役征发实践，是不难搞清这一问题的。

顺治元年（公元 1644 年）七月摄政王多尔衮虽以令旨的形式宣布免除

"三饷"加派，却并没有说明新朝征收赋税的依据是什么。顺治皇帝十月登极恩诏中说，按前明《会计录》原额征收，又没有指明是明代哪朝的《会计录》原额，而各朝《会计录》之原额都是不尽相同的，这就为以后政策的变动留有了余地。不知这是多尔衮有心还是无意而为。到顺治四年（公元 1647 年）平定浙闽颁布恩诏，便将征收地丁钱粮的原则具体化。这年正月"以浙东福建平定，颁诏天下。诏曰：……今浙东八府并福建全省俱自顺治四年正月初一日起，俱照前朝万历四十八年则例征收，天启、崇祯时加派尽行蠲免"。同年七月，广东初定时特颁恩诏仍以此为例。从此我们不难看出，"俱照前朝万历四十八年则例征收"，显然万历四十六（公元 1617 年）、四十七、四十八年三次加派之亩加银 9 厘，通计全国 520 万两的"辽饷"，在摄政时期是照收不误的，最起码在摄政的大部分时间中是这样的。这一点在《清史列传》中就有透露，顺治六年（公元 1649 年）巡按江西监察御史王志佐在一份题本中将此谈得再清楚不过了：

> 查明季万历四十八年江西布政司奉文，每田一亩加派辽饷银九厘，共该银三十六万一千三十六两一钱四分四厘。至崇祯年间又加练新二饷，内多取给抽扣裁节赃罚税契等银。至顺治三年归附之后，据布政司通行造册奏报，谓此三饷俱在蠲免之列矣。后奉部文，通行直省，内开派征钱粮照万历年间则例，其天启、崇祯年加增尽行蠲免。盖以前项辽饷在万历年间加派，故复照旧派征耳。

为什么多尔衮要在顺治元年（1644）几次申明免除"三饷"，而实际上后来又照征"辽饷"呢？这与其入关初期的全国形势密切相关。

顺治元年五月，多尔衮率清军占据了北京。清廷所控制的势力范围还仅限于河北、山东、山西和河南部分地区。陕西由李自成的农民军控制，张献忠的大西军雄踞四川，大江以南的财赋区和人文薮为南明政权占有。最后由谁控驭全国坐天下，在多尔衮胸中还是个未知数。所以当臣下建议他早定庙堂大计，吞并全国时，他却说："言行一统，得寸则寸，得尺则尺耳。"这说明他对一统天下缺乏信心。说他缺乏一统天下的信心，并不否认他还有一统天下的打算，怎样才能把打算付诸实施，那要看能否最大限度地收拾人心，使形势朝有利于自己的方向发展。正是在这种心态支配下，他推迟剃发易服这一既定方针的执行，争取京畿鲁豫地区汉族士绅的合作；承认南明弘光政权的合法存在，使弘光君臣滋生了联虏讨寇的幻想。同样在这种心态支配下，他才提出了免除"三饷"，进而收拾人心的主张。因为顺治元年（1644）时，清廷控制的征税地区仅占全国的一小部分，免征"三饷"不会更多地减少清朝财政收入，对全国多数人民仅是空头人情。当清军打垮了农民军，倾覆了弘光政权，陕西、四川、河南、河北、山东，尤其是号称财赋之区的江浙等地席卷而下，尽在掌握之中后，摄政王多尔衮以为天下唾手可得了，为保证军饷供应，他马上自食其言，"辽饷"照征。

或许有人会说，"辽饷"虽然照征，但毕竟还免除了"剿饷"和"练饷"，人民肩上的负担总比明朝末年轻了许多吧？其实也未必。摄政时期的额外加派、军需供应、包赔需索等足以抵过蠲免的二饷数额，只过之而无不及。

在很大程度上说，多尔衮摄政时期是中国有史以来人民灾难较为深重的时期之一。加派何项、加派多少，完全取决于满洲贵族军事征服和享受的需要，根本不考虑百姓的困苦与死活。

摄政王多尔衮自顺治元年入居北京以后，除大事入宫筹谋或去塞外行围射猎外，已不再披坚执锐，亲冒矢石，冲锋陷阵了。他每日深居简出，在北京安享清福。随着全国局势的一步步稳定，他的享乐思想也日益强烈起来，整日歌舞亭榭、美味佳肴，沉浸于鼎定中原的胜利喜悦之中。可能是在京城待腻了，便想另造离宫别馆，于是在顺治七年（1650），他打着为满洲贵族消暑纳凉的名义，决定仿照辽、金、元在边外另筑城池，为夏日避暑之胜地，并向直隶、山西、浙江、山东、江南、河南、湖广、江西、陕西九省加派钱粮 250 万两白银作为营建用度。在当时四方未靖、兵戈未息、经济尚未恢复的情况下，加派如此巨大的额外征赋，这对九省人民不能不是沉重的负担。这是清政府明令的大宗加派，同时暗中的加派也是摄政时期常有之事。顺治二年（1645）兵科给事中李长运上疏云："省直州县易剿、练等税为草豆等名色，加征如故，询诸外来士民，大抵皆然，非止一处。"由此看来，所谓摄政时期免除"剿饷""练饷"也是大可怀疑的。剿、练二饷只不过是改头换面变成了供应清军战马的草豆，在许多地方暗征。正是因为摄政时期剿、练二饷仍不断暗加，才有顺治十八年（公元 1661 年）加派"练饷"的公开出台。史载：顺治十八年，因滇闽用兵及修建福临陵墓，钱粮不充，当年财政出了 570 万两亏空，支付在即，窘迫万状，不得已便将明末所增"练饷"，又照旧例暂征，并强令全国各地要火速征派，另为收贮，以留作兵饷，绝不可轻易挪用。这次加征，每亩 1 分白银，全国通计 730 余万两。

摄政时期，不仅大宗加派不时而行，零星需索滥派更是多如牛毛。"正额之外，复有私派，正饷之内，复有加耗。即如兵马经过，借口急需，因公滥派者，已不待言。或以上司勒索，曲意逢迎，假公济私者有之；或以转解钱粮，藩司道府经承胥役，相沿陋规、火耗不等，销算不一，打点添搭，使费倍于正项者有之。应纳之正粮有限，上下之烦费无穷，民力何堪此重困乎！"这是摄政时期清朝官员自己的反映。似此私征滥派，到处可见的弊端，就是清王朝最高决策人也不得不承认：征收赋役多借口，方策无存，而任意增减。

这种加派增敛，给广大穷苦人民带来了极大的灾难，战祸之下又添新痛，惨状往往目不忍睹。顺天府密云县在明朝末年为驻军之所，因此在每亩征银之外，还要交纳黑豆以供军需，如雪上添霜般令民苦不堪言。后来清军占据北京后，将这黑豆之供仍然保留，其科之重，更深为民患。即使是在承平之时，人民在交纳了正赋之后也往往难以完成这黑豆之科，更何况是在这兵荒马乱、连正供都难以完成的凋敝之秋呢？因此，密云县的黎民百姓一听到官府追缴豆粮之声，纷纷四散逃亡，有的弃家而去，有的卖妻而逃，还有的投身满人之家为奴，凄惨之状，令人难以尽述。

摄政时期推行的征服与高压政策，使民逃地荒现象甚于明代，载籍额田丁口大幅度减少。为保证国家财政收入，实行包赔制度，民众负担格外沉重，蠲免政策根本没能落实。顺治六年（1649）兵科给事中李用质反映济宁田赋增加的情况说："臣乡济宁，万历年间每亩起科不过三分三厘，顺治元年犹相沿如故。至二、三、四年，递年累增，每亩征至四、五分有余。此外，杂费更有数倍于此者。即其赋役全书元年条银征止一万三千六百零，二、三两年除河饷另例外，征至二万二千三百零，四年征至三万一千五百余。"并哀叹道："似此年复一年，有何底止？欲求蠲免之实，以复万历征收之列，讵可得哉！"济宁县田赋在摄政初年逐年成倍增长，就是田赋包赔制度所造成的。

多尔衮曾多次谕令全国，蠲免无主荒地田赋，而实际上他的蠲免政策局限性很大。仅以山西猗氏县为例，经满洲大臣踏验，全县死绝逃亡荒地共有1000余顷，而奉旨除免的只有100余顷，除粮赋800余两，尚有900余顷荒地未免，该粮7000余两。这样，也就是猗氏县在蠲免的名义下仍需向朝廷交纳900余顷无主荒地7000余两白银的贡赋。对于摄政政府而言是舍小取大，无丝毫之损失，而且名利双收，这便是蠲免的真相与实质。猗氏县丁银负担之重，更令人瞠目结舌。据清朝钦差提督雁门等关兼巡抚山西太原等地方的兵部右侍郎兼都察院右副都御史刘弘遇题称：猗氏县地瘠民穷却赋税颇重。明万历初年全县共有二万一千余丁，分为上、中、下三等，上门丁银一两，中门七钱，下门三钱。而摄政时期，只存人丁四千八百余人，丁缺数倍，但丁额却依照包赔丁银制丝毫未减，包赔给剩余人丁，致使仅下下一丁就须交纳丁银九钱八分六厘，下中一丁二两七钱九分，下上一丁四两六钱五分，其中三则加倍于下三，上三则加倍于中三。像这样的包赔丁银制度，实际上是连坐法在经济上的延伸，人民群众如何负担得了！在摄政王多尔衮豁免赋役、出民水火的政治宣传口号下，猗邑人民的苦难没有丝毫减轻，反而更重了。对此，户部尚书巴哈纳也不得不承认："吏胥乘机恣其摊派，地应全免者，仅减其半，宁宜尽豁者务足其额。直将荒亡余银暗加于熟地之中，此上有蠲免之名，而下不沾其实。"

多尔衮摄政时期蠲免政策的有名无实，不仅表现在"三饷"加派上，而且也表现在钞关商税上。按照顺治元年（1644）七月、十月的摄政王令旨和福临登极诏，明末加派商税应在蠲除之列，但不久之后，便另有规定：各关抽税，俱照万历年间旧例，天启、崇祯年间加额，免除一半。据此可知，不仅万历年间的商税被摄政王全盘继承，而且明末天启、崇祯年间的商税加派，也有半数被沿袭征收。有人据此而认为摄政时期商税低于明代。这种结论的得出，仅是一种逻辑推理的结果，实际上摄政时期的商税，要比明末天启、崇祯时期高很多。

明代商税之征号称轻微，这是众所周知的，"凡商税，三十而取一，过者以违令论"。这种情况直至万历中期恐怕都无变化，此时全国 8 个钞关税收总收入不超过 40 万两。明代末年因军饷剧增，无法支付，加派始及关市之税，几经波折，关市之税总收入约达 75 万两。摄政时期虽然法令规定免除天启、崇祯加派商税之半，但实际执行却并不全然如此，仅扬州钞关便一次增加关税 120%，其他钞关的情况未见资料，不取臆测。不过，摄政时期关税市课收入比明末高是肯定的。摄政末年征至 100 余万两白银，康熙中增至 200 余万两，乾隆时竟增至 540 余万两，一直呈直线上升趋势。顺治末年关市税率比明代高得多，甚至达到"什一而税"，这不能不使人想到摄政时期的关市税不惟踵明陋习，恐怕还有过之而无不及。

多尔衮摄政时期，因供应军需的私征滥派更是经常性的，对百姓的骚扰也更为厉害。据《民报》揭露："顺治之时，私摊之金，岁必数次。而满兵过河南，勒振车辆，至输四万余金。闽浙用兵，凡马料铁钉，油炭船桅，无一不取资于民。……额外征求，取虐于民，罔知纪极。"这种揭露一点也不过分。摄政时期，战事频仍，清军所过地方，粮料草束、车辆人夫皆临时加派民间，里长、差官因无能措办，自缢投河而死者不可胜数。

可见，多尔衮虽然把蠲免钱粮的口号喊得震天价响，但暗中的加派却多如牛毛，有增无已，只不过是有蠲免之名却无蠲免之实。似乎正合了这样一句老话："说得永远比做得好！"于是，多尔衮在高妙的欺骗权术中沽名钓誉、名利双收的时候，广大黎民百姓却仍然在水深火热的灾难中挣扎。"解民于倒悬"对多尔衮来说只是说的，而不是做的。因为那是他根本就不可能做到的。

三、摄政时期的财政支柱

多尔衮摄政时期，是中国封建社会史上财政收支较为混乱的阶段。朱明王朝已经实行的赋役全书虽经臣下多次建议，但仍迟迟未予编制颁行，甚至连最简单的易知由单到摄政后期（顺治六年，1649）才姗姗出台。赋役征发漫无章法，官吏"多借口方策无存，增减任意"，中饱私囊，百姓更茫然不知其中原委，只知纳钱却不知所缴为何。支出国帑全无销算，昏然无从考核。正如摄政时期吏部尚书陈名夏所说："我清朝七年以来，数千万之金钱，任部臣之出入，毫无一疏上闻。臣子奉行王事，有专如此乎！"

摄政时期国家控制的人口、田地的准确数字极难钩索，田赋、丁银、盐税、关税等诸项收入，在摄政时期《清实录》中茫然无载，而军费、大工、官俸、赏赐等项支出又极难考核。当然，造成这种混乱有清初战事不休、百事草创的特殊客观原因，同时也有以摄政王为首的满洲权贵缺乏国家管理经验的主观因素。面对这混乱事实，多尔衮早有打算，不管情况怎样，保证国家和军队开支、夺取天下是第一要务，几宗大项收入是必须紧紧抓到手中的，而这也就成为多尔衮摄政时期重要的财政支柱。

按照明代规矩，漕粮共计400万石，其中北粮75.56万石，南粮324.44万石。其中有支运、长运、总运、改折，加上耗米，共征派520万石左右。漕粮之外，还有取之江南苏州、松江、常州、嘉定、湖州五府的白熟糯米和糙粳米21.8万石，称为白粮。漕、白二粮是明王朝养活庞大官僚机构和满足皇室需求的大宗收入，是明代财政支柱的根本，在国家的政治经济生活中占有重要的地位，也尤为明代统治阶级所重视。摄政初年，一些降清汉官便向多尔衮指出了漕粮的重要性。顺治元年（1644）九月，总督河道杨方兴进言："不得江南，则漕运阻矣，将何以成天下？"但一向以劫掠作为重要经济来源的满洲权贵包括多尔衮，对中原的农业经济并不十分了解，因此他对杨方兴的进言并未予以重视。

顺治二年（1645），由于南北漕运长期不通，南粮不能北运，使北京城里米贵如金。于是，兵部侍郎金之俊建议大军直取江南，并立即令漕督及巡漕御史随军赴任，待金陵（南京）底定，就立刻重建漕政。可是多尔衮对此却似乎不太理解，他问大学士道："兵部侍郎金之俊自有本部事务当言，因何却旁及漕运？"大学士们答道："金之俊在明朝时曾负责过漕务，又生长在江南水乡，对这类事情了解清楚。而且在明代，漕运是国家大计，廷臣都可进言，就是平民百姓上言也无不可。"这次对话对多尔衮影响很大，尤其"漕运是国家大计"更在多尔衮心头留下了很深的烙印，使他初步了解了中原农业经济的特色。再加上摄政初年京畿残破，漕运阻断，生产无法恢复，关外八旗兵丁又源源开赴北京，致使京师米价昂贵、军粮短缺这些事实使多尔衮渐渐认识到了漕粮的重要性。顺治二年（1645）五月，金之俊再次奏言："西北粒食全取给东南。自闯乱后，南粟不达京师，以致北地之米价日腾。今王师直取南京，计江南苏、松、常、镇、杭、嘉、湖七府之漕白，必久抵南庚，须亟令总漕星驰淮上，巡漕御史疾趋瓜扬，弹压地方，度理运务。俟金陵底定，酌留之，余悉转太仓，南粟既来，市价自减。"这次，多尔衮立即批复，令所司速议。

不久，金陵底定，江南漕政也便立即举行，漕、白二粮全征全解，累民颇甚。明末"三饷"加派，漕、白二粮加征部分本该豁免却不豁免；江南人民在战争中受害最深，本该缓征却不稍缓；湖北屡经战乱，田地抛荒、人烟断绝，挽运任务也万分艰难，漕、白完纳及转漕甚见吃紧。因此，针对此情山东巡抚吴达上疏，认为"漕粮全征，为今日剥肤之民害矣""民命旦夕莫支"，要求稍缓其征。或许是由于军粮短缺的严峻形势所迫，也或许是狭隘的复仇心理作怪吧，摄政王多尔衮对此置之不理。相反，对转漕中风漂、水没、盗劫、鼠耗漕粮之事，他却十分重视，要求各督抚按要从公察究，具奏定夺，并着押运官严究追补。而押运官也只能再从人民身上敲剥，"羊毛出在羊身上"，最终饱受劫掠的还是广大江南黎庶。

于是，漕、白二粮的征收转输就这样在"累民颇甚"的基础上，从顺治二年（1645）开始严厉执行了。通计摄政时期的后 6 个年头，当有 3000 万石漕粮、120 万石白粮解运北京，满洲贵族、八旗将士及新朝权要的吃饭问题总算解决了。多尔衮将漕运这支国家经济命脉及时而又牢固地掌握在自己的手中，也成为他军事征服的一个重要支柱。

铸造新的货币，是新朝兴起、旧朝灭亡的财政象征，往往也是新王朝凭借超经济强制手段平衡国家财政的重要措施。在清初，虽然银钱并用，但白银只不过是国家财政收入以及大宗交易的计算单位，而铜钱才是社会各领域中的主要流通货币。摄政时期，清军每攻下一地，立即筹备鼓铸制钱，设局之多，开炉之众，是以往任何朝代所不及的，其主要目的是取收钱息，以充军国之用，作为战费兵饷的补充。

摄政时期开设的铸钱局据不完全统计有近 30 个之多，其中有旋开旋罢的，也有一地数局的。据清初官员祝世昌讲，广设钱局的目的是"虽亦获利不多，当此军兴孔棘之时，得一分有一分之用，留以接济兵饷，亦可少佐万一耳"。正是出于这种目的，多尔衮很重视钱息收入，要求各局将铸钱数目、钱息多少必须按季按年造四柱青册汇报，年终具奏，否则就要被参奏。顺治四年（1647）南洙源因稽迟开报鼓铸本息事，被吏部侍郎哈哈木所参，降两级调用。对于私铸制钱，法令尤为严峻，顺治五年（1648）六月，商人万二等三人因私铸被处绞刑，失察官吏及知情未举的李有才、常明、刘登云、尚应科等人分别被处以站徒 3 年或重责 40 板，为万二买铜置具的刘行葵发边远充军，在逃者金世重严缉另结。

铸钱取利关键要看钱息的高低，钱息的高低取决于钱的法定购买力和钱本。所谓钱的法定购买力即政府通过行政权力所规定的某种货币面价与其他货币的兑换比例；所谓钱本即生产制造一定数量的某种货币所需物料、工价的总和。法定购买力与钱本之差即为钱息，当然，法定购买力的大小是受经济规律制约的，政府可以把它定得偏高，但又不能毫无限制地高下去。摄政时期为提高钱息，在制钱法定购买力和钱本两个环节上都采取了措施。顺治三年（1646）摄政王多尔衮批准了户部的奏请，将制钱与白银的比价作了硬性规定，76制钱相当于1钱白银的购买力，提高顺治通宝的身价。同年五月又以"制钱渐广，旧钱日贱，应概革不用，唯崇祯钱暂许行使。其余旧钱，悉令送部，每斤给价八分，以资鼓铸"，严禁历代铜钱流通，政府以低价回收旧铜，降低成本。这一开一降，一抬一压，都是通过国家权力进行的，从而使顺治钱独占交换领域，自然钱息会大大提高，对缓解摄政时期的财政困难自有帮衬。

在多尔衮摄政期间，近30个钱局共铸制钱670245.3124万文（《清世祖实录》记载了全国各局每年的铸钱总数，由此统计而成），按照70文制钱相当于1钱纹银的比价计算，这些制钱共合算白银960万两。尽管我们无法知道铅价、铜价、工料、局费四项钱本在那时的具体数目，无法得到准确而又纯粹的钱息数字，但钦差巡抚陕西地方、赞理军务、都察院右副都御史雷兴在其一份报告中，对陕西钱局自顺治三年（1646）七月初一至九月止所铸制钱的全部法定购买力和各项钱本等都作了比较详细的统计，按此我们不难推算出每铸制钱1文，可得钱息银7毫。那么，摄政时期所铸全部制钱，照此计算则可得钱息4691717两，这还是比较保守的推算。至于铸钱取息的目的，车克在其题本中曾一再强调在于"支放八旗月饷及官员公费"或"搭放兵饷并官员俸薪"，完全是为征服战争着想的。

中国封建社会的盐业，自汉武帝采纳孔仅、桑弘羊的建议"置盐官，立榷禁"而始，此后煮盐之利，历代均由官领了。盐课，包括灶户缴纳的灶课（正盐）和盐商缴纳的商课（引价、余盐银）两大项，是封建国家仅次于地丁钱粮的固定大宗财政收入。明代设置两淮、两浙、长芦、山东、福建、河东6个都转运盐使司，广东、北海、四川、云南4个盐课提举司和陕西灵州盐课司，既是明王朝地方盐政管理机构，负责盐课征收解运，也是国家重要税收机关。

摄政王多尔衮进入北京后，对盐课征收倒颇为重视，马上把整饬盐政列入日程。顺治元年（1644），清军基本控制了河北、山东、山西地区，长芦、山东、河东盐场已在把握之中，但是长期的战争破坏，使盐商逃散，灶丁歇业，要恢复昔日正常生产和原额盐课，必须经历一番整顿。顺治元年，詹事府通事王国佐就长芦盐场盐政改革提出建议，顺治皇帝十月朔登极诏书又专门提到盐运司盐法，宣布蠲免明末盐课中的加派。顺治二年（1645）派出刘今尹为河东巡盐御史，着手恢复解州池盐生产，并采纳刘今尹的意见，河东盐法仍如故明之旧章，于顺治二年定期征解。顺治元年时最多只有山东、长芦两场盐课为清王朝征收。

顺治二年五月，清军下淮扬、克南京，控制了两淮盐场。这是当时全国最大的盐场，每年上缴太仓盐课银占全国盐课总额三分之一强。当摄政王多尔衮接到南京已克的消息，立即任命广西道御史李发元为两淮巡盐御史，要求抓紧恢复生产，尽力办纳盐课。但此时的两淮盐场，继明末以来，破坏极端严重，"套塔未已，藩镇之焚掠继之；焚掠未已，扬城之破洗继之"，一连串的破坏，使两淮盐场如染沉疴，生产难以在短期内恢复。李发元苦口婆心招诱了几十个盐商，但他们一听说要全额认窝，便百般摇首，逃命般离开了。因此，百般无奈之下，摄政王多尔衮只好批准了李发元顺治三年（1646）量力行盐的请示。

截至顺治三年，全国6个大的都转运盐使司，尚有两浙、福建2处不在清朝势力范围之内，全国的4个盐课司，尚有广东、北海、云南3处在南明政权控制之下，到此时，盐课之额恐怕难以恢复到明末水平，可是实际上的盐课之征却已超过了明代万历年间的水平。到顺治六年（1649）为止，广东、北海盐场仍在南明控制之下，清王朝的势力还没有进入云南，云南盐井的税课自然不为清廷所有。而这一年大同总兵姜瓖起兵反清，晋南人王小溪率众响应，两次攻占河东盐运司驻地运城，杀死盐官，洗劫库运，河东运司的盐课已无法办纳。但奇怪的是，顺治六年清朝的盐课收入与额盐仍呈直线上升趋势，几乎接近了明代末年加派"辽饷"的盐课额。这不能不使我们联想到《清世祖实录》卷三十所云"运司盐课，前代天启、崇祯年间加派名色甚多，深为厉商，今尽行蠲免，止照明万历年间旧额，按引征解"，其实乃欺世盗名的谎言。

在多尔衮摄政7年间共征收盐课银9485823两之多。这笔收入对支撑摄政时期国家机器运转、维持八旗将士的军饷支出起了重大作用。但又有谁知道它包含了多少灶丁的血汗和辛酸的泪水，又演出了多少家破人亡的悲剧！

清军入关之始，中原大部分地区还控制在农民军和南明政权手中，无法征收关税。直到顺治二年（1645）才开始了关津抽税。清代榷关有常关、洋关两类（摄政时期尚无洋关），常关又分户部所辖的户关和工部所辖的工关。摄政时期工关尚不足五，户关也不过24处。摄政王多尔衮入关后，曾多次发布令旨，宣布免除明季加派，以昭纾民力、出之水火之德政，可是对关税一节却留有余地，规定"各关抽税，俱照万历年间旧例，其天启、崇祯年间加额，除免一半"。但在实际执行中却阴增暗加，倒比明末有过之而无不及，正如我们前面曾记述过的扬州钞关仅一次便加征原额120％的关税，是增是免似乎是不言而自明了。据《清史稿》记载：顺治初年关税等银100余万两，以6年计，关税总额当在600万两左右，这与明末相比也并不逊色，也是摄政时期的大宗收入之一。所以所谓摄政时期关税免明末加派一半的说法是靠不住的。同时，摄政时期的关榷之征，扰民也是酷烈的。诸关夫差，各募书吏，需索骚扰，民甚苦之。正如亲政之后的顺治帝福临所说：摄政时期"每官（关差）一出，必市马数十匹，招募书吏数十人，沿途骚扰，任意需索"，致使"商贾恐惧不前，百物腾贵"。

摄政时期，故明宗室勋戚的田产，也成为清廷的一项重要财政收入。

明中叶后，随着政治腐败，法纪松弛，宗室、勋戚通过乞请、奏讨、占夺等手段，侵吞了大量官地、官房、官店、盐店和民地、民房，形成了中国封建社会罕见的贵族大地产。宗室勋戚在地方为非作歹，严重地激化了明末社会矛盾和阶级关系，以李自成、张献忠为首的两支农民起义军对明代宗室勋戚实行了严厉镇压政策，一些宗支大姓遭到灭门惩罚。清初，满洲贵族率军入关，民族矛盾空前尖锐，一些明朝宗室和勋戚参与抗清复明的斗争而被清朝诛戮，这就遗下了大批无主田地和房产。京畿地区故明宗室、勋戚、驸马、宦官的土地多被八旗新贵所圈占，而明代宗室集中的山西、陕西、山东、湖广、四川、江西等地故明宗室、勋戚为数庞大的田产，在明代赋役全书中没有记载，而府州县册籍又经兵燹而荡然无存，所以在战乱的清初多为地方势豪、官吏和一些民众隐占。在清初兵兴孔棘、财政入不敷出的时刻，摄政王多尔衮不能不考虑搜刮这笔财富，将其作为解决财政困窘的一项重大措施。顺治二年（1645），多尔衮便下令：故明宗室，除已降顺者量给赡田外，其余走死逃绝或参与抗清的明代宗姓田产，尽行搜刮入官，以充军饷。顺治四年（1647）七月，户部又奏言："故明勋戚田地，赏赍及私占者，俱应入官。自置者仍给本人赡养，与民田一体纳赋。"如此一来，在摄政时期就掀起了一个清查故明宗室勋戚田产的高潮，清出田地招人租种，纳粮完赋；清出房屋租赁或作价典卖，所入充军饷。这笔收入究竟有多大，不太容易估算，但可以肯定其数目一定也是十分可观的。否则的话，清政府也不会将这种清查一直持续到顺治末年和康熙初年，倘无什么经济收益，那些满洲统治者是不会乐此不疲的，而清王朝从中搜刮的财富也是不可低估的。

摄政时期最大的财政收入，莫过于地丁钱粮。但是在摄政7年的《清实录》中，对此却杳无记载。原因何在？其间自有田地人口难以查实、赋役全书未颁、各地征收则例不一等客观原因，同时也不能否认，其间也有多尔衮个人的打算，这就是：钱粮收入不予公开，不行销算，使大臣官员无从得知摄政时期钱粮征收之重，以减少人民的抵抗情绪，减轻武装征服的阻力。这是多尔衮的一种政治手腕。由此我们也可以大胆推定，摄政时期地丁钱粮的征收，是比其他时期还重的。否则，多尔衮是不会放弃这样一个沽名钓誉的机会的。

尽管摄政时期的地丁钱粮之征收史无明载，但多尔衮死后清王朝所公布的地丁钱粮数字，却也多少反映了摄政时期的些许情况。

顺治八年（1651），即多尔衮死后的第一年，清王朝第一次公布了地丁钱粮数字：在籍人丁 10633326 口；在籍田地、山荡 2988584 顷；征折色银 21100142 两；本色米麦 5739424 石。仅此数字，似乎并不具有很强的说服力，那么我们就将此与顺治十七年（1660）的地丁钱粮数字进行比较便一目了然了。顺治十七年在籍人丁 19087572 口；在籍田地、山荡 5194038 顷；征折色银 25664223 两；本色米麦 6017679 石。顺治八年的人口仅占顺治十七年的 51%，土地仅占顺治十七年的 58%，而所征折色银却占十七年的 80%，所征本色米麦却占顺治十七年的 95%。从这几个比例数据中，我们不难看出顺治初年人民的负担是很沉重的，摄政王多尔衮的豁免、缓征等宣传是根本靠不住的空言承诺。顺治八年的地丁钱粮与顺治七、六、五、四、三年相比当不会过于悬殊，只是顺治元、二年由于控制地域较窄，又没攻下财赋之区江浙，钱粮收入较少些罢了。如果我们以摄政时期每年征收折色银 1500 万两、本色米麦 500 万石计算，那么 7 年内，当有 1 亿两折色银、3500 万石本色米麦的收入。正是这些钱粮支撑起了新的国家机器的正常运转，保证了军事征服的顺利进行。

多尔衮摄政时期的财政收入还有其他许多项目，如阵获、捐纳、赎刑、属国征调和临时加派军需等项。虽然数额并不很大，只是作为上述摄政时期主要财政收入的一种补充，但在当时战乱频仍的形势下，这些几乎属于强迫性质的战时财政同样给黎庶百姓造成了难言的灾难，叨扰颇甚，百姓不胜其苦。

在多尔衮摄政时期，清军驰骋中原、塞北和江南，军费浩繁，使蠲政无法落实，供应无从停止，百姓不得息肩。康熙时期，客居苏州的唐甄曾说："清兴五十余年矣。四海之内日益穷困，农空、工空、市空、仕空"，"富室空虚，中产沦亡，穷民无所为赖。妻去其夫，子离其父，常类其生不若马犬也"。其实，这种凄惨的社会景象，当以摄政时期最为典型，这是无可争议的。那种把清初包括摄政时期描绘成尧天舜日的升平盛世，把摄政王多尔衮说成是"吊民伐罪"的救世主，出黎元于水火而使之登于衽席，解百姓于倒悬而使之享于太平，要人们对多尔衮感恩戴德的看法，对于一个史学工作者来说，是无论如何也酝酿不出来的！

四、摄政时期的财政支出

摄政时期的财政收入，除去无法准确计算的加派、捐纳、藩产等进项外，田赋银、盐课银、钱息银、关税银四项收入就达 12000 万两，漕、白二粮收入达 3500 万石，这一估算恐怕还是保守的。那么，摄政时期如此巨大的财政收入又作何开支呢？

清圣祖康熙曾说："本朝自入关以来，外廷军国之费，与明代略相仿佛。"自然，多尔衮摄政时期的财政收入，有 70% 以上用于军费开支。除此之外，还有大工、官俸、赏赐及宫中费用等大宗开支。

史籍开载，顺治元年（1644）四月三十日四更时分，李自成匆匆即位后在率领大顺军撤离北京时，于城中放火。据当时流寓京城的刘尚友在《定思小纪》中载："时宫阙悉尽，所存者止德政一小殿。"计六奇也在《明季北略》中云："逆闯拥大兵出前门，止只残卒数千，在内放火。三十日天明，宫殿及太庙俱被焚毁，止存武英一殿。"这些记载虽略有不同，但北京皇城大内宫殿多被农民军焚毁却是可信的。欲承继父兄遗志，图霸中原的多尔衮在进占北京后，便以此为进取之基，决定迁都北京。这就需要营造宫室房舍以供皇室内宫之用。因此，在摄政时期几乎年年都有大工兴作，支出颇巨。

顺治元年七月，兴建乾清宫，至次年五月方建成，历时一载。此工方完，顺治二年（1645）五月又大兴土木，兴建太和殿、中和殿、位育宫，至顺治三年（1646）九月太和、中和等殿，体仁等阁，太和等门完工，十一月位育宫建成。顺治四年（1647）正月，又劳师动众，兴作"五凤楼"。

所建的宫殿都轩敞壮丽、宏伟之极。"乾清宫连廊八丈六尺八寸，宽连廊四丈二尺六寸，山柱高三丈二尺。两傍大屋二座，每座连廊五间，长五丈四尺，宽连廊三丈六尺，山柱高二丈三尺九寸。两傍房二座，每座连廊五间。长连廊五丈一尺，宽三丈六尺，山柱高二丈三尺六寸。四角小楼一座，海面三间，宽三尺，四面皆同，高二丈五尺。两傍长房二座，每座十二间，长十四丈四尺，宽三丈二尺，山柱高二丈四尺四寸。后长房二十五间，长二十七丈五尺，宽二丈五尺，山柱高二丈一尺六寸。小楼五座，每座长一丈五尺，宽一丈二尺四寸。乾清门一座，五间，长八丈二尺，宽连廊四丈三尺，山柱高三丈一尺。""太和殿连廊共十一间，长十八丈五尺，宽十丈一尺，高七丈五尺。中和殿连廊共五间，宽六丈五尺七寸，四面俱高，高四丈八尺。位育宫连廊共九间，长十四丈一尺，宽六丈六尺，高五丈八尺；左右配殿连廊各七间，长九丈二尺，宽五丈二尺，高三丈七尺五寸。体仁、弘义二阁，每阁连廊各九间，长十三丈七尺，宽五丈二尺，高五丈九尺五寸。太和门连廊共九间，长十四丈七尺，宽六丈三尺，高五丈四尺。协和门、雍和门、左翼门、右翼门，每门俱五间，长八丈，宽三丈，高二丈九尺五寸。昭德门、贞庆门、中左门、中右门，每门连廊五间，长六丈二尺，宽四丈一尺，高三丈五尺；左右两长廊，每廊三十六间，高二丈五尺，宽三丈五尺，长三十九丈五尺八寸。"这些数字虽显得枯燥却最真实。倘若真是用华丽的言辞才能尽述其宏伟壮丽的话，那么将杜牧的《阿房宫赋》用来形容清宫之壮观似乎也不为过。

> ……五步一楼，十步一阁；廊腰缦回，檐牙高啄；各抱地势，钩心斗角。盘盘焉，囷囷焉，蜂房水涡，矗不知其几千万落。长桥卧波，未云何龙？复道行空，不霁何虹？高低冥迷，不知西东。歌台暖响，春光融融；舞殿冷袖，风雨凄凄。一日之内，一宫之间，而气候不齐。……

整个摄政时期，清王朝在外用兵，在京兴工，耗费甚巨。摄政7年兴乾清宫、太和殿、中和殿、位育宫、五凤楼等5项大工，超过明万历中叶的三大殿工，耗资也不会少于明万历中叶的。《清实录》记载：摄政时，故明文华殿中书舍人张朝聘曾助木千株建造宫殿，但大工取资捐助者不会太多，大量的工费必然取诸国帑。

清初摄政时期，文武官员的俸银禄米也是国家财政的大宗支出。顺治元年（1644）八月，规定在京文武官员支给俸禄柴值，均照故明旧例：正一品文官折支俸银 215 两，武官折支俸银 95 两。从一品文官折支俸银 183 两，从一品武官折支俸银 81 两……正九品文官俸银 21 两，从九品文官 11 两。正一品文官至从九品文官，正一品武官至试职俱给禄米 12 石。文职内阁大学士柴薪银 144 两，尚书 144 两，侍郎 120 两……主簿、禄事柴薪银 24 两。武职都督柴薪银 168 两，都督同知、都督佥事、都指挥使、都指挥佥事各 144 两……镇抚司千户、镇抚岁额柴薪银各 48 两。文武京官俸禄分本色禄米、折色俸银和柴薪补贴三部分按等级发给。

十月，又规定了诸王、贝勒、贝子、公等的俸银：摄政王 3 万两，辅政王 1.5 万两，亲王 1 万两，郡王 5000 两，贝勒 3000 两，贝子 1250 两，镇国公、辅国公俱 625 两。顺治七年（1650）正月，又更定满洲王、贝勒以下官员支给俸米数目：和硕亲王 6000 石，亲王 4000 石，郡王 2000 石，贝勒 1400 石，贝子 800 石。宗室公 600 石，一等公 300 石，二等公 290 石，三等公 280 石……文武官员及诸王贝勒俸银、禄米外，还有八旗及绿营兵丁月饷：满洲骑兵月饷 7 两 5 钱，步兵 3 两 4 钱；绿营马战兵 2 两，步兵 1 两。摄政时期文武官员数万人，八旗、绿营兵丁百余万，官员俸银、禄米、柴薪银及兵丁饷的支付占国家财政支出相当大的比重。

除官俸、兵饷之外，在摄政时期还有高得惊人、次数频繁的赏赐。在此仅举三个例子为证：顺治元年（1644）十月，福临小皇帝在北京再次举行登极大典，颁诏天下，以多尔衮功多，加封为叔父摄政王，"赐册宝，并赐嵌十三颗珠顶黑狐帽一，黑狐裘一，金一万两，银十万两，缎一万匹，鞍马十，马九十，骆驼十"，摄政王自己赏自己，不可谓不够大方了。顺治二年（1645）五月，"以和硕豫亲王多铎出师西安所获金八万四千余两，银一百五十三万七千五百余两，缎二千四百匹，分赐摄政王多尔衮金三千两，蟒缎十五匹。辅政王济尔哈朗金一千五百两，蟒缎八匹。并分赐诸王、贝勒、贝子、公、公主及各旗官员有差"。这次赏赐最少要耗资 300 万两以上。顺治二年（公元 1645 年）十月，以和硕豫亲王多铎破流贼、下西安、拔扬州、克江宁，江南、浙江悉行平定，叙功加封多铎为和硕德豫亲王，赐黑狐皮帽、貂皮朝服褂各一，金 5000 两，银 5 万两，玲珑鞍、漆鞍马各 1 匹，空马 8 匹；赐从征多罗承泽郡王硕塞金 2000 两，银 2 万两，玲珑鞍马 1 匹，空马 4 匹；多罗贝勒尼堪、博洛金各 200 两，银各 15000 两，漆鞍马各 1 匹，空马各 2 匹；恭顺王孔有德、怀顺王耿忠明貂裘、蟒缎朝衣各 1 袭，金各 100 两，银各 1 万两，马各 2 匹；固山贝子吞齐、和托、尚善，护军统领公图赖金各 100 两，银各 5000 两，鞍马各 1 匹；辅国公杜尔祜、特尔祜、杜嫩金各 50 两，银各 2000 两；固山额真宗室拜尹图金 80 两，银 4000 两，鞍马 1 匹；固山额真公阿山金 50 两，银 3000 两，鞍马 1 匹；固山额真佟图赖、富喇克塔金各 30 两，银各 1500 两；护军统领阿济格尼堪、尚书宗室韩岱金各 25 两，银各 1300 两，"并随征各章京，外藩台吉、章京，恭顺、怀顺两王下章京等金银各有差"。诸如此类的赏赐在《清世祖实录》中俯拾皆是，赏赐数额与明末相比不知高出了多少倍。同样是经济凋敝、财政拮据，摄政时期却如此慷慨，又是何故呢？这可能是迎合八旗官兵以往行军作战抢掠财富八旗均分的传统习惯吧，现今，不许明火执仗地抢劫了，多尔衮总该以别种形式予以补偿。摄政时期军事征服的胜利，可能同摄政王的厚赏不无关系！

在对摄政时期的财政收支情况粗略了解之后，我们从中不难大致归纳出摄政时期国家财政的特点。

第一，摄政时期的 7 年，战事频仍，全国动荡，处于一个特殊的历史阶段，国家财政收支表现出极鲜明的战时财政特征。

摄政时期多尔衮派往各地的重要官员，都荣膺"总督（巡抚）某某地方军务兼理粮饷"双重职衔，很显然，兼理粮饷是手段，总督（巡抚）军务才是真正目的。通过这批派出的封疆大吏把国家财政收支纳入战时财政的轨道。这个时期的财政收支毫无销算，征收、支付、节留、起运无固定章法。只要战争需要，加派、赔课等措施随时而行。清军所过地方，战马草料、运物舟车、民夫丁壮，几乎所需一切费用，都临时摊派到当地民众头上，百姓的困苦、死活，摄政王是不予考虑的。

第二，摄政时期，是多尔衮为清王朝开基立业的开创阶段，摄政王为大清王朝制定了"首崇满洲"的基本国策。在这纲领性政策指导下，国家财政支出也体现着维护满洲贵族特权的特点。

尽管摄政时期财政困难，但是满洲权贵的经济利益却得到了保证。八旗诸王、贝勒，贝子、公等世职的禄米、俸银定得很高，超过明末宗藩禄米的水平。还圈占大量土地拨给旗人作为庄田、牧场。摄政王多尔衮对八旗将士更不吝封赏，赏赐之频繁、赐予之丰厚也是前明所无法比拟的。在战争频频升级、战费日益增加的时候，仍然大工频兴，乾清宫、位育宫、太和殿、中和殿、五凤楼都是摄政时期修复的，这些工程虽然仅是木、雕、漆、画等工，无土石施工，但其经费开支也要超过明万历时因火灾所兴的"三大殿工"的费用。摄政时期，多尔衮还为自己、亲弟多铎、亲侄劳亲等兴建府第，为满洲权贵修避痘所，也消耗了大量帑金。当这位摄政王爷在北京待腻之时，还公然加派九省地丁钱粮 250 余万两，修建塞外避暑城，国家财政支出表现出了极大的随意性。

第三，摄政时期国家的财政征收苛刻，人民负担沉重。

多尔衮摄政时期国家各项财政征收都是极为苛刻的，人民的负担也是很沉重的，绝不像清初官方诏书所称那样"轻徭薄赋"。据生于明末、历经鼎革之际的叶梦珠说：

予尝与故老谈隆、万间事，皆云物阜民熙，居官无逋赋之罚，百姓无催科之扰，今日之粮，加重于昔，亦有限也。乃有司竭力催征，参罚接踵，间阎脂膏悉索，积逋日甚，何甚？盖当年之考成甚宽，则郡县之催科亦缓，积久日弛，率从蠲赦，所谓有重粮之名，无重粮之实也。即如崇祯之季，军兴饷缺，大司农屡屡告匮，朝廷特遣科臣，严清积逋，法綦重矣。正粮之外，有练饷，有加派，征亦苛矣。然本年白银，必俟来年二月开征，若在本年秋冬，即谓之预征银，以朝廷税民，应在纳禾登谷之后，先征本色以输漕，次征折色以济饷，留白银于明春起征，亦用一缓二之意也。故终明之世，官以八分为考成，民间完至八分者便称良户，完六、七分者亦为甚顽梗也。

这虽是明末遗民所记，其中难免缅怀故国之情，但总体情况还是可信的，即明末催征并不如清初苛刻。摄政时期政府财政征收苛刻，主要表现在以熟包荒，朦胧征收，即《清实录》中所说的"实以一、二亩之地，而纳五、六亩之粮，荒多丁少，以荒地累熟地，以逃丁累见丁"。这种以现在之丁代逃亡者出租，以垦熟之田为荒芜之地纳赋的制度，就是包赔制度，也称包课包荒制度。按照陈支平先生的研究，顺治初年的现在人丁仅为明万历中叶的六分之一，在籍之田仅为明万历中叶的三分之一，而政府财政的地丁钱粮收入却接近或达到万历时的水平，这足见摄政时期财政征收的苛刻，人民负担的沉重。正是在包课包荒的财政征收原则下，才出现了我们前面曾记述过的济宁县田赋逐年成倍递增，猗氏县丁银七八倍翻番的现象。就是到了康熙初年，陕西省人丁的力差、银差、盐钞银人均负担仍在万历时期的二倍以上。这种沉重的负担压在民众的身上是很难支撑的。政府征收难度也很大，摄政王便严考成之法，致使有司每日惶惶忙碌不已，唯以钱粮是问，根本不顾及百姓之生死。

摄政时期的蠲免多有名无实，首革"三饷"更只是表面文章。在"仁政"外衣掩盖下的黎庶苍生仍生活在水深火热的煎熬之中。

第四，摄政时期国家财政管理混乱，收支全无销算。

造成这种局面有历史的原因。清王朝建立于辽东地区，入关前虽已跨入封建社会，但仍然保留了不少原始氏族军事酋长制和奴隶制的遗风旧俗，同中原地区高度发达的封建制相比，无论在国家行政管理上还是财政管理上都缺少理论和经验。摄政王多尔衮率八旗铁骑入关，驰骋中原，不乏叱咤风云的大将气魄，却稍逊驾驭偌大中华的才干。关于颁行易知由单、编制赋役全书、建立财政收支销算手续等加强财政管理措施，户科右给事中董笃行、户部尚书陈名夏等皆有题本呈交，多尔衮只是批个"户部知道"便算了事，根本不予落实。关于摄政时期财政管理混乱的原因，清初人和当代研究者多将责任归于明末战乱、各地钱粮册籍荡然无存等客观原因。实际上这并不完全符合事实，早在顺治三年（1646）各省已将册籍抄送户部，却迟迟不见赋役全书颁布，其原因何在？倒是浙福总督陈锦在其题本中的一席话，似乎多少透露了点其中的奥妙："征收既无印单，使百姓茫然不知应纳之数。钱粮原无定额，唯凭官吏之高下其手。"可见，之所以不颁布赋役全书，可能是为了使各级官吏便于增派，使小民茫然不知，也就是既能保障摄政时期征服战争的巨大军费支出，又可使各级地方官吏囊有余润，对摄政王感恩效力。

至于摄政时期政府财政收支全无销算，其中还自有多尔衮的巧妙心计。摄政王多尔衮为胞弟多铎、亲侄劳亲营建府第"糜帑数百万，致兵饷空虚"，又在海子内建避痘所而"私动内帑"，自是为了个人和小集团的私利，当然无法销算，公之于众。他还安插自己的亲信巴哈纳掌管户部，巴哈纳把内库金银珠宝私自送入多尔衮府中。分拨军饷时，对亲己的两白旗从优拨给，对疏己的两黄旗常少给或不给军饷。有如此狭隘自私的心理和行为，自然是财政收支不予销算为妙了。

第六章

从『无冕之皇』到
清初『太上皇』

一、太后下嫁与皇父摄政王

满族入关以前，社会发展尚停留在早期封建制阶段，还没有完整、严密的汗位、皇位继承制度。最高统治权力的归属，往往由八固山旗主所控制的军事实力决定。每次汗位或皇位的更替，都伴随着残酷的角逐、排陷和杀戮。在后金和清统治集团的权力纷争中，多尔衮这一宗支曾付出过巨大的代价。与此同时，在权力角逐中，多尔衮也膨胀了个人的权力欲并逐渐谙练了政治家的韬晦之计。

天命十一年（1626）八月十一日，一生戎马倥偬的后金国英明汗努尔哈赤在叆鸡堡病逝。由于努尔哈赤生前没有确定汗储，因此后金汗位暂时出现真空，根据当时后金统治集团各派实力分析，代善父子、多尔衮兄弟和皇太极是较有希望获得汗位的三个集团。当然，这时的多尔衮还是十三四岁的少年，权谋和实力都不及他的同父异母兄长代善和皇太极。因此，他非但没有得到汗位，反而在这场权力之争中失去了母爱。生母阿巴亥被皇太极等人逼迫从死英明汗于地下，在多尔衮心灵中留下了刻骨铭髓的烙印。

崇德八年（1643）八月初九，清太宗皇太极暴卒于沈阳清宁宫，以豪格为首的两黄旗和以多尔衮为首的两白旗，各自剑拔弩张，对虚空的皇位虎视眈眈。这时的多尔衮已非昔日的幼稚少年，而是战功卓著的和硕亲王。然而，由于两黄、两白旗势均力敌，旗鼓相当，再加上代善的两红旗势力也有倾向于两黄旗的趋势，使得多尔衮不得不暂时克制住自己的皇帝欲望，提出了能为各方接受的折中建议：由年仅 6 岁的太宗幼子福临即位，由郑亲王济尔哈朗和他自己辅弼冲龄皇帝。

这一建议得到了代善集团中多数人的同意，又堵住了豪格的嘴，使他有话说不出，而多尔衮虽未达到夺取皇位的目的，却赢得了辅政亲王的桂冠。而且这一建议对于清政权而言，避免了分裂、火拼，对于大清国的发展不失为卓有建树的一招。崇德八年（1643）八月二十六日，满洲贵族及蒙、汉大臣聚集笃恭殿，举行新皇帝登极大典，皇太极第九子、年方 6 岁的福临就算君临天下了。在两辅政亲王中，多尔衮位居济尔哈朗之后。但是济尔哈朗的才能与智谋远不及多尔衮，这也正是多尔衮将其拉入辅政之列的一个原因，而年仅 6 岁的小皇帝更无能力决断宸衷，国家军政大权自然便落在了多尔衮手中，一切军国大政也都由他处理。当时朝鲜官员对此种情势看得十分清楚，他们记载说："刑政除拜，大小国事，九王（多尔衮）专掌之。出兵之事属右真王（济尔哈朗）。"同年十二月，二辅政王皆称摄政王，济尔哈朗仍然位列多尔衮之前。然而，济尔哈朗由于实力及威望不逮，讨论决断国家大事时，资质鲁钝而又权术不济，对多尔衮的决议根本难撄其锋。此时的济尔哈朗也如同坐在金銮宝座上的小皇帝一样成为一种摆设，而且越来越成为一种不必要的摆设。于是，顺治元年（1644）正月，自知无力与多尔衮相抗衡的郑亲王济尔哈朗集各部院官员谕道："嗣后凡各衙门办理事务或有应白于我二王者，或有记档者，皆先启之睿亲王，档子书名亦宜先书睿亲王名，其坐立班次及行礼仪注，俱照前例行。"从此，济尔哈朗便主动退避三舍，朝班名次也甘居其后，以求保全了。

顺治元年（1644）五月，摄政王多尔衮乘中原扰攘多事之机，率领八旗将士从大顺农民军手中抢占了北京城，决计夺取天下，并派人到辽东迎顺治帝来京，建立了满族发展史上的不世之功。同年十月初一，顺治帝在北京再次举行登极典礼，颁即位诏书，正式宣告为天下之主。以多尔衮功高，加封其为叔父摄政王，"赐册宝，并赐嵌十三颗珠顶黑狐帽一顶，黑狐裘一件，金一万两，银十万两，缎一万匹，鞍马十，马九十，骆驼十"。同时，以摄政王功最高，命礼部尚书郎球、侍郎蓝拜等为其建碑纪绩。这其实是多尔衮自己给自己树碑颂德，自我宣扬美化。其册文曰："朕系文皇帝子，不为幼冲，翊戴拥立，国赖以安。及乎明国失纪，流贼窃位，播恶中原，叔父又帅领大军入山海关破贼兵二十万，遂取燕京，抚定中原。迎朕来京，膺受大宝。此皆周公所未有，而叔父过之。硕德丰功，实宜昭揭于天下，用加崇号。"

从此，多尔衮的一切待遇都与其他亲王有别，明显高出诸王一等。多尔衮俸银3万两，而信义辅政叔王济尔哈朗仅1.5万两。数日之后，又专门为叔父摄政王多尔衮制定冠服宫室之制：

帽顶用东珠十三颗，金佛前嵌东珠七颗，后金花嵌东珠六颗。带，每板嵌东珠六颗，猫睛石一颗，带用浅黄，服用八团龙。坐褥，冬用貂皮，夏用绣龙。房基高十四尺，楼三尺，覆以绿瓦，脊边四边俱用金黄瓦。

其他诸王冠服宫室之制，也都低于摄政王多尔衮。据当时人记载摄政王府之宏丽云："翚飞鸟革、虎踞龙蟠，不惟凌空挂斗，与帝座相同；而金碧辉煌，雕镂奇异，尤有过之者。"宁夏巡抚李鉴也说："摄政在日，府第之制，高广比于皇居。"然而，摄政王的荣宠并未以此为终结，反而以此为起点，一步步走向了荣耀辉煌的顶峰。

顺治二年（1645）五月初十，陕西道监察御史赵开心上疏：

> 夫以叔父之亲，而兼摄政之尊，其分位原与诸王不同。即臣民平日亲之尊之，心悦诚服，宁肯外与拜舞，但见辞朝各官将面识其才品可否，若谢恩一事，皇上之恩皆王上之恩，中外莫不倾载，岂区区在此拜跪之间。故虽群臣朝见，亦必限以礼数，分以冠服，何以别于皇帝，何以示人瞻仰，既不失臣下之尊崇王上之意，又不伤王上尊崇朝廷之意，乃行之而相安耳，职谓仪制宜定者此也。至称号之间，必曰正名，职每见颁之诏敕，诵之臣民，皆曰叔父摄政王。夫叔父为皇上之叔父，惟皇上得而称之，乃臣民一概同称，是尊卑之无异也。自职言之，当于叔父上加一皇字，然后上下有辩，名分始尊，书之章疏，垂之史册，乃昭然而可传耳，职谓名分宜定者此也。

赵开心的揭帖内容要点有二，其一是正名，叔父者，皇上之叔父，请在"叔父摄政王"前加一限定性的"皇"字；其二是隆崇摄政王仪仗。其目的只有一个：再度抬高摄政王的地位，强化摄政王的权威。我们不知道，这份奏疏是出于多尔衮授意，还是赵开心的阿谀，总之，摄政王多尔衮是开心了。这样的奏疏是没有人能也没有人敢反对的，于是，赵开心的建议当即便被采纳了。从此，"叔父摄政王"改称"皇叔父摄政王"。揭帖送达后不几天，礼部便讨论确定了摄政王的称号和仪注。"凡文移皆书皇叔父摄政王，一切大礼，如围猎、出师、操验兵马，诸王、贝勒、贝子、公等聚集之所，礼部具启，传示聚集等候其官员，则视王所往，列班跪送，候王回，令诸王退则退。贝勒以下，送及王府方退，其集候各官跪迎如前。遇元旦及庆贺礼，满汉文武诸臣朝皇上毕，即往贺皇叔父王。若诸侍坐于皇叔父王前，亲王及饶余郡王不叩头而坐，承泽郡王、衍禧郡王以下叩头坐。"

各项具体、细致的仪注规定，充分说明多尔衮一人之下、万人之上的崇高地位。这时的摄政王对于皇帝还不敢过分僭越，对于太祖诸子侄还不敢过于专横。对顺治皇帝在朝拜时仍行跪拜之礼，在礼仪上还要让人看得过去，可实际权力却都牢牢抓在自己手中。他知道虽然自己尚须趴伏于丹墀之下，可即便是趴着，能将天下玩弄于股掌之间的却只有他。顺治三年（1646）五月，摄政王多尔衮因信符收藏于皇宫大内，每次调遣人马都要奏请，于事多有不便，索性下令将其取到自己府中收贮。这可能是多尔衮试探性的第一步僭越，却意外地冒险成功，从此，摄政王府便成为朝廷的象征。

随着军事征服地域的扩大与增长，多尔衮的权势也日益巩固。顺治四年（1647），清军已击溃了大西军、大顺军的主力，南明福王、唐王、鲁王政权也被扫荡，对外军事上的胜利，更进一步加固了摄政王的地位。这年十二月，辅政德豫亲王多铎、和硕郑亲王济尔哈朗等派遣索尼、冷僧机向摄政王多尔衮启言："今国家既定，享有升平，皆皇叔父王福泽所致，其元旦节，皇叔父王于皇上前行礼及百官行礼,起立以侍;进酒时,入班行跪礼,俱应停止。我等所以启请者,知皇叔父王体有风疾,不胜跪拜。夫跪拜小事,恐勉强行礼,形体过劳,国政有误。"这次多尔衮当仁不让,欣然接受,免去了他与顺治帝之间象征君臣关系的跪拜大礼。从此,他在紧紧控制朝政的同时,与诸王大臣们的距离越来越远,界限也越来越清晰,而与皇上之间的距离却似乎越来越近,君臣界限已变得越来越模糊。

就在多尔衮青云直上,春风得意,一步步向皇位逼近的时候,引起了一个人的极大忧虑与恐慌,并由此改变了历史发展的局面,这个人就是清太宗皇太极的庄妃、清世祖福临之生母,福临即位后被尊为太后的博尔济吉特氏,也就是著名的"孝庄文皇后"。

孝庄文皇后生于明万历四十一年(1613),其父为蒙古科尔沁部贝勒寨桑,姓博尔济吉特氏(或称博尔济锦氏),是蒙古草原上颇为显赫的家族。13岁时,她嫁给了后金国英明汗努尔哈赤第八子皇太极为妻。崇德元年(1636)皇太极称帝,封博尔济吉特氏为永福宫庄妃。史称她"佐太宗文皇帝肇造丕基",是个国色天香却又颇有心计的女人,据说她在皇太极夺位中曾立下功劳,并在后来替皇太极收服了洪承畴。尽管这仅是传闻,但也反映出她绝不是一个平常女子。崇德八年(1643)皇太极暴病而亡,年仅30岁的博尔济吉特氏殉死被阻。在自己的儿子被推选为皇帝后,深谙政治斗争危险的博尔济吉特氏便不得不小心翼翼持护孤儿幼女,斡旋在八旗贵族权力之争的激流中。

早在入关之前,在多尔衮将国家大权抓到自己手中,削弱诸王权力并攫取了济尔哈朗辅政权力的时候,孝庄文皇后便隐隐地感觉到一种来自摄政王的威胁。入关之后的多尔衮，随着其功勋与权势的不断增长与扩大，也日益跋扈起来。入北京时，他竟乘只有皇帝才可乘的帝辇，入武英殿升座，故明降官都拜伏在丹墀之下，口呼"万岁"。在他们眼里，只知有摄政王，却不知大清还有皇帝。在移居北京后，孝庄文皇后所见到的是多尔衮植党营私、打击异己、揽权擅政，"关内关外只知有睿王一人"；所感觉到的是多尔衮一步步向帝位的迫近。不久，多尔衮更干脆挤掉郑亲王济尔哈朗，又废黜肃亲王豪格，出入称尊，形同皇帝，唯一所缺的便是"皇帝"的名号了。顺治四年（1647），多尔衮的专横跋扈到了无以复加的程度，据当时在中国的西方传教士说："上上下下都怕他，据说就是达官显贵往往也不能直接同他说话，要趁他外出过路时借便谒见。"这年年底，他更将君臣之间的跪拜大礼也取消了。

所有这些，都使孝庄文皇后感到一种难言的不安，总有一种朝不保夕的感觉。而且她相信这种感觉是正确的，似乎早在她那年幼的儿子登上帝位的那天起，她就感觉到了。如今，对多尔衮来说，通往皇帝道路上的障碍几乎都被清除了，他在等待一个适当的时机，堂而皇之地摘取皇冠，登上皇帝的宝座。多尔衮在为福临选定皇后之后，顺治五年（1648）准备在北京另筑一座新城，将顺治帝软禁于此，以逼宫来达到自己登临大宝的目的。谙熟宫廷斗争的孝庄文皇后已洞悉了多尔衮的全部用心，迫在眉睫，她不得不在多尔衮的逼宫戏尚未出台之前孤注一掷，以纡尊下嫁摄政王多尔衮作为保住他们母子地位的最后防线。于是，她又做了一次政治婚姻的牺牲品，匆忙再嫁了。这年十一月冬至日，在奉祀祖先，祭告天地、太庙、社稷的时候，多尔衮的名号也由"皇叔父摄政王"改为"皇父摄政王"。

对于"太后下嫁"之事，历来还颇多异议，有否定者，也有肯定者。持否定态度者认为，博尔济吉特氏年轻美貌，盛年孀居，而摄政王多尔衮有辅立其幼子福临登极之殊劳，又风流多欲。这样，他们叔嫂之间便自然而然地被一些文人墨客凭空编织出许多桃色故事，更何况当时摄政王政敌遍天下。因此，这段桃色故事的传出，非出自文人墨客茶余饭后之闲谈，即出于政敌之口谤腹诽，皆不足为据。持此说最力者，莫过于明清史研究之开山泰斗孟心史先生。但近些年来，更多的人开始倾向于肯定的态度。

从顺治元年（1644）到顺治五年（1648）间，多尔衮由辅政王、摄政王、叔父摄政王、皇叔父摄政王直至皇父摄政王，崇锡有加，仪制益崇，在通往权力巅峰的道路上扶摇直上，平步青云。到顺治五年称"皇父摄政王"，他已成了清王朝的无冕之皇——名实兼备的太上皇。多尔衮因何而称"皇父"？"皇父"一词作何解释？这是数十年来聚讼纷纭的史学话题。我们认为，只有认定"太后下嫁"这一史实，才能对多尔衮自称"皇父摄政王"作出合乎情理的解释。而且，"太后下嫁"似乎确实可信，且有据可证：

一、"皇父"只能释作皇帝之父。

孟心史先生在《清代三大疑案考实》一文中，从名物训诂出发，考证"皇父"即古之"尚父""仲父"之意，多尔衮称"皇父"即"尚父""仲父"，并不能证明太后再醮摄政王。这种认识是大可商榷的。"尚父""仲父"是天子对自己麾下德高功劭年长大臣的尊称、爱称，古已有之。如果福临为表达其对叔父多尔衮的敬意和爱戴，自然可以称"尚父"或"仲父"，且不会引起朝野的歧义和误解。而"皇父"也是古已有之的称谓，它明确表示皇帝与"皇父"的宗亲血缘关系，即皇帝之父。关于"皇父"的这个确切含义，摄政王及摄政时期的王公大臣是十分清楚的，顺治二年（1645）十月陕西道监察御史赵开心请正名分的揭帖已说得很明白，"夫叔父为皇上之叔父，惟皇上得而称之"，同样的道理，皇父为皇上之父，惟皇上得而称之，这是毫无疑问的。我们知道，顺治朝以前的任何朝代从无把皇帝之父以外的任何人称为"皇父"，顺治朝以后的有清一代，也再没有出现过皇帝之父以外的任何人称"皇父"的事情，多尔衮称"皇父"是前不见古人、后不见来者的旷世稀闻。摄政时期的君臣们清楚"皇父"一词严格的、限定的意义，非皇帝之父、非妻皇帝之母者，谁有资格称"皇父"而又能为君臣所接受呢？

二、"亲到皇宫内院"是指多尔衮与太后有染。

蒋良骐《东华录》记载：多尔衮"自称皇父摄政王，又亲到皇宫内院"，被一些研究者解释为摄政王多尔衮与宫娥彩女有染，回避了真正的含义。"自称皇父摄政王"，显然是把皇帝置于儿子、把太后置于妻子的位置上。如果没有"太后下嫁"这一史实，不管多尔衮当时权力多么炙手可热，擅称"皇父""又亲到皇宫内院"，这是宗室诸王、太后和福临都不能接受的。况且，当时索尼、鳌拜、图赖、济尔哈朗等一批多尔衮的政敌，曾发誓以死护卫皇帝的满洲大臣们也是绝不会答应的。"亲到皇宫内院"明显是指多尔衮秽乱宫闱，且不是与一般宫娥彩女有染。因为若是与一般宫女有染，不会在摄政王死后将此定为他的一条罪名。"自称皇父"与"亲到皇宫内院"前后相连，再明白不过地是指多尔衮与太后有染这一隐情了。"亲到皇宫内院"，可以解释作太后为消除摄政王对皇权的威胁，保住幼子福临的皇位，采用笼络手段，自愿嫁给多尔衮，但未迁出慈宁宫，慈宁宫实则为多尔衮与博尔济吉特氏的新房了，所以张苍水"慈宁宫里烂盈门"的讽刺绝非简单的无的放矢。

三、张苍水《建夷宫词》并非孤证。

南明鲁王政权大臣张煌言《建夷宫词》之一云：

> 上寿觞为合卺尊，慈宁宫里烂盈门。
>
> 春宫昨进新仪注，大礼恭逢太后婚。

这是揭示"太后下嫁"的较可信史料。孟心史先生解释"张苍水身在敌国，想因此传闻，兼挟仇意，乃作太后大婚之诗"，故"未敢以此孤证为定论也"。张苍水身在敌国不假，但《建夷宫词》却不是绝无仅有的关于"太后下嫁"的孤证。

其一，在清王朝友邦李氏朝鲜文献中有佐证材料。《李朝实录·仁祖》卷五十记载，顺治六年（1649）二月，清廷使臣赴朝鲜递交国书，朝鲜国王李倧见诏书称多尔衮为"皇父摄政王"，便问清朝使臣："清国咨文中有皇父摄政王之语，此何举措？"清廷使臣云："今则去叔字，朝贺之事，与皇帝一体云。"右议政郑太和说："敕中虽无此语，似是已为太上矣。"李倧又说："然则二帝矣。"朝鲜君臣与清朝使臣的对话，明显反映出朝鲜君臣已经发觉多尔衮称"皇父"的奥妙，而清廷使臣回答"今则去叔字"，不答留父字之原因，闪烁其词，答非所问，绕开"太后下嫁"这一事实。

其二，清末宣统初年，刘文兴曾述及其父刘启瑞事略，言刘启瑞官拜内阁中书，奉命检库藏，亲得太后下嫁诏书。四川师范学院图书馆收藏的《皇父摄政王起居注》（即《多尔衮摄政日记》）书后有刘文兴所撰《跋》："清季宣统初年，内阁库垣圮。时家君（文兴父刘启瑞）方任阁读，奉朝命检库藏。既得顺治时太后下嫁皇父摄政王诏，摄政王致史可法、唐通、马可（马科）书稿等，遂闻于朝。……清初入关，悉赖多尔衮，重以太后下嫁。"这是清朝官员叙述清初遗事，既非文人茶余琐谈，又非政敌口谤腹诽，乃是作者追记其父亲睹目见之事，想必太后下嫁诏书定非子虚乌有。

其三，最近牟小东先生从实地考察所得资料出发，撰写论文，提出了"太后下嫁"又一佐证，言之凿凿，毋庸置疑。他认为，清代后妃死于皇帝之前或死于皇帝之后，但皇帝尚未安葬之时，可合葬于皇帝陵寝之内；若死于皇帝安葬之后，那就断无袝葬之可能。但是，从清东陵的情况看，死于皇帝安葬之后的世祖孝惠皇后、高宗孝圣皇后、仁宗孝和皇后、宣宗孝静皇后、文宗孝贞皇后、穆宗孝钦皇后之别葬，都是葬于"风水墙"之内，唯独孝庄文皇后博尔济吉特氏葬于"风水墙"之外，区别显然。《清圣祖实录》记载，康熙二十六年（1687）十二月，当孝庄文皇后病笃弥留之际，对其孙康熙皇帝说："太宗文皇帝梓宫，安奉已久，不可为我轻动。况我心恋汝皇父及汝，不忍远去，务于孝陵近择吉安厝，则我心无憾矣。"她的要求是违反清代帝后丧葬制度和礼仪的，足见其心内有难言苦衷。因为她已下嫁摄政王多尔衮，再与太宗皇太极合葬或袝葬既不合情理，也使后世子孙汗颜。所以康熙皇帝把祖母灵柩停放东陵30余年，未敢轻易安葬，直到雍正帝即位才下令就地安葬。但雍正并未亲自临祭，颇事轻慢。因此，牟小东先生断定："太后下嫁这件事可以相信确有其事。"

况且孟心史先生也曾说："清世虽不敢言朝廷所讳之事，然谓清世祖之太后下嫁摄政王，则无南北、无老幼、无男妇，凡爱述故老传说者，无不能言之。"这表明，有关太后下嫁一事，不仅有文字资料可据，还有口碑为凭。

满族先世女真人，由于社会发展较为落后，父死子妻庶母，兄终弟娶其嫂，乃是早期族内不同辈婚制之遗俗，努尔哈赤时期仍是这样。努尔哈赤第五子莽古尔泰死，其妻分给侄子豪格和岳托；德格类死，其妻分给弟弟阿济格，这就是所谓的"治栖之风"。到皇太极时期，曾明令禁止婚娶庶母、伯母、兄妻、弟妇，说明此前不同辈婚娶是合乎法律和习俗的。顺治初年，肃亲王豪格死后，多尔衮和阿济格各纳其福晋一人，证明入关初年，仍有令未行有禁未止。所以，多尔衮以其兄嫂孝庄文皇后为妻，当不能视为渎伦、有伤教化的败俗之举。然而，这毕竟是违反皇太极明令的。入关后，由于满族逐渐接受了汉族传统文化和伦理观念的影响，便开始把子妻庶母、弟纳兄嫂视为一种不光彩的事情了。这在清代的档案史料中是有所反映的。摄政王多尔衮病死并被追夺后，顺治八年（1651）闰二月二十八日，刑部官员审理多尔衮党羽刚林、祁充格时记载："内阁学士马尔都、赫德、叶成格，主事郑库纳等告称：娶肃王福晋一事，前于史档内未书，两月内补入原处一罪，讯问刚林，据供：和硕郑亲王、和硕巽亲王、和硕端重亲王、和硕敬谨亲王等曰：默尔根王在时，凡其倒行逆施，皆未记载。若有此类事情，可增入。故未告之于众，我等擅自写入是实。"这时候，在满洲贵族看来，多尔衮纳肃王妃一事已属倒行逆施的奇耻大辱，不允许记入档案，刚林、祁充格被处死的罪状之一就是将此事擅自记档。由此可以推知，"母仪天下"的皇太后下嫁摄政王，虽是两相情愿的政治联姻，但也绝不允许扩散到外部舆论中去。所以宣统初年，内阁中书刘启瑞检索内阁档藏时，发现太后下嫁摄政王诏书，"遂闻于朝"，清廷当轴者为尊者亲者讳，必然采取措施予以处理。可能这份珍贵文献史料早已灰飞烟灭，不复存在了。这正是摄政王致史可法、唐通、马科的书稿得见于世，而太后下嫁诏书却至今杳如黄鹤的原因。

关于太后下嫁的时间，也有多种说法。但有一点可以确认，此事当发生于顺治五年（1648）十一月冬至前，所以在顺治五年十一月冬至多尔衮才被尊为"皇父摄政王"，成为清初的太上皇。父以子贵，身后追尊为成宗义皇帝，殓以明黄龙衮之服，便都顺理成章了。尽管如此，却仍然引来了种种非议、谤毁。在许多传奇小说中多尔衮往往被描绘成一个阴险狡诈、风流成性、虎狼寡恩的人物。其实除了在生活上确实太过于放纵外，他确实不失为一个出色的政治家，旅居中国的传教士汤若望评价他才是"大清王朝实际的缔造者"。确实如此，他能从民族发展的整体利益出发，捐弃前嫌，与逼殉其母的兄长皇太极默契配合，草创了大清王朝的雏形；能从国家稳定的大局着眼，放弃皇位，拥立福临，平息了一场足可毁灭初建基业的政治争斗；能审时度势，"统兵入关，扫荡贼氛，肃清宫禁，分遣诸王，追歼流寇，抚定疆陲，一切创制规模皆所经画"，"伟伐殊功，实为从古所未有"。他也有私欲，而且不是一般的私欲，也与他的父亲一样，有"私天下"之心。唯一不同的是，努尔哈赤的"私天下"，需要在与外敌的拼杀中实现，而他的"私天下"却要违背封建伦理规范，从他兄弟、侄儿的手中夺得。于是，他便背上了千古骂名。其实，私欲谁都有，只不过普通人的私欲太小，而他的私欲太大，就如"窃钩者"与"窃国者"的差别一样，那是一般人无法想象的。在封建社会的政治斗争中"窃钩者诛，窃国者为诸侯"的现象，用达尔文"物竞天择"的进化论来衡量，在一定程度上我们也不得不承认其合理的一面。"窃国者"最起码想到了"窃钩者"所未想到或从未敢想的，不能不说，这本身就是一种进取精神的体现。对于满族来说，倘若没有这种进取精神，就不会跨进山海关的大门；对于多尔衮个人来说，倘若没有这种精神，也不会创造那载世丰功。我们并不否认多尔衮有皇帝自为的心理，尤其在皇太极去世后他的这种心理意识是极其强烈的，因为他确实是个强者。然而，自始至终他也没登上皇帝的金銮宝座。相反，随着清军入关后情况的变化，他的皇帝自为的心理意识却逐渐淡化消失了，这既有着客观因素的影响，也有他自己主观意识的作用。

首先，入关初期清军虽然取得了一些军事胜利，但尚无稳操胜券的把握。面对各地人民此起彼伏的抗清斗争，满洲贵族必须团结一致才有可能完成一统天下的任务。如果多尔衮皇帝自为，必将引起豪格为首的两黄旗、代善为首的两红旗以及济尔哈朗、索尼、鳌拜、图赖等将领的反对，导致内讧、分裂，会极大地削弱八旗劲旅的战斗力，使入关后的战绩毁于这种内耗并重新退回到辽东去。

其次，入关后由于受中原地区传统文化的渗透、影响，多尔衮本人以及八旗王公贵胄都多少接受了中原王朝"宗子维城"的皇位继承观念。从皇太极一支讲，属于宗子的仍是福临、豪格等皇帝之子，而多尔衮则属于旁支，以旁支嗣位，便要蒙受篡逆的千古骂名。随着汉化的日益加深，多尔衮对此心理承受能力也逐渐降低，使他不愿冒天下之大不韪，做乱臣贼子，而毁弃"周公"的美名。

最后，多尔衮入关后因国事繁多，应接不暇，加之素婴风疾，时感体内不快，力不从心。又因他登徒子的秉性，纵情酒色，虚淘了身体，三十过半尚无子嗣，这也是他放弃皇帝自为的一种内在因素。

有人说："封建帝王后宫内院私生活的细枝末节，有时甚至能暂时或局部地改变一代历史画卷的构成方式和某些内容。"孝庄文皇后抓住有利时机，不惜纡尊下嫁，也在一定程度上缓减了多尔衮皇帝自为的冲动。在与孝庄文皇后合卺之后，使多尔衮无论从权欲上，还是从名分上都满足了做皇帝的心理，因为他毕竟娶了皇帝之母。从此之后，他便甘心做一个既握有权力，又可以功德圆满的太上皇了。

二、除异己摄政王立威

多尔衮是个颇有心智的聪明人，他虽然位居皇父摄政王，大权在握，但他清楚地知道：自己并不是名正言顺的皇帝。无皇帝之名，却要树立至尊的权威，就必须施展权术，使稍有不驯的人匍匐在自己的脚下，甚至消灭他们的肉体。

入关之后，摄政王多尔衮在礼仪待遇上明显高出其他诸王，与皇帝的仪注日益接近。他的权威日渐提高，与此同时，也变得更加威福自专，容不得半点的怠慢和不敬，甚至挑剔到苛刻的程度。顺治四年（1647）四月，顺天巡抚廖攀龙奏报剿抚土寇捷音，可能由于被胜利冲昏了头脑，竟疏忽到将"皇叔父摄政王"改称为"九王爷"，多尔衮览奏大怒，并未因他的些许胜利而有丝毫之宽贷，立即将其革职，并下刑部议罪。同月，甘肃巡抚张尚也因在题本内称"皇叔父"，而遗"摄政王"三字，也遭到了与廖攀龙同样的命运。同年六月，顺天文安县知县李春元不以前车为鉴，仍如他顶头上司廖攀龙一样书"皇叔父摄政王"为"九王爷"，再度惹怒多尔衮，被革职查办。顺治三年（1646）甘肃巡抚黄图安呈请终养，当时正值摄政王斋期，于是大学士范文程便将黄图安的呈请交给辅政王郑亲王济尔哈朗批示，多尔衮闻知后，大动肝火，竟将范文程下法司论罪，以致这位满腹经纶的大学士不得不称疾家居。多尔衮不容臣下们有半点忽视自己地位的做法，不论是开国元勋还是封疆大吏，忤者必惩，毫不客气。

当然，多尔衮心中最为清楚：在他树立自己至尊地位的过程中，竞争者和主要障碍不是来自这些已经降服的汉族官员，而是来自那些桀骜不驯的皇族成员和八旗勋贵。在多尔衮的脑海中总不时浮现出崇德八年（1643）金秋季节盛京皇宫外那场剑拔弩张的皇位继承之争，正是那些皇族要员和满洲勋贵破灭了他皇帝自为的理想和愿望。正蓝旗主及太宗长子豪格和两黄旗诸将的拼死反对，使多尔衮虽有两白旗将领的支持，可以孤注一搏，却并无稳操胜券的把握。着眼于大局，多尔衮只好抛出折中方案，拥立太宗皇帝年仅6岁的幼子福临绍继大位，自己做了个辅政王。这对多尔衮来说，再度与皇位失之交臂，不能不是终生之憾事。但是，凭借他过人的才干与权谋，他很快就压倒了其他诸王，取得了代天摄政的地位，算是得到了补偿。而在这场权力再分配的角逐中，失去最多的是最有继位希望却偏未如愿的肃亲王豪格，这使他胸中长存一股怨望愤懑的恶气，与多尔衮之间相互猜忌日益加深。于是，他也便成为摄政王多尔衮重点打击的对象。

豪格是清太宗皇太极的长子，早年就随清太祖努尔哈赤出征蒙古各部，以智勇封贝勒。太宗时多次率兵攻明，著有劳绩，封和硕肃亲王，勋劳战功不在几位叔王之下。以其太宗皇帝长子的地位，在封建化日臻成熟的清王朝，由他绍继皇位是顺理成章的事。然而，豪格毕竟没有他的叔叔多尔衮那么老到、富有机谋。由于两白旗将领的反对和多尔衮折中方案的抛出，使他践位的希望终成画饼。缺乏政治斗争经验的他并不如代善那样善于审时度势、明哲保身，在失望之余，他对多尔衮生出强烈的怨恨之情，并不时将这种怨恨的情绪公开化。顺治元年（1644），豪格对正蓝旗固山额真何洛会及两黄旗议政大臣杨善，甲喇章京伊成格、罗硕大发牢骚，流露出对摄政王多尔衮的种种不满：其一，对何洛会、杨善、伊成格、罗硕说："固山额真谭泰、护军统领图赖、启心郎索尼向皆附我，今伊等乃率二旗（两黄旗）附和硕睿亲王。夫睿亲王素善病，岂能终摄政之事。能者彼既收用，则无能者我当收之……尔等受我之恩，当为我效力。"其二，对何洛会、俄莫克图、杨善说："我未经出痘，今番出征"，摄政王派"我同往，岂非特欲致我于死乎"。其三，对何洛会、俄莫克图、杨善说："和硕睿亲王，非有福人，乃有疾人也。其寿几何？而能终其事乎？设不克终事，尔时以异姓之人主国政，可乎？多罗豫郡王曾语我云：'和硕郑亲王初议立尔为君，因王（郑亲王济尔哈朗）性柔，力不能胜众，议遂寝。'其时我亦曾劝令勿立，由今思之，殆失计矣，今愿出力效死于前。"其四，对俄莫克图说："我岂似彼（多尔衮）病夫，尔何为注目视我，我岂不能手裂若辈之颈而杀之乎！"其五，召甲喇章京硕兑谓之曰："尔与固山额真潭泰，郎舅也，尔可说令附我。"

然而，在福临即位之后，时势已异，大局已定，豪格的政治地位与价值已不似争夺皇位时那般重要了。何洛会是个很善于见风使舵的人，他深感肃亲王已难成大器，似此等大事若张扬出去，必然关乎身家性命，便偕同硕兑、胡式、凌图、喀木图、开禅、硕格、达克等，往谒多尔衮门下，揭发了豪格。于是，豪格被剥夺手下7个牛录，罚银5000两，废为平民，好歹算保住了一条性命。其党羽俄莫克图、杨善、伊成格、罗硕被斩首；安泰、夏塞在审讯时认罪态度较好，责100鞭，没收夏塞家产一半赏给告发人硕兑。何洛会检举有功，赏给俄莫克图和伊成格的家产；图赖为肃亲王党羽所恨，将杨善、罗硕两人家产赏赐给他；谭泰、图赖、索尼忠诚于摄政王，为肃王所嫌，各赐玲珑鞍辔全副，马1匹，银200两。

豪格虽然被罚废为平民，但太宗皇帝长子的地位仍是颇具号召力的，他的存在本身就是多尔衮独揽大权的最大障碍，多尔衮自然绝不会轻易放掉他，总有一天要把他衔入口中嚼烂、吞掉，老谋精干的多尔衮静静地等待着时机的到来。

公元1644年，多尔衮统兵入关，豪格效力戎行。这年十月，清世祖福临在北京再次举行登极典礼，大赦天下，多尔衮同意复封豪格为和硕肃亲王。这也是多尔衮给豪格的一个信号：你肃亲王的荣辱祸福全操在我摄政王手中，何去何从，躬身自省吧！同日，摄政王多尔衮派出胞兄胞弟阿济格、多铎两支大军，南北出击大顺农民军和弘光政权，同时派遣豪格率军进入山东，协助当地官员平定地方、稳定漕运航线，拱卫京畿，呼应多铎军渡江进攻南明政权。豪格此行处处谨慎、事事请示，他平定满家洞抗清义军10余支，填塞251洞，多有斩获；又收降许定国部的弘光朝军队20万人，颇有劳绩。当阿巴泰接替他回京时，本以为如此功勋，当有所赐，但归京时却不见郊迎，不获宴劳，不得赏赐，似乎朝廷根本不知道他肃亲王回师，根本没有收到他战胜的捷报。"虎落平阳被犬欺"，面对如此冷遇，豪格也只好无奈地忍受了，但多尔衮对他的敌视并未因他的容忍而有丝毫之减退。

顺治三年（1646）初，摄政王多尔衮派遣豪格往征四川。他率兵走西安，廓清大顺军余部后，五月初，兵发汉中，击败大西军贺珍部，斩获大批牲畜。十一月，进入四川，招降大西军百丈关守将，疾驰保宁，同月二十六日兵至西充，张献忠率部下仓皇迎战，不幸中箭身亡，大西军将士猝不及防，损伤惨重。当报捷文书传达北京，多尔衮看后只讲了句"深可嘉悦"，便无下文了。射殪张献忠后，豪格统军深入，用了一年时间，略定荣昌、富顺、资阳、内江、隆昌、夔州、遵义，基本底定了这个"天府之国"。豪格此番征战，一去二载有余，当顺治五年（1648）二月豪格率师回京时，等待他的却是监狱、铁镣、噩运……

就在豪格回京同日，摄政王多尔衮以争功的微小过错，处罚了从征四川的豪格麾下将领希尔艮，并以附和豪格举荐有罪之人杨善之弟机赛的罪名，将肃亲王帐下爱将鳌拜、苏纳海、觉罗巴哈纳、车尔布、富喇克塔、索浑等人分别予以降职、停赏的处分。多尔衮此番筹划是有着更深层的目的的，"项庄舞剑，意在沛公"。

果然，事过一个月左右，多尔衮便将豪格揪了出来。所罗织的罪名有三：第一是捷报四川征服已经两载，而地方却没完全平静；第二是推举杨善（多尔衮之政敌）之弟机赛补任护军统领；第三是对希尔艮冒功不加处理，甚至摄政王"三次戒饬，犹不引绺"。为多尔衮所控制的议政王大臣会议议其罪曰："如此怙恶不悛，仇抗不已，不可复留，豪格应拟死。"闻报后多尔衮又摆出一副仁慈面孔和博大襟怀，说道："如此处分，诚为不忍，不准行。"善于领会摄政王意愿的诸王大臣们最终议定剥夺肃亲王所有属员，幽闭高墙。豪格被囚不久，便突然死在狱中，据称是多尔衮遣人"谋杀"的，虽然未见佐证，但豪格被摄政王迫害致死的结论是绝无疑问的。多尔衮以其狠毒的手腕，将自己的侄子迫害致死，除掉了大权在握的政敌，同时，又将豪格福晋、自己的侄媳博尔济吉特氏吹吹打打迎入府中，纳作妃子。多尔衮害死豪格，是否也如一些文人骚客所传说的那样包含着情欲的因素，我们不敢大胆臆测。但不论怎样，在一系列政治斗争中，豪格无疑扮演了一个失败者的角色，并从此永久地退出了历史舞台。他确实不如他的叔叔多尔衮那样，具有政治斗争的天分与过人的权谋。

在崇德八年（1643）的皇位角逐中，多尔衮皇帝自为梦想的破灭，不仅由于豪格的反对，两黄旗将领的坚决抵制也起了巨大的作用。对这件事，多尔衮一直耿耿于怀，他一直忘不了索尼那句"先帝有皇子在，必立其一，他非所知"的冰言冷语，也忘不了佩剑鱼贯而入的两黄旗将领对他的威慑与傲慢。摄政时期的多尔衮为树立个人至高无上的权威，不能不把曾与其分庭抗礼、坚持拥立太宗皇子的两黄旗大臣作为重点打击的对象。

索尼，姓赫舍里氏，满洲正黄旗人。通晓满蒙汉三种文字。历事太祖、太宗，功勋卓著。太祖时授一等侍卫，太宗时屡次奉诏出使，不辱使命，又长期从征行伍间，立有战功，进三等甲喇章京。其人足智多谋，史载："商议大事，无出索尼右者。"太宗皇太极崩逝后的第五天，睿亲王多尔衮亲诣三官庙，召索尼议册立之事，索尼曰："先帝（皇太极）有皇子在，必立其一，他非所知也。"本来，多尔衮对在正黄旗内一言九鼎的索尼是寄予极大希望，想寻求他的支持的。但此次召见，索尼却给了他一个不软不硬的钉子，令其大失所望。是夕，巴牙喇章京图赖告诉索尼议立皇子之事。于是，次日黎明，索尼便会同两黄旗诸将率领两旗巴牙喇兵以护卫为名，包围了诸王正在议立新君的场所——崇政殿。这种情况下，多尔衮不得不折中另议，拥立福临即位。福临即位后，索尼仍担心睿亲王谋篡皇位，乃同谭泰、图赖、巩阿岱、锡翰、鄂拜盟于三官庙，六人如一体，誓辅幼主，极尽全力维护大清皇统这一中心，排击皇统之外的任何中心。这对多尔衮树立自己无冕之皇的至尊地位无疑是巨大的障碍。

顺治元年（1644），索尼从睿亲王多尔衮入关进京。顺治二年（1645）多尔衮以强硬胁迫和利诱收买的手段，使谭泰、巩阿岱、锡翰背盟附己，却也深憾索尼之屹立不附。顺治初年，为满足自己奢侈生活的需要，摄政王多尔衮大兴土木，营建摄政王府，底下的官员们更是乘机大事阿谀，工部拨款甚巨，更调集几乎所有匠役专心于王府的营造。为此，佟机上疏谏止，触怒了摄政王，多尔衮竟大动杀机。而索尼却不避强悍力言佟机无罪，使多尔衮愈恨索尼，伺机惩治。不久，机会总算到来了，被多尔衮收买的谭泰告发："索尼以内库漆琴与人，及使牧者秩马库院，兼从捕鱼禁门桥下。"几件无关紧要的小事，在多尔衮手中却变成了最厉害的进攻武器。于是，索尼被罢官闲住，但多尔衮对他的打击迫害并未就此歇手。顺治五年（1648），贝子屯齐讦告索尼与图赖等谋立肃亲王，此事之真伪不言自明，显系多尔衮一手策划。罪状一出，索尼立被论死，但他毕竟是功勋卓著的元老重臣，颇具威望，妄加杀害并不是一件容易的事。因此，多尔衮最终不得不免其死罪，夺官并籍没全家，安置昭陵，开始了他孤灯烛影、荒江老屋的塞外守陵生活。

图赖，费英东第七子，初隶镶黄旗，后与兄纳盖、弟苏完颜改隶正黄旗。天聪年间，图赖多次从太宗出征，勇猛善战，为八旗满洲第一骁将。崇德八年（1643）太宗暴卒，当满洲贵族商议嗣君人选时，图赖力持非太宗诸子莫属，旋与索尼等"盟于三官庙，誓辅幼主"，也如索尼一样不为利诱所动，深为多尔衮所忌恨。顺治二年（1645），图赖从豫亲王多铎征南京回师北京，见多尔衮大权独揽，威福自专，目无幼主，不由义愤填膺，上疏摄政王，略言"图赖昔年事太宗，王之所知也。今图赖事上（世祖），亦犹昔年事太宗时，不避诸王（当然包括摄政王），贝勒嫌怨，见有异心，不为容默；大臣以下，牛录章京以上，亦不为隐恶。图赖誓于天，必尽忠事上"。这无疑是对摄政王至高地位的公开挑战，再明白不过地向多尔衮宣告：如若做出对不住顺治皇帝的事情来，我图赖决不会答应。

图赖为人刚直、疾恶如仇，不仅对摄政王的专横不满，而且对依附多尔衮、背叛幼主的两黄旗将领也表示极大愤慨。顺治二年（1645），图赖从豫亲王多铎征江南，其时正黄旗固山额真谭泰西征，在英亲王阿济格军中。谭泰遣使告图赖曰："我军道遇险，故后至，请留南京界我军取之。"图赖对谭泰背盟依附摄政王极为痛恨，便告知豫亲王谭泰嘱托之事，又作书遣使报索尼，请转启摄政王多尔衮。兵贵神速，而谭泰却为己求功且视军事如儿戏，就连满洲权贵们也深以为恶。顺治三年（1646）正月，摄政王多尔衮不得不会同诸王坐议谭泰之罪，但为谭泰百般回护，竟三日不决，图赖终于忍不住厉声斥问多尔衮，何以如此之久而不结案。多尔衮一时语塞，不禁由愧生怒，恚然作色道："以语凌我，似此怒色疾声，将逞威于谁乎？"说罢拂袖而去。午门外刹那间寂然无声，在座诸王半晌方转过神来。尽管对谭泰所为他们也深以为耻，但摄政王毕竟是摄政王，图赖之言也着实太过于莽撞无礼了。于是，他们忙将图赖绑了起来向多尔衮请罪。盛怒的多尔衮虽已动杀机却又不好以此治罪于他，只好作罢，将这口恶气默默吞下，以待报复的时机。后来，图赖与博洛受命进攻福建，当地方平定后，旋师至浙江金华，暴病而卒。图赖虽死，迫害却并未停止。顺治五年（1648）三月，贝子吞齐、尚善、吞齐喀及公扎喀纳、富喇塔、努赛等讦告郑亲王济尔哈朗，重提崇德八年（公元1643年）国忧时的历史旧账，把图赖与索尼、图尔格、鳌拜等8人"往肃亲王家中，言欲立肃亲王为君，以今上为太子"，又与索尼、鳌拜等6人于三官庙"共立盟誓，愿生死一处"，共辅幼主的问题再次提出，多尔衮命追夺图赖公爵，籍没家产，革其子辉塞所袭世职，夺所有投充人役及赏赐之物，其兄弟子侄充当侍卫者全数辞退。图赖家族从此衰落。

　　鳌拜，姓瓜尔佳氏，满洲镶黄旗人。他少年从戎，驰骋沙场，勇武善战，夙受太宗皇太极的眷宠，赐号"巴图鲁"，授镶黄旗护军都统，位列大臣。皇太极死时，与索尼等决计拥立皇子福临，不阿多尔衮。顺治二年（1645）六月，鳌拜随英亲王阿济格追击大顺军至湖北通山县，李自成在九宫山遇害。顺治三年（1646），与肃亲王豪格"进征四川，斩张献忠于阵"。鳌拜战功卓著，但因与睿亲王意向参差，难以容留，多尔衮不仅屡抑其功，还曾以微过两度论斩。顺治五年（1648）二月，多尔衮为强化自己无冕之皇的至尊地位，大规模清洗不肯附己的政敌，以鳌拜参加谋立豪格和盟誓三官庙辅佐幼帝之事，再次论死，终议免死赎身。

遏必隆，姓钮祜禄氏，满洲镶黄旗人。太宗文皇帝时，其兄图尔格为正白旗固山额真，兄弟二人与多尔衮胞兄正白旗主阿济格不睦，而与之结怨，经皇太极批准，图尔格及遏必隆带三牛录兵丁投到镶黄旗下。皇太极暴死，遏必隆与图尔格等两黄旗大臣坚决拥立皇子即位，抵制多尔衮自立为君的预谋，并在议立之时设兵护门，以兵相胁。顺治五年（1648）二月，遏必隆被以此论死，后虽免死，但革去世职并籍没家产之半；图尔格被夺燕京投充汉人及因官所赏蒙古人等，革其子廓步梭所袭之职。遏必隆、图尔格家族从此一蹶不振。

顺治五年二月，在多尔衮对反对派进行的大清洗中，除前面提及的两黄旗大臣外，尚有阿济格尼堪、塔瞻、多尔济等两黄旗将领也受到了程度不同的惩处。

摄政王多尔衮要树立自己至尊的地位，必然要摧抑辅政王郑亲王济尔哈朗的势力，因为在顺治初年，济尔哈朗与多尔衮比肩辅政，排序亦在多尔衮之前，虽然威势不足，但两人至少在法律地位上的名分是秋色平分的。

济尔哈朗，努尔哈赤的亲侄，舒尔哈齐第六子，幼年时由太祖亲自辅育教养，多次从征蒙古各部和朝鲜，屡立战功，天命年间封贝勒。他支持皇太极打击限制其他几位大贝勒，很受清太宗赏识。天聪四年（1630）阿敏坐废后，他取代阿敏成为镶蓝旗主，次年七月初设六部时，主管刑部事。皇太极称帝改元，封为和硕郑亲王。在明清松锦大战中，与多尔衮同在前敌，分领两翼，建树颇多，是清初诸王中不可小视的核心人物之一。清太宗皇太极暴死之后，满洲王公贵族内部爆发了皇位继承之争，济尔哈朗无望嗣位。但由于他曾受太宗厚爱，自然站在两黄旗王公将士一边，主张拥立太宗长子豪格继位，这是多尔衮不能接受，但又不得不予以考虑的意见。最后多尔衮折中众议，提出立福临为君，并拉上济尔哈朗共同辅政，且将济尔哈朗推到自己之前。这一招既可堵住两黄旗将领的嘴，又可拉近自己同济尔哈朗的关系。当然，多尔衮心中有数，济尔哈朗是个好相与的伙伴，其智谋、手段、实力均远在自己之下，选择他同出辅政，便于自己大权独揽。

果然，多尔衮的算盘没有拨错。崇德八年（1643）十月，因中后所、前屯卫、中前所军事孔棘，多尔衮将郑亲王济尔哈朗派往前线，而自己留居后方决策运筹。济尔哈朗也算知趣，顺治元年（1644）正月，他召集内三院、六部、都察院、理藩院堂上官，谕之曰："嗣后凡各衙门办理事务或有应白于我二王者，或有记档者，皆先启知睿亲王。档子书名，亦宜先书睿亲王名。其坐立班次及行礼仪注，俱照前例行。"主动退避三舍。济尔哈朗虽心有苦衷，却不得不拱手出让第一辅政给多尔衮。

顺治元年四月，多尔衮统兵入关，占领北京，完成了努尔哈赤家族几十年未竟的事业。在此建功立业之际，郑亲王济尔哈朗却被留守盛京。同年十月，顺治帝在京二度加冕后，大封功臣，多尔衮被封为叔父摄政王，建碑纪功；济尔哈朗被加号为信义辅政叔王，在名分上二人区别显著。多尔衮所得赏赐黄金、白银、彩缎、马、驼等多出济尔哈朗数倍，所定俸禄济尔哈朗仅是多尔衮的一半。冠服、护卫之制，辅政王与其他亲王相同，而多尔衮却远在诸王之上。这样，就拉大了多尔衮与济尔哈朗之间的距离，摧抑了辅政王，而抬高了摄政王。

顺治二年（1645）五月，摄政王多尔衮操纵内大臣定议，以皇叔父命令与朝廷旨意相埒，但体统却不相合，对多尔衮的仪注再度优礼有加，而同时却以济尔哈朗宫殿台基逾制，擅用铜狮、龟、鹤等罚银2000两，并以"徇情不举"为由，将刑部尚书吴达海、启心郎额尔格图革去世职，将理事官胡敏鞭五十，折赎，由此揭开了摧抑郑亲王的第一幕。

顺治四年（1647）七月，多尔衮又集内大臣、各部尚书商议崇锡胞弟多铎封号，造成既成事实，几天后，小皇帝福临御太和殿册封和硕德豫亲王多铎为辅政叔德豫亲王。不久，济尔哈朗被罢黜辅政之责，由多铎代之。从此，他便被踢出了决策核心。

然而，这并不是摄政王多尔衮打击济尔哈朗的终结，相反，却是迫害进一步升级的预示。

顺治五年（1648）三月，贝子吞齐、尚善、吞齐喀，公扎喀纳等人投入摄政王麾下，讦告郑亲王种种罪状：其一，得燕京时，郑亲王自盛京发银千两，求夫役营建府第；其二，当衍禧王、饶余王、贝子和托病死，郑亲王漠视所亲，以病未痊愈为由，不令福晋会丧；其三，宠爱有罪之人顾尔玛洪、罗托，而疏远宗族；其四，崇德八年国忧之时，索尼、图尔格、图赖、鳌拜等 8 人往肃亲王府，谋立肃亲王为君，并派何洛会、杨善诣郑亲王府，将意见转达，郑亲王竟欣然应允；其五，世祖由盛京迁往北京过程中，宿营时令自己所辖镶蓝旗近上立营；前进时又令正蓝旗在镶白旗前行走，再令肃亲王豪格之妻在豫亲王多铎和英亲王阿济格福晋前行走；对摄政王兄弟的两白旗颇为藐视，对肃亲王颇多回护……这后两点，是摄政王多尔衮绝对不能答应的，也是他用来攻击政敌最锐利的武器。于是，他召集诸王会议，将济尔哈朗论死，但济尔哈朗却是一个比豪格更难妄加杀害的人物，最后由多尔衮裁定处罚，将济尔哈朗免死，降为多罗郡王，罚银 5000 两。

后来，虽然恢复了济尔哈朗的亲王封爵，但不得再入决策核心，他只好俯首就范，听从摄政王差遣，重新披坚执锐，率兵征讨，形同普通八旗将领了。

三、威福自专的股肱

摄政时期的多尔衮之所以能够乾纲独揽，威福自专，排斥异己，打击政敌，不断地巩固自己的地位，是同其组织的班底作后盾紧密相关的。

两白旗是他发迹起家、出为辅政的基本力量，也是清太祖努尔哈赤晚年留给三个幼子阿济格、多尔衮、多铎的共同遗产。兄弟三人在个别问题上虽有龃龉，但在重大问题上利益相同，意见还是一致的。

在崇德八年（1643）的皇位纷争中，阿济格、多铎曾"跪劝睿王即大位"，坚决抵制肃亲王豪格承嗣。在权衡双方实力和审视内外形势之后，多尔衮谢绝了他们的请求。多铎竟提出：睿王若不即位，则应立我为君。可见他们兄弟三人在大事面前意见是相同的，都以两白旗的利益作为自己的出发基点。多尔衮担任摄政王后，利用手中的权力，在着意剪除政敌的同时，也着意培植两白旗的实力，组织自己的班底。

顺治元年（1644）四月，乘中原扰攘之际，清军大举进逼山海关，图霸中原。然而，在如此巨大的军事行动中，除多尔衮外，仅有两名满洲王爷相随，即多罗武英郡王阿济格和多罗豫郡王多铎兄弟。多尔衮心中明白，这次攻明是建功立业的难得时机，此举得手，将成不世之功，他们兄弟在满洲贵族中的地位便更不可动摇了。可能是天公作美吧，多尔衮兄弟率领的八旗军几乎兵不血刃地长驱直入山海关，顺利抢占了北京，控制了统治全国的中心，奠定了清王朝入主中原、一统天下的基础。

同年十月，清世祖迁都北京，颁诏天下，封赏功臣，不仅多尔衮得封叔父摄政王，同辅政叔王济尔哈朗在权势地位上拉开了距离，而且他的同胞兄弟也均晋封王爵：阿济格晋为和硕英亲王，多铎为和硕豫亲王，得与辅政叔王济尔哈朗齐肩并坐，为日后多铎取代济尔哈朗埋下了伏笔。紧接着，多尔衮又派出两路清兵，分头追剿大顺农民军和进攻南明弘光政权，这两路大军的统帅分别由阿济格和多铎担任。

多铎所部清军一路顺风，顺治二年（1645）初，克潼关、下西安、击走李自成；又发兵中州，进抵黄河北岸。当奏捷文书送到北京，多尔衮万分欣悦，当即下谕以功勋茂著赐给镶嵌宝石的佩刀、镀金鞋带。四月，多铎一路清军攻克扬州，五月占领南京，消灭南明弘光政权。捷报传来，多尔衮更加兴奋不已，不仅仅因为江南底定，一统大业指日可定，更因为多铎的胜利使他们兄弟的地位固不可撼了。于是，多尔衮一面准备祭告天地宗庙、列祖列宗；一面驰书江南军中慰问多铎，对他的战绩颇加赞许。自然，对多铎这位坐镇江南的清王朝全权代表，竭力推行其武力征服战略，血洗扬州，三屠嘉定，杀戮江阴人民，厉行剃发，镇压抗清志士的行为也是嘉许的。

这年十月，多铎奏凯还京，摄政王多尔衮授意顺治帝出正阳门，亲到南苑附近迎接，仪式之隆重，场面之宏大是前所未有的。这与豪格率师回京时的凄凉场面相比，无疑是天壤之别。几天后，又以多铎破流贼，定江南，招降无数的丰绩，叙功行赏，加封其为和硕德豫亲王，赏赐无数。

顺治三年（1646）五月，多铎再度奉命出师，征讨蒙古苏尼特部腾机思诸叛人，多尔衮亲率文武大臣送出安定门，为之饯行。九月旋师，多尔衮又亲自出边到兀兰诺尔迎候，福临到安定门外亲迎。气氛热烈，礼遇尊崇之程度，皆在多尔衮以外诸王之上。多尔衮为什么要给其胞弟如此殊荣呢？恐怕用意不仅仅在于借机宣扬多铎的功绩，抬高多铎的地位，在时机成熟时，让其取代济尔哈朗的辅政职务；更深层的用意是：多尔衮深知其胞弟在诸王中的实力和分量，如若不把精明强干的多铎抓在手中，绑在自己的战车上，他想要大权独揽实在是太不容易了。

多铎这位和硕德豫亲王生性风流，皇太极时期，他可能是心怀生母被逼殉的压抑，"服色奇异，流于般乐"，携妓宿娼，"以妓女为恋"，曾受到太宗皇帝的严厉斥责。多尔衮摄政时期，他仍不改故习，崇德八年（1643）十月，他又企图夺范文程妻子而受到罚银千两、夺十五牛录的处分。顺治元年（1644）二月，又将户部管理的户籍册私自取出，按册召集所有八旗女子选美，户部理事官雅秦还投其所好，将籍内无名女子私自选献给多铎……而且，多铎与多尔衮的关系也并不像人们想象的那么密切，反倒与多尔衮的主要政敌豪格颇有来往。多铎胁夺范文程一事，豪格也因知情不举而被罚银3000两；多尔衮摄政后决定罢王公管理部务时，多铎又与豪格挑头表示不满；顺治元年三月，多铎又与豪格一起出外放鹰，日久始归，甚至跑到山林禁地中去打猎，被一同议罪……多铎的好色在多尔衮看来并不是重大的毛病，只要稍加约束即可，可对于与豪格来往渐多，他不敢掉以轻心，不得不频频告诫、时时提醒。

顺治二年（1645）十二月，多铎刚从江南立了大功回来，多尔衮便把诸王、贝勒、贝子、公等大臣们召集起来，提醒他们要尊崇皇帝，不要只对他献殷勤，他说："那时太宗升天，嗣君未立，诸王、贝勒、大臣等都想让我继位，甚至跪下来请我。我当时就表示，你们要是这样，我就自杀，誓死不从。那时如此危急，我都不答应为君，今天你们不敬皇上，谄媚于我，我怎么能答应呢？太宗恩育于我，不同于诸子弟，是因为深信只有我才能使诸子长大成人，建功立业，这个意思，你们知道吗？"停顿片刻后，他又接着说道："当时不立肃亲王为君，又不是我一个人的意思，你们这些诸王大臣不都说'若立肃亲王，我等都没法儿活了'吗？那个时候不肯议立，怎么如今反倒去他那儿市恩修好！"

其实，多尔衮之所以要求大家要尊崇皇帝，只不过是向众人表示其无意觊觎皇位以平息世间传出的种种风言风语，至于是该尊崇他摄政王，还是尊崇年幼的皇帝，他心中清楚，诸大臣心中也清楚，这是不言自明的。多尔衮真正的用意是在后半部分，想以此提醒多铎及其他人，当初是大家不愿立豪格为君的，而自己是有可能继位却予以拒绝的，因此不要对既定的统治秩序表示不满或后悔。

对此，诸王、贝勒们都明了于心，纷纷点头称是，只有多铎闷坐一旁，一言不发。于是，多尔衮派人问他："大家都说话了，为什么你不说话呢？"

多铎答道："我不明白这是什么意思，所以没说话。"其实多铎心中再明白不过，多尔衮是在说他。

多尔衮听完，笑道："我刚才还和阿济格尼堪说呢，说我讲了这些话以后，豫亲王肯定默然无语，果然不出我之所料！"

于是，众大臣纷纷数落多铎，重提当年他跪请摄政王即位的故事。多铎支支吾吾，甚是难堪，想不承认。最后诸王、贝勒、大臣以多铎无理妄对，准备议罪。多尔衮却阻止了，云今日只不过是要大家各自反省，并非要加罪于谁，便不了了之了。

尽管如此，多尔衮对多铎仍然十分信赖与倚重，把希望寄托在他的身上。因为他们毕竟是同胞兄弟，而且无论从可靠程度还是从能力来说，他都比其他任何人更值得信赖。时过不久，多尔衮欲以多铎取代济尔哈朗的第一层用意很快便兑现了。

顺治四年（1647）七月，多尔衮传集内大臣、各部尚书、启心郎等，在历数了多铎的丰功硕绩之后，提出应晋封其为"辅政叔德豫亲王"。摄政王的话既是令旨，也是圣旨，似乎无人能够反对。几天后，伴食画诺的小皇帝福临例行公事，下册封诏书，又赐黄金千两、白金万两、鞍马一匹、空马九匹，使多铎取得了与辅政叔王济尔哈朗平等的地位。不久，摄政王又下令停罢济尔哈朗辅政，只令多铎一人总理辅政事。这时的多铎在清初的满洲贵族中已经跃居实质上的第二号人物，成为多尔衮最得力的臂膀。

阿济格是多尔衮的胞兄，但他和多尔衮的性格大不相同，粗野、凶狠、作战勇猛，是个政治上的近视眼，远不及乃弟的智慧与权谋，充其量是一介勇夫。

早在皇太极时期的历次重要征战，阿济格都参与其间。天聪三年（1629）入关攻明，斩明山海关总兵赵率教，又在北京广渠门外追杀袁崇焕、祖大寿的兵马，直到坐骑仆倒才回师；大凌河之战中，漫天迷雾，对面不见人，阿济格又身先士卒，奋勇冲击；崇德元年（1636），他率军入关征明，连续 56 战，俘获人畜十几万。回师后皇太极亲自出城迎接，发现阿济格身体瘦削、神形憔悴，不禁怆然涕下，连忙亲擎金杯，向他敬酒。清入关后，他又劝多尔衮大肆屠戮一番，然后退兵沈阳，因而引起北京街头谣言四起，人心惶惶。可见他属于那种缺少政治头脑、胸无大志的莽勇之人。所以，尽管多尔衮经常让他参与重大的军事行动，却不敢指望他做自己政治统治的辅弼。另外，阿济格时常做事任性，不顾后果，使多尔衮也十分难堪，这也使他在摄政时期只能挥师东征西讨，却不能如多铎那样得到多尔衮的重用与依托。

顺治元年（1644）十月，多尔衮派阿济格率军自边外进陕北，攻击李自成，但他刚到宣化就捅了娄子。宣府巡抚李鉴曾弹劾赤城道朱寿鋆贪酷不法，朱某听说后，连忙派儿子进京，托相熟的旗人绰书泰到阿济格那儿去走门路，求阿济格给与印札，命令李鉴宽免朱寿鋆之罪。这回出师路过宣府，阿济格就召来李鉴说："寿鋆忠良，宜释免。"李鉴不听，阿济格又派绰书泰和刘芳名逼李鉴。后来此事报到多尔衮那儿，朱寿鋆和绰书泰被杀，算是给阿济格一个警告。后来阿济格军又迟迟未进入陕西，据说是他绕道土默特、鄂尔多斯地方，妄行需索，直到多铎破了西安，阿济格还不知在何处。多尔衮十分恼怒，便下谕斥责他，让他继续剿灭农民军余部，以赎前罪，不得以流寇已遁就自行班师。这下阿济格才着了忙，不敢怠慢，一直尾追李自成不舍，先后八战八捷，又得到了李自成的死讯。这样，多尔衮才高兴起来，甚为嘉悦，认为阿济格运筹决胜，茂著勋庸，派使者前去军中慰问。但不久多尔衮就发现李自成死讯不确，由喜转怒，责怪阿济格谎报军情，奏报情形前后有异，而朝廷这边已经举行过典礼，祭告过祖先，竟然是一场虚诳！所以在班师时，不许派人去迎接。军队开到卢沟桥时，多尔衮又派人告诉阿济格说："尔等有罪，应议处，故不遣人迎接。尔等可至午门会齐后，即各归家。"把一班将士搞得灰溜溜而散。几天后，以阿济格威胁李鉴释免朱寿鋆、擅赴蒙古部落取马，甚至将顺治皇帝称为孺子等罪，将他降为郡王，罚银5000两。一场辛苦，反落一顿处罚。但他毕竟是摄政王之兄，也是多尔衮的心腹，因此没过多久，多尔衮就把他的亲王爵位给恢复了。

这次出师回京后，三年内没有外遣，直到顺治五年（1648）才又派阿济格去津门、曹县征剿农民抗清义军。两个月后，因金声桓、李成栋等降清明将复叛，造成极大震动，多尔衮对镇守大同的降将姜瓖放心不下，便派英亲王阿济格、多罗端重郡王博洛等统兵戍守大同。阿济格率师进驻大同后，催办粮草，急如星火，搞得绅士军民苦不可当。他还放纵部下糟蹋民间出嫁新娘，结果激变姜瓖，造成摄政时期最叫多尔衮头疼，投入兵力最多，也是最难平定的一次动乱。摄政王多尔衮顾不得追究阿济格的责任，即派他为平西大将军，率兵征讨。

在平定这次动乱中，英亲王阿济格可能是心怀愧疚吧，格外卖力。在此期间，他的两位福晋染天花而死，摄政王多尔衮让他回京料理后事，他立即上疏回绝："王躬摄大政，正在为国不遑之际。若不乘此效力，更于何时？今余不复希冀富贵，但以丈夫重名誉，欲佐命效力，俾后世垂名史册尔。以妻死之故，弃大事而归，有是理乎！"多尔衮看后，大为感动。

平定大同动乱期间，发生了一个叫多尔衮心碎的意外变故。顺治六年（1649）三月，多尔衮亲率大军前往大同增援阿济格，行至途中突然传来辅政叔德豫亲王在京城出痘的消息，多尔衮顿时大惊，立刻下令班师回朝。

满族人在关外的时候，很少出痘，进关之后，气候暖和了，却不知怎么总害天花，一得此病，又无法医治，往往一命呜呼。多尔衮害怕此病传染，曾下令凡听说有出痘的，一律轰到京城20里以外的地方，但郊外都是满人庄田，又怎能安生？不少百姓不得不含着泪把出痘的婴孩丢在路旁，甚至忍痛弄死，搞得人心惶惶。不过清初人害怕天花传染却是事实，后来福临死后，玄烨继位，有一个缘故就是他是出过痘的幸存者。

多尔衮的担心不是没有道理，一个星期以后，多尔衮刚赶到居庸关附近，白旗大臣苏克萨哈就带来了多铎的死讯。多尔衮立刻捶心痛哭，赶忙去掉红缨，换上素带，匆匆向北京进发。多铎的死对多尔衮来说无疑是一个巨大的打击，失去了威福自专的股肱。同年五月，阿济格派吴拜、罗玺去向多尔衮说道："豫亲王征流寇到庆都就躲了起来，破潼关却不全歼其众，追腾机思又不取其国，何功之有？郑亲王是叔父之子，我乃是太祖之子，为何封他们为叔王，不封我为叔王？"对此多尔衮极不高兴，斥责道："尔安得妄思越分，自请为叔王？大不合理！"虽然多尔衮拒绝了阿济格的请求，但阿济格毕竟是他的同母哥哥，同是白旗势力的领袖人物，在关键时刻，他仍是多尔衮相对信赖的人之一。多尔衮对其"自请为叔王"的批评其实也是摄政王权威的体现，你能否当上"叔王"，应该由我来决定、筹策。从事后发生的某些迹象来分析，似乎摄政王多尔衮并非一点没有考虑这一意见。

顺治六年（公元 1649 年）六月，在处理完多铎的丧事后，多尔衮又急返大同前线，并谕令其心腹大臣谭泰、何洛会、冷僧机、刚林等一切军国大事集英亲王、议政大臣、固山额真等公议，而礼亲王代善、郑亲王济尔哈朗却被排除在外。在他的安排中我们不难看出，虽然阿济格与死去的多铎在各方面均有很大差距，但在此时却是多尔衮最可信赖的人。顺治七年（1650）十一月，多尔衮在塞外狩猎，病笃不支时，召英亲王阿济格安排身后之事，关键时刻可以托付后事的还是他的亲兄弟。可见，在多铎死后，也着实只有阿济格可以接替多铎之职了。至于他的能力是否胜任，就如《三国演义》中的姜维一样空有武侯之志却无武侯之能，只能另当别论了。

多尔衮在摄政时期独揽大权的过程中，不仅倚重同胞兄弟作为左膀右臂，而且还分化拉拢了两黄旗部分大臣，使其投入自己麾下，扩大了自己的政治班底。

正黄旗固山额真谭泰，在崇德八年（1643）那场皇位继承纷争中，本是站在豪格立场上的核心人物，在那危机四伏之夜也曾手执刀刃，对多尔衮以死相胁，福临即位后，又曾与索尼等盟于三官庙，六人一体，誓辅幼主，生死一处。但是，谭泰是个很会见风使舵的机灵人。崇德八年的纷争中，在局势并不明了的情形下，他毅然而又慨然地站在了对自己来说最为有利的豪格一方，将自己的未来与生死荣辱俱系于豪格一人之身。在豪格失意、福临登极后，多尔衮以摄政王的身份秉断朝纲，谭泰知道豪格已是一棵再也靠不住的树了。于是，他频频地向多尔衮阿谀、献媚，而多尔衮在实施其打击报复两黄旗的计划中也恰好需要这样一个人物。很快，谭泰便投向了多尔衮的怀抱。谭泰的毁盟变节，激起了索尼、图赖等正黄旗将领的愤恨与不满。大学士希福、色图赖等多次揭发他，将他以往的污情秽事统统抖了出来，一时间，朝野上下群情激愤，多尔衮迫于压力，在顺治二年（1645）将谭泰革职，但仅过了三个月，待风声稍松之后，多尔衮又将其官复原职了。

在征讨江南过程中，谭泰又请求图赖将南京留给自己来取，图赖本不满于谭泰的变节，此次对谭泰的过分之请更义愤填膺，将此事告知了行军统帅多铎，多铎又派人告知索尼，请他转告摄政王多尔衮。但信使塞尔特却将此信示于希思翰，希思翰与谭泰甚好，便将此信扔于河中，以保护谭泰。然而，世上没有不透风的墙，事发之后，引来了朝野上下的一片讨伐声，众多满洲权贵视此为奇耻大辱。多尔衮把谭泰当作自己亲信百般呵护，但在图赖等的逼迫下，也不得不将谭泰系之于狱，除给家口男妇90余人器皿、衣服外，其余家产全部没收入官。谭泰在被关押期间，多尔衮曾派人去探视，又送吃送喝，谭泰大为感动，对来人说道："王若拯我，我杀身报王。"多尔衮听到回报后，认为他很忠心，更加信任，就将他放了出来。两年后，当大批两黄旗将领因吞齐讦告济尔哈朗而遭受严厉处罚时，谭泰不仅未受任何牵连，反而官复原职，与何洛会一起到江西去征讨金声桓了。到顺治七年（1650）多尔衮的威势达到顶峰时，他又当上了吏部尚书，掌管天下文职选授除拜的人事大权。

在多尔衮既拉又打、软硬兼施两种手段交替并用之下，两黄旗的大臣开始分化，许多人终于在权欲的引诱下，一改初衷，投到摄政王门下。骑墙者又何止谭泰一人，拜尹图、冷僧机、锡翰、巩阿岱、席纳布库等都"心归默勒根王"，他们对索尼、鳌拜说道："我们一心为主，生死与共之誓，俱不算了。"并逼迫两人一同悔誓。这些投靠多尔衮的两黄旗大臣在摄政期间皆被多尔衮封为贝勒、贝子、内大臣，身居显位，构成摄政王的班底。

何洛会原隶于肃亲王豪格，多尔衮摄政时期，他也如谭泰一样见风使舵，靠讦告肃亲王与两黄旗大臣杨善、俄莫克图、伊成格、罗硕将谋乱，取得了多尔衮的信任，并深受其赏识。为嘉奖其告主之功，赐给籍没俄莫克图、伊成格的家产，授世职二等甲喇章京，特擢内大臣，成为摄政王班底的重要人物。

顺治五年（1648）三月，吞齐、尚善、吞齐喀、扎喀纳、富喇塔、努赛等出来讦告郑亲王济尔哈朗，摄政王多尔衮欣喜若狂，对他们更是不吝赏赐、擢拔。因为这次讦告帮了多尔衮的大忙，使其得到了对两黄旗和镶蓝旗中的异己力量进行大扫荡的口实。顺治六年（1649），尚善晋为贝勒、议政大臣，掌理藩院事；富喇塔、扎喀纳封为贝子；吞齐晋升贝勒，并当上了镶蓝旗固山额真，都成了摄政王班底中的要员。

多尔衮就是这样以崇德八年的皇位之争为分水岭，区分满洲贵族中各种政治派别和阶层的。在这场斗争中，凡是亲近多尔衮或后来投入其怀抱的，均给以厚赏和高爵；凡是主张拥立豪格的，都被视为异己，不择手段地进行排陷打击。顺治五年二、三月可以说是多尔衮对异己力量的总清算时期。摄政王的班底壮大了，摄政王的权威也日渐达到了顶峰。

四、摄政时期的"太上皇"

多尔衮摄政时期，正当福临冲龄践祚。他大权在握，剪除异己，安插亲信，赏罚几埒于朝廷。虽有僭越行为，却无篡逆实践。因此，在清代一些学者和政治家的笔下，多尔衮被颂扬为克尽臣职、深识大体、辅弼幼主、安天下定基业宛若周公的贤王。而实质上，在整个摄政时期，多尔衮始终没有放弃皇帝自为的希冀，只不过不同时期所采取的手段不同罢了。在他的脑海中仍时时浮现出父汗的遗训、生母的惨死与崇德八年那场争位斗争的屈辱。

多尔衮怎能忘记，顺治元年（1644）五月，当他率领八旗将士抵达燕京时，故明内监为其陈设卤簿大驾和御辇，跪迎道左，他在钟鼓声中乘辇入武英殿升座，接受故明官僚山呼万岁的朝贺时，心情是多么自得！他更不会忘记，崇德八年（1643）仲秋，在八旗王公内部展开的那场剑拔弩张的皇位之争中，迫于形势，违心地抛出折中方案，拥立 6 岁的福临登继大位，而自己屈居辅政时，心情是何等郁郁！说多尔衮素无篡逆之心，只一心"法周公，辅冲主"确实是对他的一种美化。至少在从顺治元年（1644）多尔衮被封为叔父摄政王到顺治五年（1648）冬至称皇父摄政王的这段时间里，多尔衮确实是有废幼帝而代之的动机的，他所谓"法周公，辅冲主"，仅是一种自我标榜而已。

早在入关之前，顺治皇帝即位仅4个月时，多尔衮即以"盈庭聚讼，纷纷不决，反误国家政务"为借口，宣布限制诸王权力而将国政大权集中于两位摄政王之手。郑亲王济尔哈朗很快就看出了多尔衮意欲独揽朝纲的意图，自知无力与之抗衡，便将自己手中的权力拱手相让。同时，礼部特为摄政王议定了居内及出猎行军的仪礼，明确规定诸王不得与之平起平坐。从此，清廷的所有政令均出于摄政王一人之手，无人能干预其所为了。顺治元年五月，多尔衮统兵占领北京，乘只有皇帝才能坐的帝辇，入武英殿升座，故明降官俱拜伏丹墀之下，口呼"万岁"，关内关外只知有睿亲王一人，却不知大清还有个顺治皇帝。这年九月孝庄文皇后移居北京时就已深为多尔衮擅权揽政、一呼百应的状况忧心忡忡，却毫无办法。十月，福临在北京再次登基后，加封多尔衮为"叔父摄政王"。

自此，多尔衮更凭借手中的权势立威自固，由叔父摄政王、皇叔父摄政王，进而自称"皇父摄政王"，一步步向权力巅峰攀去。这期间，数次隆崇礼仪，僭拟至尊，与皇帝无异；他的府第宏伟壮丽，甚过帝居；出入上朝，常服皇帝之服饰，入朝时满洲诸王皆跪迎；摄政旨意则称"王上曰"，凡有赏赐则曰"钦赐，出自圣恩"；"凡一切政事，及批票本章，不奉上命，概称诏旨"。多尔衮以宗室亲王、幼帝爱叔的身份，"代天摄政，赏罚拟于朝廷"，不仅在满洲部分贵族中引起疑虑，就连朝鲜国王李倧也认为摄政时期的清王朝"然则二帝矣"。这话一点也不过分，在摄政王眼里，福临仅是个无知蒙童，充其量只不过是太后怀中的皇儿幼帝。

顺治三年（1646）五月，摄政王又以"信符收贮大内，每经调遣，奏请不便"为由将信符收贮王府，把军队调遣的权力完全抓在了自己手中。顺治五年（1648）多尔衮往征大同姜瓖时，临行谕礼部曰："予行师在外，所出政令，必关六部、都察院、銮仪卫等各衙门，其原设印信，不便携行。今仿古制，每衙门各另铸印一颗，加一'行'字，著礼部作速造办，各衙门携用。以后差遣侍卫，俱用銮仪卫印信。"这两个步骤的完成，说明多尔衮个人几乎就是朝廷，他业已成为真正的无冕之皇，所缺的也只不过是"皇帝"的名号罢了。下一步要做的，就是创造一个正名的机会了。

多尔衮不仅在行动中逐渐把皇帝的权力控制在手中，威福自专，而且也为其有朝一日取而代之制造各种舆论，以图在正名时更加顺理成章，合乎自然。

多尔衮曾不止一次讲过皇太极的即位本系夺立之语。这种舆论表明，在多尔衮看来，皇太极即位是"夺立"，其潜台词很明白：太宗继承皇位是名不正、言不顺的悖理之事，那么，太宗诸子承继大宗而继大位自然也是非法的了，否定了皇太极一支继承皇位的合法性。那么，大清朝的皇位应该由谁来继承呢？这一点，摄政王多尔衮也早有明示。顺治二年（1645）十二月的一天，多尔衮召集诸王、贝勒、大臣等到一处，对他们讲"太宗皇帝逝去时，嗣君未立，诸王、贝勒、大臣都拥立我为帝"，可见，在多尔衮看来，只有他多尔衮继承皇位才是名正言顺、合情合理的。多尔衮为实现其皇帝自为的打算，处心积虑，昼思夜想，以致忧思伤身，对此他直言不讳。据说，他曾说过："若以我君，今上（福临）居储位，我何以有此病症。"多尔衮心怀不轨，觊觎皇位，在顺治五年冬至以前是确确实实的，并不是他死后政敌的一种构陷。多尔衮的僭越和谋篡，在摄政时期就曾引起一些满洲贵族的忧虑与不安。

郑亲王济尔哈朗曾对宗室巩阿岱说："皇子（福临）即帝位，别的都没有什么，唯一令人担心的就是他人胁篡。"这个"他人"显然是指多尔衮，可以说多尔衮意欲自立的种种举措已经对顺治皇帝造成了严重威胁并引起一些满洲贵族的深切焦虑。图赖更直刺摄政王多尔衮，当面表示自己要像忠于太宗皇帝那样忠于幼主，如果有人心怀不轨，就和他拼个你死我活。直接拆穿了多尔衮的司马昭之心！多尔衮自己也明白，自己地位的进一步巩固和废幼帝自立的最大障碍，不在于归降的汉官汉将，而是满洲贵族内部的反对势力。因此，顺治五年（1648）二、三月间，他利用贝子吞齐、尚善等人讦告济尔哈朗之机，对两黄旗及镶蓝旗的反对势力进行了大规模的清洗，济尔哈朗、索尼、鳌拜、遏必隆等统统被赶出朝堂。此时的多尔衮已清除了摘取皇冠道路上的一切障碍，唯一还需等待的就是一个恰当的时机，他仿佛已看到皇位在向他招手。

顺治五年（1648），多尔衮已基本完成了进取帝位的一切准备，甚至服皇帝之衣装，自称"皇父"与"国父"，并且以自己的名义下诏谕，提前染上了皇帝瘾。对渐及成年的顺治皇帝，多尔衮已有一种芒刺在背之感，觉得"皇帝虽幼弱，然而他所透出的智略，已超越人们在这个年龄里所能期待的程度了"。于是，多尔衮不得不加快了夺取帝位的步伐。

多尔衮的如意算盘是在别处另建一城府，"把皇帝当作一个俘囚迁移其中",而由自己占据紫禁城综理朝政。到那时,废除名号只不过是一纸诏书就可解决的简单事了。为造新城,多尔衮开始搜掘库财、添注新税,调集大量工匠与服役者,力争早日竣事。同时,多尔衮又派英亲王阿济格率队前往蒙古行聘,欲为顺治帝选立一位蒙古族皇后,俨然行使父皇为子择婚之权,用以稳住顺治皇帝和部分朝臣的心。因此,这次选立皇后实则是多尔衮称帝计划的准备工作之一。

然而,顺治五年发生的一系列变故却意外地延缓了多尔衮"夺立"的步伐,并因他的早逝而最终失去了机会。

这年春天,故明降将金声桓据南昌叛乱。尽管如此,此时还可称得上是入关以来相对平静的阶段。抗清义军虽还在各地此起彼伏,但是大股的抗清力量都被压缩到了东南沿海和西南边远地方,摄政王多尔衮对控制全国的形势感到较为乐观,因此,其清洗反对派的行动也很快出手了。但是这种相对平静的局面没能保持多久,同年十月,降将刘泽清叛变,不久李成栋又据南雄而叛,与金声桓成掎角之势紧密互应,震动南疆。而此时,英亲王阿济格也未能顺利实现多尔衮监控大同降将姜瓖和迎娶蒙古之女的双重意图。当其率队进入以盛产美女闻名的大同城时,大肆劫掠民家妇女,甚至连正在迎娶过门、颇有身份的汉家新娘子也不放过。大同守将姜瓖对阿济格此行本来就怀有敌意,又见清军如此肆无忌惮,于是举兵反叛。又得到米喇印、丁国栋等回民义军的配合,席卷塞北。这样一种局面,迫使多尔衮不得不抽出大部兵力和精力去对付南北两股反清力量,直到次年八月才将各地叛乱完全平息下去。然后多尔衮才得以抽出时间亲自去蒙古,接回选立的蒙古科尔沁部吴克善之女,也因此不得不放慢了谋位计划的实施。

就在这战火纷纭之际，孝庄文皇后却及时抓住时机，施展一个政治家和女人所能做到的一切手段，不惜屈尊下嫁摄政王多尔衮，成功保住了顺治帝的帝位。此外，对多尔衮称帝企图的成功阻止，还多少得力于一个西方传教士——汤若望的帮助。

清军入关后，正在中国传教的耶稣会传教士汤若望，一手拿着新历法，一手拿着十字架找到了摄政王多尔衮。然而，多尔衮似乎对前者更感兴趣，他接受了"新历"，却将汤若望连同他的十字架一起安置到了一个破旧的教堂中便不再问津了。在多尔衮处碰壁后，汤若望便开始将目标转移到了顺治皇帝与孝庄文皇后的身上，认为很可能在他们母子身上实现传教的诸种计划。于是，汤若望利用执掌钦天监大权的有利条件，暗中支持和保护皇帝免遭大难。依照清制，钦天监不仅观测天文气象，而且宫内重大建筑也须由钦天监择吉开工。汤若望便上奏列举了是年天象不合与各地灾异之变的情形，建议立即停止新城建筑。多尔衮既恼怒又无奈，他虽不信上帝，却也生怕天谴，再加上频仍的战事也无暇顾及新城的修建，最后只得下令停工。这时，孝庄文皇后已有下嫁之举，与汤若望一唱一和，成功地阻止了多尔衮的称帝企图。后来，孝庄文皇后对汤若望以"义父"相称，恐怕与此是有直接关系的。

太后下嫁，对于福临和孝庄文皇后来说，这桩政治婚姻保住了顺治帝的帝位，不能不说这是他们母子的胜利。同时，我们也应当看到，这桩政治婚姻对摄政王多尔衮来说，也是巨大的胜利。因为联姻的实行，使多尔衮用和平的方式取得了名正言顺的太上皇合法地位。我们可以大胆推测，这桩政治婚姻的完成，时间在顺治五年（1648）冬至，即多尔衮称"皇父摄政王"的前夕。摄政王妻是皇帝之生母，子是太后之亲子，那么他自然就成了名实相副的太上皇了。

我们可以以太后下嫁事件为分界线，在此之前，摄政王的僭越可视为非分之举；在此之后，摄政王的威福自专便无可厚非了，因为他已是名副其实的"太上皇"了。

不过，身为"太上皇"的多尔衮也有令他头疼不已的事情。他素有风疾，身体欠佳，顺治五年后，健康情况日益恶化，常有来日无多的感慨。而事实也正如多尔衮所忧心的那样，他确实时日不多了。

第七章

昙花一现的殊荣与风云变幻的结局

一、声色犬马的私生活

多尔衮身材瘦小，体质不佳，早已身染沉疴。早在很小的时候，他就常因自己瘦弱的身材无法与魁伟的兄长们相比而自愧。他曾说自己："素婴风疾，劳瘁弗胜。"顺治四年（1647），王公大臣因他"体有风疾，不胜跪拜"，请求免去他面君时的跪拜大礼。多尔衮的政敌肃亲王豪格早就预言，多尔衮是个有病无福的人，不可能坚持到摄政结束。可见，我们的传主并不是一个体魄强壮之人。

多尔衮自己曾经说过，他致病的原因是鞍马劳顿。他回忆道：松锦大战时，身在前敌，"颇劳心焦思，亲自披坚执锐"，"体弱精疲"，由此埋下病根。入关之初，正是开基定业的多事之秋，"机务日繁，疲于裁应，头昏目胀，体中时复不快"。一遇到冗杂事务，心中就躁满起来。进北京之后，"水土不调，为疾颇剧，今差健胜，然亦未尽愈也"。因此他下令，以后奏章要选择一些简明扼要的拿来才看。从此看来，多尔衮中年早逝与其半生戎马和勤于国事有直接关系。清初很多人都不得长寿，如多铎、岳托、罗洛辉、萨哈廉、图赖等多人，是否与长年鞍马劳顿有关系？现在还不得而知。但是仅此一端尚不足以致多尔衮于死地，其声色犬马的私生活，也是其早逝的一个重要原因。

对于多尔衮的私生活，我们的确知之不多。野乘稗史中倒有些描述，但真实性又得大打折扣。有的说他对什么珍肴美食都不感兴趣，只对牛肉感兴趣，炒菜用牛油，甚至用牛骨头当柴烧，每天早晨还要喝一大碗牛奶。有一次钱谦益来见，多尔衮摆上奶茶敬客，钱谦益却颇不习惯那种味道，勉强喝了一口，差点呕了出来。多尔衮见了大笑说："南蛮子！无福消受此美品也。"更有甚者，传说他爱吃毒蛇恶虫等物，唾沫都是一股腥气。这显然是无稽之谈了。

又说他喜好喝茶，比如龙井、碧螺春、武夷山茶、乌龙、普洱等茶都是他喜爱之物。据说每年他都要举行品茗会数次，评论何者以香胜，何者以味胜，何者以色胜。他还让幕宾撰写了《续茶经》三卷，其中以四川峨眉山的云雾茶为天下第一。并云《续茶经》刊刻十分精美，上有魏象枢、冯溥、刘子壮等人的题诗，多尔衮还为之写了序，文字典雅，传说是吴梅村代笔。《续茶经》一书倒是确有，三卷，附录一卷，却是生活在康熙末年经雍正至乾隆初年之间的陆廷灿所撰，根本不可能与多尔衮发生什么关系。说他可能嗜茶，是由于喝茶的习惯人人都可能有，且多尔衮又喜好吸烟，烟酒茶之间又往往是不可分的。

多尔衮喜好吸烟倒似乎确有其事。满洲贵族在关外时就喜好吸烟，是一种普遍的嗜好。在索尼的肖像里，就有一个烟草袋和一个烟斗盒分别挂在一条由一个宝石钩子别着的暗蓝色镶边腰带的左右，成为他一件不离身的必需品。清将龙骨大曾对朝鲜使者说"九王喜吸南草"，希望他们送些来献给多尔衮。而传说中的多尔衮则顷刻不离烟草，在朝房时就笼在袖中，在军旅中时就把烟锅放在箭房里。睿王府中的妇女小孩都吸烟不止，还专门在后院中开辟了一块烟叶地。另外还传说多尔衮非常喜欢吸西洋进贡的鼻烟，一天就得用半两。

还有一些传说云多尔衮养狗成癖，他养的狗有3000多条，种类多达数百。有的大如马，有的小如猫，还各有名称，如著名的金狮大王、通天豹子、地上龙、旱地蛟等，都是蒙古、西藏等地贡献来的。对这些狗要喂猪肉和羊肉，每5条狗由一人管理。这个说法是否可信，我们尚不得而知，但多尔衮喜欢鹰却是无疑的。清将龙骨大在向朝鲜使节要南草的同时，还让他贡献良鹰。当时正在北京的一些日本人也记载说："曾见过九王子一次带着鹰出外狩猎的情况，据讲他有大鹰千架，虽然不知道鹰的准数，据我们所见，确有千架之多，伺候的人则更难以计数了。"鹰和狗都是打猎用的良伴，既然打猎要鹰，必然要狗；养鹰如此之多，狗当然也不在话下。看来多尔衮喜好养狗似乎也是可信的。

多尔衮的私生活颇为荒唐放荡，喜好女色是他的一大特点，因而关于他风流韵事的传说也很多。据《爱新觉罗宗谱》记载，多尔衮12岁的时候，便和蒙古科尔沁台吉桑阿尔赛的女儿博尔济吉特氏结婚，称作元妃。除此之外，他又先后娶了福晋佟佳氏、扎尔莽博尔济吉特氏、科尔沁博尔济吉特氏（拉布希西台吉之女）、科尔沁博尔济吉特氏（索诺布台吉之女，即肃亲王豪格福晋）、朝鲜义顺公主李氏为妻；还有妾察哈尔公齐特氏、博尔济吉特氏、济尔莫特氏和李氏（李什绪之女），前后共有六妻四妾。除明媒正娶的妻妾外，多尔衮还有下嫁之太后、肃王之福晋、征自朝鲜之淑女、选自八旗之美人、部下选送之侍女，在多尔衮的周围既有徐娘半老风韵犹存的孀妇，也有正值妙龄的窈窕少女，他统统金屋藏娇，恣意纵乐，这种登徒子式的私生活焉能不耗尽其生命之火！

为了追求美色，他甚至不惜以极大的代价来满足他个人的肉欲。顺治二年（1645）闰六月，他曾问大学士："明朝宫女数千，王府亦多宫女，此时也照此行之可乎？"

大学士们回答："朝廷传旨令礼部选，王府请圣旨选于其国。"

多尔衮笑了，问道："目前就行此事如何？"

大学士们闻言，慌忙阻止："臣等仰见王上圣德，亦必不行此事。"

但后来多尔衮还是"于八旗选美女入伊府，并于新服喀尔喀部索取有夫之妇"。

在关于多尔衮的风流艳史中，流传着这样一则桃色传说：豪格的福晋博尔济吉特氏容貌艳丽，趁祝贺多尔衮寿诞时二人私通，感情日浓。为长期在一起相守，多尔衮便频繁派豪格出征，后来又找借口幽禁了豪格。不久豪格莫名其妙地死去，摄政王府便张灯结彩，鼓乐齐鸣，京中大臣争先恐后往多尔衮府第去庆贺婚礼，各衙门为之一空。待新娘出现，才发现却是肃王妃，此时她已成为摄政王妃了。这段传说，不全真实，多尔衮打击豪格，绝不会仅仅因为这争风吃醋的艳事，主要还是为了剪除政敌，铲除威胁，但也并非尽属子虚。

顺治六年（1649）十二月，多尔衮元妃死后，次年正月便纳肃王妃为己妃，这是有史可稽之事。这说明多尔衮与肃王妃早就相识，而且可能早有关系，不然为何元妃死后，多尔衮偏偏选一个寡妇进入内宅，而且如此迅速？由此出发，多尔衮在豪格刚刚从四川回来就兴起大狱，而且如此沉重地打击他，也很有可能掺杂着这种个人的因素。不管怎么说，多尔衮达到了一箭双雕的目的，他既消灭了最主要的政敌，又把楚楚动人的肃王妃拥入怀中。然而，生性风流的多尔衮在把豪格之妻据为己有的同时，又发下求婚敕书，并对朝鲜使节说，他刚刚丧偶，希望和朝鲜国结亲。朝鲜使节回答现存公主只有两岁。但清方却道："公主虽幼，则虽择于宗室中可合者，亦无妨。"不久，巴哈纳被派到朝鲜，带去了求婚敕书，上写：

> 皇父摄政王敕谕朝鲜国王：予之诸王暨贝勒众大臣等屡次奏言：自古以来，原有选藩国淑媛为妃之例，乞遣大臣至朝鲜，择其淑美，纳以为妃，缔结姻亲。予以众言为然，特遣大臣等往谕亲事。尔朝鲜国业已合一，如复结姻亲，益可永固不二矣。王之若妹若女，或王之近族，或大臣之女，有淑美懿行者，选与遣去大臣等看来回奏。特谕。

这完全是一种以上压下、强迫命令的口气。而文中一再强调选择标准是"淑美"，道出了多尔衮求亲的真意。后来，巴哈纳和祁充格把选来的宗室女子挑看了一番，让16岁的女子准备出发，13岁的先留在宫中等着，朝臣的女儿也要作为侍女送去。怎奈多尔衮已迫不及待，又写信催女子们上路，信中说："梭红等至，说王女淑美，予意先行通信，随具大礼，然后迎亲。诸王大臣又复合称朝鲜路远，如依循礼节，恐往复之间，稽延时日，予复勉从，谕令速行进送。"即使如此，多尔衮还是欲火中烧，坐立不安，干脆以行猎的名义出山海关，在连山碰上了送亲的队伍，也没举行什么仪式，当天就在宿营地与朝鲜公主同房而居了。

多尔衮开始见公主貌美，颇有喜色，对朝鲜送亲使臣也格外亲切。但他本来就只是为满足一时的欲望，无什么爱情可言，所以一回到北京，就对朝鲜使臣抱怨"公主之不美，侍女之丑陋"，说："尔国不肯精择，公主既不满意，侍女亦多丑陋，尔国之不诚，于此益可见矣。"再度派到朝鲜的使节则说得更为露骨："今行所干，专在侍女，本国若选送色美者，则皇父王必见而悦之，向之所疑，皆可冰释。不然，陈奏使虽十往，无益矣。"朝鲜君臣一听，方知道多尔衮以娶妻为名，实际上是要多选美女充其后宫，无奈只得遍访于民间，搞得朝鲜国内鸡犬不宁。结果侍女送到半路上，传来了多尔衮的死讯，便半路折回，免除了一场灾难。朝鲜义顺公主被多尔衮占有之后，不但没举行什么婚礼大典，反而在多尔衮身败名裂之后，随着家产被没收、家属被分给诸王，也被转送到阿巴泰儿子的名下。

在多尔衮的韵事传说中传播最多、最广的大概要算"太后下嫁"一事了。有的野史中就曾写道：

> 多尔衮……出入宫禁，时与嫂侄居处，如家人父子。……而博尔济吉特氏且年盛，独居寡欢，以为彼功多，且让帝位而不居，非以身报之，曷足以报其功？以是遂通焉。

还有的说得更离奇。说多尔衮大权在握，太后知道如不设法"羁縻"他，就无法保证他们母子的安全。而多尔衮又正垂涎其嫂的美色，常借陈奏机密大事为名出入宫禁，用言语挑逗。有一天，博尔济吉特氏正在午睡，面色桃红，云鬓半松，多尔衮不禁就想动手。博尔济吉特氏惊觉而起，大声斥责，多尔衮连忙诉说相思之苦。博尔济吉特氏说："你我如此地位，不能苟且从事。你若真诚相爱，必须为国赤心驰驱，卫我母子，天下统一之日，即你我二人姻缘成就之时。"说罢，二人相互盟誓，各写血书互换，以为凭证。后来多尔衮要求践约，博尔济吉特氏又认为碍于礼制，最后想出一个计谋。不久后，宫中传旨云太后驾崩，过了几天，又降旨以福临的奶妈嫁摄政王，礼仪十分隆重，但天下臣民都知其中内情。这段传说固然颇为生动，但与信史相证，显然破绽百出。关于"太后下嫁"一事之缘由真伪，我们在前面业已叙述过，这里就不赘述了。然而，无风不起浪，尽管传说不可皆信，却也多少反映了多尔衮在私生活上的放荡不羁。本来就不很强壮的身体，在日夜操劳军国大政的重压下，更兼纵欲无度的登徒子式的私生活，掏虚了他的身体，多尔衮的健康状况才日渐不佳，一步步向死神走近。

顺治七年（1650）十一月，多尔衮因为受"风疾"之苦，无法安下心来做事情，遂率领诸王、贝勒、贝子、公等及八旗固山额真出边围猎，以消遣解闷、颐养心性。不料却突然病发摔下马背，膝盖被摔伤。随从们慌忙为其涂上凉膏，尽管太医傅胤祖认为这样处理不好，多尔衮却并不以之为意。这天围猎，士兵们赶出一只虎来。按满洲围猎规矩，遇到如此大兽，须由领猎的最高贵者先射3箭，而后将兵们才可发箭。多尔衮勉强射了3箭，但伤口疼痛难忍，体力也跟不上，只得草草收场，回驻在喀喇城，便一病不起。十二月初九夜，多尔衮在勉强嘱咐了后事之后，这位一代枭雄便溘然长逝于他选择来修建夏宫的喀喇城，享年39岁。

关于多尔衮的死因，西方学者魏特在《汤若望传》中记载云："八成是因打猎跌伤致死的。"但事情似乎并不如此简单，更确切地说，多尔衮是死于"风疾"。多尔衮很早就已病魔缠身，据他自己说"素婴风疾，劳瘁弗胜"。其政敌豪格也曾说过多尔衮是有病无福之人，甚至无法坚持到摄政结束。那么，什么是"风疾"呢？一是指"狂疾"，疯疯癫癫，神经有些不正常；二是指中风，三国时孙权即患风疾，《唐书·武后纪》也记载："高宗自显庆后，多苦风疾。百司奏事，时令后决之，帝称旨。"想来多尔衮不会是恍恍惚惚的半疯，肯定患有中风一类的脑血管病，这和他摄政前后脑力劳动过多，日夜操劳和纵欲过度有直接关系。他觉得自己精力不够、头昏目涨，这都是脑血管病的症状。到顺治四年（1647），王公大臣们也因他"体有风疾，不胜跪拜"，请求免去他面君时的跪拜大礼。因为有"风疾"隐患的人，在跪拜时往往头晕目眩，很可能发生中风，所以才提出这样的请求。另外，此病不能经常受刺激、发怒或着急，否则会更加重病情。多尔衮在其福晋死后，就因过分操劳而卧床不起，可能也是因此之故。落马跌伤，受到惊吓可能也是其致死的一个原因，却不是最根本的原因。多尔衮虽然自小身体就不强壮，但也很早就开始了戎马生涯，鞍上功夫也很不错，不至于无缘无故从马上摔下来，很有可能是脑血管病发作，头晕目眩，这才摔下马背，又未及时采取有效的救护措施，终于导致了他的死亡。

在多尔衮死后 5 天，消息才传到北京。这突如其来的讯息，如晴空霹雳般引起了朝野的一片震惊，上上下下，一时不知所措。顺治帝福临急忙下诏，让所有臣民都换上缟素，举行"国丧"。又过了 4 天，多尔衮的灵柩才运回到北京，福临率领诸王、贝勒、文武百官换易缟服，到东直门外 5 里去迎接。在灵前，顺治皇帝连跪 3 次，亲自举爵祭奠，痛哭失声，文武百官跪伏在道左举哀。从东直门向西向南，一直到玉河桥的长长路旁，都有四品以下各级官员跪在那里痛哭哀悼。枢车来到王府之时，公主、福晋以下文武百官的命妇都着素服跪哭于大门之内。是夜，诸王贝勒以下各官都为他守丧。举国沉浸于一片悲悼的气氛之中。

十二月己亥，顺治帝发下哀诏："昔太宗文皇帝升遐之时，诸王群臣拥戴皇父摄政王。我皇父摄政王坚持推让，扶立朕躬。又平定中原，混一天下，至德丰功，千古无两。不幸于顺治七年十二月初九日戌时，以疾上宾，朕心催痛，率土衔哀，中外丧仪，合依帝礼。"又宣布了 5 条"应行事宜"，其中定自戊辰之日开始为国丧日，共 27 日，官民人等一律服孝；在京禁止屠牛 13 日；在京在外音乐嫁娶，官员停百日，民间停一月，等等。哀诏最后说："於戏！恩义兼隆，莫报如天之德，荣哀备至，式符薄海之心。布告多方，咸宜知悉。""中外丧仪，合依帝礼"，这是哀诏的明确内容，可见，多尔衮在其死后殓以明黄衮服也并不为过。

哀诏下发的 6 天后，又追尊多尔衮为懋德修道广业定功安民立政诚敬义皇帝，庙号成宗。顺治八年（1651）正月十九日，又将多尔衮夫妇同祔于太庙。二十六日，福临正式颁诏，将尊多尔衮夫妇为义皇帝、义皇后之事并同祔庙享之事公之于众，并覃恩大赦，赦条有十。至此，多尔衮一生荣崇达到了顶峰。然而，顶峰之后必然要向低谷倾滑。与此同时，摄政时期"太上皇"身后蒙谤的酝酿准备也已成熟，满洲贵族内部的又一场权力之争即将拉开帷幕。

二、身后蒙谤的荣辱兴衰

崇德八年（1643）八月，皇太极年仅 6 岁的儿子福临以其巧合的历史机遇，不费吹灰之力就得到了多少人垂涎三尺、流血争斗的皇帝宝座。但他当时哪里知道"皇帝"是怎么回事，也不会知道自己是在何种险恶的政局中穿上了那件毫不合体的龙袍，更不曾料到做一个被别人玩弄于股掌之上的傀儡皇帝究竟是什么滋味儿。或许在他看来，与其坐在大政殿的宝座上受百官磕头朝拜，还不如到后宫与奶妈捉迷藏更有趣味。但这种无忧无虑的生活并没有持续多久，在他逐渐懂事之后，也不得不时时为自己的地位与未来忧虑了。他知道，造成他这种忧虑的直接根源来自他所敬畏的皇父摄政王对皇位的一步步迫近。于是，在对皇父摄政王的敬畏中，也滋生了他的自卑，更由此而衍生出了他对皇父摄政王的怨恨。

从懂事起，顺治帝就完全生活在一种与平常儿童截然不同的环境中。为了更有效地达到控制皇帝的目的，多尔衮在摄政时期严格限制皇上与太后的见面次数，每经累月方得一见，以致福临在缺少母爱的情况下视"竭尽心力，多方保护诱掖"的乳母李氏如同亲生母亲，感情十分挚厚，甚至超过了其生母孝庄文皇后。顺治帝的童年生活就是在这缺少母爱、缺少温暖，更无儿童天然情趣可言的冷酷刻板的宫廷内悄悄逝去。这种儿童时期所蒙受的巨大心理创伤是终生也无法弥合的。

少年时代的顺治皇帝唯一感兴趣的就是骑马射猎，在狂奔疾走的骏马上，他能自如地挽弓控矢。直至亲政后，他还常因出狩耽误政事而受到大臣们的提醒和谏阻。然而，即使就在这短暂的围猎之乐中，宫内政治斗争也如同一张无处无时而不在的网，一刻也未放松对他的监视和控制，甚至使他饱受侮辱。

一次，福临外出围猎，随从中多尔衮派出的心腹党羽巩阿岱、锡翰、席纳布库等人有意在峻岭密林中把他引上崎岖小路，自己去走平路，以致护卫巴海坐骑失足。福临不得已，只好下马步行。诸人见状，竟讥笑道："年少不习骑射，似此路径遂下马步行耶！"使顺治帝狼狈万状，皇帝的尊严受到了严重侵害，却只能忍气吞声。因为虽然他们只不过是一群奴才，却是惹不起的奴才。他们之所以敢肆无忌惮地讽刺皇帝，显然是凭借权倾一时的多尔衮作为后台。此时，顺治帝感到自己不是在射猎，相反，自己倒像一只被紧紧围逼在利镞瞄准下的麋鹿，而引弓待发的弓箭手，正是"皇父摄政王"多尔衮。

随着顺治皇帝年龄的增长，多尔衮的地位日益强烈地受到潜在的威胁，他不得不日甚一日地加强对皇帝的控制。多尔衮辅政不久，便借故将政敌豪格和济尔哈朗贬下政坛，其权势也达到了"代天摄政，赏罚拟于朝廷"的地步。但他十分清楚：反对派的势力仍不容忽视，而且一直在等待着反噬的机会。在自己没有登上皇帝的宝座之前，倘若将名义上仍是天下至尊的皇帝推向对手一边或任其渐明事理，对自己都不会有什么好处。因此，早在顺治帝即位之初，除日渐加强对皇帝的控制外，多尔衮还采取阻止其学习的愚昧政策，企图将皇帝变成无知无识的玩偶以达到自己秉政自专和夺取帝位的目的。

顺治元年（1644）正月，都察院承政满达海等人上书摄政二王，请求"慎选博学明经之端人正士"，在皇帝身边"朝夕进讲"，但多尔衮却以福临年纪尚小为由拒绝了。十月，户部给事中郝杰以为自古帝王都首重经筵，现在正宜及时典学，因此请求选择"端雅儒臣"为福临讲授《大学衍义》《尚书典谟》等书，多尔衮只轻描淡写地应了句"俟次第进行"，便不加理睬。顺治二年（1645）三月，冯铨、洪承畴上疏说，福临"满书俱已熟习，但帝王修身治人之道，尽备于六经；一日之间，万几待理，必习汉文，晓汉语"，请求简选满汉词臣"朝夕进讲"。这次，多尔衮索性不予答复，连借口都不找。这种愚昧政策给亲政后的顺治帝福临着实带来了很大困难，而多尔衮的专横也给他留下了更恶劣的印象。施行愚昧政策者只能说明自己的愚昧。多尔衮对顺治帝的一系列控制措施，恰恰"为渊驱鱼，为丛驱雀"，把顺治帝更快、更坚决地推到了反对者的行列内。

亲政之前的顺治皇帝除了暗自痛恨这位身材细瘦、一脸虬须的"皇父摄政王"外，更多的却是恐惧和不安，因为"多尔衮是清王朝的实际创造者"（汤若望语），而且可以随时用各种借口和方法废掉福临。"睿王摄政，朕惟拱手以承祭祀。凡天下国家之事，朕既不预，亦未有向朕详陈者。"这种徒居皇帝之名而无皇帝之实的状况一直折磨着顺治帝，使他常常处在巨大的自卑、痛苦和压抑之中而无法自拔。于是，皇帝对摄政王这种隐藏在敬畏之下的痛恨与矛盾，就为多尔衮的身后蒙谤埋下了伏笔。

多尔衮的死，对于满洲贵族中的一部分人并不是凶讯而是喜讯，他们愁在脸上，乐在心里。多尔衮摄政7年，对两黄旗大臣摧制压抑，索尼、鳌拜、遏必隆等纷纷罢职赋闲，多尔衮一死，他们又看到了重返政治舞台的希望；

辅政王济尔哈朗在摄政期间倍受摧折，权力地位江河日下，多尔衮一死，他不能不希望复出，发泄郁积胸中的恶气；多尔衮摄政7年，顺治帝正处在孩提时代，在母后的小心护持下，虽未失皇位，却也尝尽了摄政王及其亲信的轻视与慢待。多尔衮死时，顺治帝已长成翩翩少年，他很想出一出摄政时期大权旁落的窝囊气！于是，满洲贵族内部中的反多尔衮的势力很快就集结起来了。

然而，多尔衮虽死，其势力影响却并未随之烟消云散，朝野上下仍有他的亲信、死党。因此，顺治皇帝在听到多尔衮的死讯后，并未立即对他进行清算。相反，他将喜悦与痛恨深深地隐藏在心中而表现出无比的哀痛，三次亲临祭奠，为其举行"国丧"，甚至追尊多尔衮为"诚敬义皇帝"……与此同时，对多尔衮的清算工作也在紧锣密鼓地进行着。

实际上，多尔衮刚一死，顺治帝福临就命令大学士刚林到睿王府中将所有信符都收贮内库，又命吏部侍郎索洪等将赏功册收进大内。6天后，又命议政大臣们会议英亲王阿济格——多尔衮三兄弟中仅存的白旗亲王之罪。在动多尔衮之前，必须先剪除最有实力的威胁。

据谈迁在《北游录》中记载：多尔衮"自度不支，急召随猎英王语后事，外莫得闻也。英王即遣三百骑驰入京，大学士刚林知其意，立策马行，日夜驰七百里，先入京，闭九门，偏告诸王、固山等为备。俄，三百骑至，皆衰军，尽收诛之，英王未知也。寻至，被幽"。有些研究者据此而认为，多尔衮临终前安排后事，导演英亲王阿济格发动了一次未遂政变。但我们认为，这段文字不能证明摄政王多尔衮策动英亲王发动逼宫政变。其一，召"英王语后事，外莫得闻也"。"后事"不能理解为政变,因为顺治八年(1651)正月初六,诸王大臣审议阿济格罪状时,根本没提政变之事,而主要罪名反倒是对摄政王不够虔恭,诸王五次哭临丧所,唯英王不去。此时的阿济格在忙于什么呢? 据称多尔衮死后,他立即派人召其子劳亲率兵前来喀喇城,但许久不至,他便召多尔衮的心腹吴拜、苏拜、罗什、博尔惠等人宣称道"劳亲是我等阿哥",要他们依附于己,却被拒绝了。显然,阿济格此时是在忙于以其父子实力接替多尔衮的摄政地位。早在多尔衮健在时,把原属豪格的正蓝旗交给多铎之子多尼掌管,而把两白旗交给养子多尔博控制。对此人事安排,阿济格颇为不满,曾散布流言说:"摄政王对收养多尔博甚是后悔,欲将劳亲取回正白旗,以劳亲取代多尔博的位置。"他还说:"两旗(两白旗)大臣甚称劳亲之贤。"又对博洛讲:"原令尔等三人理事,今何不议一摄政之人? "暗示推举他继承摄政王位。由此可以判定,多尔衮召英王语后事,绝不是策动阿济格搞政变。因为对身后的人事多尔衮早已做出了安排,在此纷纭之际,是不会做什么大调整的;而且,倘若多尔衮真有意让阿济格继承其位,多尔衮的心腹属下们又怎能不听从遗命,反而不跟阿济格合作呢? 其二,我们知道,大学士刚林是摄政王的死党,对多尔衮言听计从,顺治八年(1651)在清算多尔衮党羽时被杀弃市。如果"英王即遣三百骑入京",抢夺摄政王位置的行动是多尔衮授意,刚林绝不会策马立行,日夜驰七百里先入京城向诸王报告。可见,阿济格欲继承多尔衮的摄政王位只是自己的想法,绝不是多尔衮的安排。

总之,不论阿济格此举是出于己意,还是多尔衮的安排,对以顺治帝为首的反对势力来说,他们所需要的仅是一个借口、一个机遇。而这样一个借口、一个机遇竟如此迅速、轻易地来到了，他们又怎能放过呢？于是，在皇帝意向指导下的议政王大臣会议的结果是：幽禁阿济格，夺其所属十三牛录，归于福临亲领的两黄旗下；把他从多铎那儿据有的七牛录拨还多铎之子多尼；除少量保留其家杂役之外，其余人口、牲畜全部入官；劳亲率兵响应其父，降为贝子，夺摄政王多尔衮所赐四牛录；两白旗将领席特库、阿思哈、毛墨尔根、穆哈达、郎球等人视情节轻重，分别受到处斩、鞭责、革职、抄家的处分。虽然阿济格的罪行都与不尊重多尔衮有关，但实际上却是借机狠狠打击了多尔衮的白旗势力，砍掉了死去的摄政王所剩下的唯一臂膀。

多尔衮一死，阿济格被囚，多尔衮三兄弟的两白旗失去了核心，年幼的阿济格之子劳亲和多尔衮的养子多尔博尚无统率两白旗的能力。这正是反对派报复的大好时机。

顺治八年（1651）正月，在议定阿济格之罪后不久，福临又命议政诸王、固山额真、大臣会议睿亲王多尔博承袭事。议论的结果是，认为其俸禄、护卫及各种用品的数量是亲王的3倍，应将其护卫百名裁去40名；诸用物有同于御用者一律裁革。福临表示，对多尔博应该特加恩礼，表示对多尔衮的缅怀。因而只将其护卫裁去20名，其他均同意大家的意见。这表面上是给多尔博留面子，实际上已经开始对他加以压抑。

不久，尚未到亲政年龄的顺治帝福临为防止"摄政悲剧"的再度发生，在皇太后的支持下果断宣布亲政，并颁诏天下，这标志着清初一个新时期开始了。在亲政诏书中，虽然仍在一开始提到"朕以冲龄即位，削平寇乱，垂衣端拱，统一多方，皆皇父摄政王之功也"，但这只不过是做做样子，并且不提多尔衮"成宗义皇帝"的谥号，仍称其"皇父摄政王"，而其他一切政策措施都要重新开始。在这前后，他恢复了被多尔衮处分的博洛、尼堪的亲王爵号；将迅速投靠自己的白旗将领苏克萨哈、詹岱封为议政大臣；又把倍受压抑的两黄旗重臣鳌拜、巴哈吸收到议政大臣的行列；代善之子满达海、瓦克达和代善之孙杰书、罗可铎分别晋升为亲、郡王，笼络了代善家族的两红旗势力，再加上济尔哈朗的镶蓝旗，这样，以顺治帝为首的反对派势力就足以对付两白旗和正蓝旗的势力了。于是，在这样一种形势下，逐渐拉开了清算摄政王多尔衮罪行的帷幕。

多尔衮在弥留之际曾言要恢复理事二王博洛、尼堪的亲王爵号，此时跟随在多尔衮身边的罗什、博尔惠、额克亲、吴拜、苏拜5人在多尔衮死后便将此事告诉了两黄旗大臣，希望他们转禀顺治皇帝。但两黄旗大臣们却认为他们这是"言动不顺"，因此一个多月也未见回音。这时博尔惠已卧病在床，见穆尔泰去看他，就问起此事："今两王已为亲王否？"穆尔泰回去后便告诉了额尔得赫，额尔得赫认为此事重大，必须报告博洛或尼堪。穆尔泰一害怕，就对谁也没说，还是额尔得赫去报告了尼堪，尼堪在颁亲政诏时又顺便告诉了博洛，二人又同告于济尔哈朗。以此为借口，两黄旗大臣和博洛、尼堪一同跑到济尔哈朗处，说这是罗什等5人挑拨二王与两黄旗大臣的关系。博洛也认为这是"为我辈造衅耳"，怕当权后的福临和济尔哈朗因此拿他二人开刀，然后又指责他们"以多尼王归正蓝旗，给多尔博阿哥两旗，而分为三旗"，目的是损害皇上，"今照此分给，是皇上止有一旗，而多尔博反有两旗矣"。因此，罗什等5人被冠以"动摇国事，蛊惑人心，欺罔唆构"的罪名，罗什、博尔惠论斩，额克亲、吴拜、苏拜俱革职为民。对两白旗将领的清洗，再度沉重打击了多尔衮的遗留势力，但"醉翁之意不在酒"，真正的矛头所向是已死去的"皇父摄政王"多尔衮。果然，不久之后，总清算的日子便接踵而至了。

顺治八年（1651）二月癸巳，苏克萨哈、詹岱、穆济伦首先站出来揭发多尔衮的罪名，说多尔衮死后，侍女吴尔库尼在殉葬之前，把罗什、博尔惠、苏拜、詹岱、穆济伦5人叫来，嘱咐道："王曾不令人知，备有八补黄袍、大东珠、素珠、黑狐褂，今可潜置棺内。"另外，多尔衮还企图到永平府圈房偕两旗移住。谭泰也出来反戈一击，揭发何洛会骂肃王诸子为"鬼魅"，锡翰也揭发何洛会曾说："上令亲政，两黄旗大臣与我相恶，我曾首告肃王，今伊等岂肯不杀我，而反容我耶？"……于是，龙颜大怒，立刻下旨议多尔衮之罪，最后议定：没收多尔衮家产人口入官，养子多尔博、女东莪俱给信王，何洛会党附多尔衮，予以凌迟处死，籍没其家。同月己亥，顺治帝又正式将追论多尔衮罪状诏书颁示中外，其罪状大略有如下数条：

1. 太宗死时诸王并无立多尔衮之议。任摄政王时又"不令郑亲王预政，遂以伊亲弟豫郡王多铎为辅政叔王。背誓肆行，妄自尊大，以皇上之继位尽为己功"。

2. 将诸王大臣杀敌剿寇之功全归于己。

3. 所用仪仗、音乐、侍卫等"僭拟至尊"，府第与宫殿相似，任意挥霍府库财物。

4. 将原属两黄旗的伊尔登、陈泰一族和刚林、巴尔达齐二族尽收入自己之旗。

5. 假称太宗之位原系夺立。

6. 逼使豪格不得善终，夺其妻子、官兵、户口、财产归己。

7. 拉拢皇上侍臣额尔克戴青、席纳布库。

8. 一切政事均自己处理，不奉上命，任意升降官员。

9. 以朝廷自居，令诸王大臣日候府前。

根据这些罪状，认为多尔衮"逆谋果真，神人共愤，谨告天地、太庙、社稷，将伊母子并妻所得封典，恶行追夺"。

政治斗争就是这样残酷，一道诏书，使多尔衮从生前的权力峰顶跌入了死后的波谷。据西方传教士卫匡国在其《鞑靼战纪》中记载：顺治皇帝"发现自己的叔叔活着的时候怀着邪恶的企图，进行暧昧的罪恶活动，他十分恼怒。命令毁掉阿玛王华丽的陵墓，掘出尸体，这种惩罚被中国人认为是最严厉的，因为根据宗教的规定，死人的坟墓是倍受尊重的。他们把尸体挖出来，用棍子打，又用鞭子抽，最后砍掉脑袋，暴尸示众，他的雄伟壮丽的陵墓化为尘土。在他死后，命运给了他以应得的惩罚。"不知传教士所记是否真实。

多尔衮死后被政敌推翻，他旧日的亲信党羽刚林、何洛会、谭泰、祁充格、巴哈纳、冷僧机、拜伊图等也都遭到清算，或被砍下头颅，或被长期监押，或被革职为民，摄政王多尔衮昔日的班底已烟消云散。然而，盖棺未必论定。多尔衮一案是否铁证如山、万劫难复了呢？政治斗争是复杂的，在清初统治集团内部为多尔衮昭雪的潜流仍在酝酿、鼓荡。

顺治十二年（1655）春正月，吏科副理事官彭长庚及一等精奇尼哈番许尔安相继上疏，历数多尔衮之勋绩，请求为其昭雪鸣冤，所呈章奏词斟句酌，入情入理。顺治帝览疏后未置可否，命议政王、贝勒、大臣等会同斟酌密议具奏。此事引起了济尔哈朗的高度重视，他知道如果白旗势力再度得势，他将落得什么样的下场。于是，他会同亲信诸王、贝勒、子侄一同上奏，一条条地驳斥了彭长庚和许尔安的请求，认为皇上之即位乃诸王大臣集体拥戴之结果，非睿王一人之功，而阿达礼、硕托之死乃是代善揭发后多尔衮被迫之举；攻明成功也是众志成城的结果，况且当时燕京已是一座空城，别人也会攻无不克；他们还历数多尔衮杀豪格、收其妃、专制帝服等罪恶，并认为许尔安将多尔衮比作周公辅成王"尤属乖谬"，以为周公绝不会像他那样杀豪格、图其妃，离间皇上侍卫，为多铎和劳亲造府靡帑百万，私役官工修避痘所，迎娶朝鲜王族女，欲迁往永平，于八旗内选美，于喀尔喀部索取有夫之妇……把多尔衮骂了个狗血喷头，然后建议将彭长庚、许尔安论死，家产籍没，妻子为奴。对如此严厉的惩罚，顺治帝心中不忍，遂下诏从宽处罚，将二人流放到宁古塔，许尔安所袭其父许定国的世爵，准他子袭。

彭长庚、许尔安这次为多尔衮翻案所选择的时机太不合时宜了。顺治八年（1651）议定多尔衮之罪的君臣仍在其位，他们是不会轻易放弃对过去重大政治问题所作之结论而否定自己的。重大历史政治问题的结论，往往都要留给时间老人去裁定。

历史推移了130年，即乾隆四十三年（1778），乾隆皇帝披阅典籍，体察情委，对多尔衮重新作出了评价，并颁诏天下。尽管他的诏书很长，或许也过于枯燥，但仍不失是一份比较真实的评价，在一定程度上也是多尔衮一生真实的写照。因此，我们不得不多费笔墨，将其转录于此：

因念睿亲王多尔衮当开国时首先统众入关，扫荡贼氛，肃清宫禁，分遣诸王追歼流寇，抚定疆陲，一切创制规模，皆所经画。寻即奉迎世祖车驾入都，定国开基，以成一统之业，厥功最著。顾以摄政有年，威福不无专擅，诸王大臣未免畏而忌之，遂致殁后为苏克萨哈等所构，授款于其属人首告，诬以谋逆。经诸王定罪除封。其时，我世祖章皇帝实尚在冲龄，未尝亲政也。夫睿王果萌异志，则方兵权在握，何事不可为？且吴三桂之所迎，胜国旧臣之所举，止知有摄政王耳，其势更无难。显窃名号，即我满洲大臣心存忠笃者，自必不肯顺从，然彼诚图为不轨，无难潜锄异己，以呈逆谋。乃不闻于彼时因利乘便，直至身后以敛服僭用明黄龙衮为觊觎见之证，有是理乎？况英亲王阿济格，其同母兄也。于追捕流贼回亲时，诬报李自成身死，且不候旨班师，睿王即遣员斥责其非，并免王公等往迎之礼。又因阿济格出征时，胁令巡抚李鉴释免逮问道员，及擅至鄂尔多斯土默特取马，令议其罪，降为郡王。平日办理政务秉公持正，若此，是果有叛志、无叛志乎？又《实录》载，睿王集诸王、贝勒、贝子、公、大臣等，遣人传语曰："今观诸王、贝勒、大臣但知谄媚于予，未见有尊崇皇上者，予岂能容此！昔太宗升遐，嗣君未立，英王、豫王跪请予即尊位，予曰：'尔等若如此言，予当自刭，誓死不从。'遂奉皇上缵承大统。似此危疑之时，以予为君，予尚不可，今乃不敬皇上而媚予，予何能容！自今以后，有尽忠皇上者，予用之、爱之；其不尽忠、不敬事皇上者，虽媚予，予不尔宥也。"且云："太宗恩育予躬，所以特异于诸子弟者，盖深信诸子之成立，惟予能成立之。"每览《实录》至此，未尝不为之坠泪，则王之立心行事，实能笃忠荩、感厚恩，深明君臣大义，尤为史册所罕觏。使王彼时如宋太宗之处心积虑，则岂肯复以死固辞而不为邪说摇惑耶？乃令王之身后，久抱不白之冤于泉壤，心甚悯焉。假令当时王之逆迹稍有左验，削除之罪，果出于我世祖圣裁，朕亦宁敢复翻成案？乃实由宵小奸谋构成冤狱，而王之政绩载在《实录》者，皆有大功而无叛逆之迹，又岂可不为之昭雪乎？昨于乾隆三十八年，因其茔域久荒，特敕量为缮葺，并准其近支以时祭扫，然以王之生平，尽心王室，尚不足以慰彼成劳，朕以为应加恩，复还睿亲王封号，追谥曰忠，补入玉牒，并令补继袭封，照亲王园寝制度修其茔墓，仍令太常寺春秋致祭，其原传尚有未经详叙者，并交国史馆，恭照《实录》所载，敬谨辑录，增补宗室王公功迹，传用昭彰，阐宗勋至意。

这道诏书着意洗刷的是多尔衮的所谓"谋逆"问题，算是抓住了问题的关键。在一个封建王朝的后继君主看来，对于一个开基建国的封建王公，只要没有谋逆篡弑之罪，在议亲议故的原则下还有什么问题不可原宥？这样，多尔衮被恢复了原来封号，由其五世孙淳颖袭爵，颇为荒凉冷落的多尔衮坟墓也修葺一新，太常寺依时祭扫；多尔衮的神主牌位移入太庙，配享大祀；当年追随多尔衮受到株连的阿济格、多铎等，复还原封，由子嗣绍继。多尔衮一案，在时隔百年之后得到了昭雪，铁案重翻。

多尔衮固然是清王朝开创时期的显赫人物，在中国历史上应该占有一席重要地位。可是，为什么会在身后几经沉浮，毁誉天渊呢？这个问题曾给辛亥志士带来困惑，也给今天的清史学者留下深深的思考……

三、再论多尔衮的历史地位

多尔衮的一生短暂而又显赫，对他的政治评价大起大落，几经沧桑。清朝末年和民国初年，一批民族、民主志士为宣传革命思想，号召民众，贯彻"驱除鞑虏，恢复中华"的纲领，曾写下许多激烈的文字，对多尔衮摄政时期的政策、措施大加挞伐，对多尔衮个人的私生活颇多暴露。这些文字在当时的条件下起到了唤醒民众的作用，促进了腐朽没落的清王朝的垮台。然而，今天我们平心而论，确实感到有的文章是不符合历史唯物主义原则的。

最近数十年来，随着清史研究领域的不断拓展，史料发掘辨析水平的日益提高，关于多尔衮这一历史人物的研究取得了不少新成果，但有些结论仍未尽称人意。特别是有的论著对多尔衮评价偏高，多有溢美之言。

我们以为，正确评价多尔衮，必须以准确把握他所生活的那个时代的特点为前提，把多尔衮摄政时期的主要政策及其个人的主要活动放回到那个特定的历史背景中去全面衡量、深刻分析，这样才会作出较为合适的结论。

17世纪早期和中叶的中国，正处于朱明王朝统治之下。此时的朱明王朝早已走出了繁荣强盛的时代，拖着千疮百孔的庞大躯壳进入了衰败灭亡阶段。朱明王朝从万历中叶起便已败象丛生，灭亡的病根已然种下。以皇族为首的贵族大地主集团垄断朝政，排斥了一切希望发展自救的力量，官僚书吏贪污腐化、贿赂公行，政治上业已烂透。为了维持国家机器的运转，朝廷加赋逆征，聚敛钱粮，支撑着欲倾的大厦；各阶层民众在天灾人祸中苦苦挣扎，被榨干了血汗，他们对朱明王朝早已失去了信心，"时日盍丧，予偕汝皆亡"便是他们对这个王朝的唯一祝愿，它的灭亡只是个时间问题。

在明王朝即将灭亡的时期，中国大地上崛起了两支异己力量。一支是兴起于辽东的后金，即后来的清王朝，这是以满洲贵族为核心的地方民族政权；另一支是崛起于陕西的农民起义军，后来发展成大顺、大西两个农民革命政权。在这两支异己力量中，以农民起义军给朱明王朝的震动、打击为大。当然，我们抛去传统观念，这两支力量都有问鼎中原与朱明王朝一决高下的合法权利。

三种力量斗争的结果，不是朱由检力挽狂澜于将倾，也不是李自成位尊九五建立新朝，而是多尔衮统八旗入关，驱走农民军、灭掉南明政权，奠定了爱新觉罗氏276年的基业。多尔衮之所以能够成就这番事业，条件是多方面的，其中有其父兄创造的基础，也有他个人才干的作用，更有大顺农民军政策失误给其带来的机遇。

天命十一年（1626），努尔哈赤病死于瑷鸡堡。当时年仅15岁的多尔衮因其生母是努尔哈赤建国后的实际帝后，深受努尔哈赤钟爱，据说曾留有"九王子当立"的遗言。努尔哈赤死后，皇太极"夺立"，少年多尔衮在父死母殉、兄夺其位的危难中，并没有像多铎那样流于享乐，消沉颓废，而是振作起来，积极进取。他是皇太极争帝位的对手，却能与皇太极相辅相成，紧密配合，共同战斗，为乃父开创事业的发展、为皇太极时期中央集权制度的发展做出了积极贡献，并赢得了皇太极的赏识与信赖。崇德八年（1643），皇太极暴卒，这时的多尔衮已是一人之下、万人之上权高势重的和硕亲王，且清王朝也正面临着向关内发展的关键时刻。多尔衮在这次满洲贵族内部的权力纷争中，顾全大局，克制了皇帝自为的欲望，拥立冲龄的福临继承皇位，消弭了政权内部一触即发的内乱自耗。这充分证明，多尔衮不愧为极有识见的政治家。多尔衮辅政后，继续加强中央集权。崇德八年（1643）十二月，他和另一位辅政亲王济尔哈朗共同议定，"罢诸王贝勒等办理部院事务"；顺治元年（1644）正月，经济尔哈朗提议："嗣后凡衙门办理事务，或应白于我二王者，或有记档者，皆先启知睿亲王，档子书名，亦宜先书睿亲王名。"多尔衮由此开始专权自断，"刑政拜除，大小国事，九王专掌之"。多尔衮集权专政，使处于错综复杂、急剧变化形势下的清政权能够较顺利地集中统治集团意志，统一政策，调动和组织一切力量，这是入关准备中必不可少的一个重要条件。

多尔衮摄政始于明清间松锦战役之后，清政权已完全控制了东北地区，锦州攻破，入关通道业已畅通，明朝在关外牵制清军的唯一据点宁远孤城也被拔除，再加上洪承畴、祖大寿等投降，清军取得了在辽东的战略主动权。这时关内中原地区的战略态势也已发生根本的转变，李自成领导的大顺农民军已完全控制了西北，并以压倒的优势向明王朝的心脏地区——北京挺进，明王朝根本无力顾及辽东。在急剧发展变化的形势面前，是继续执行皇太极时期稳扎稳打、持重前进的"自固"方针，还是随着形势的变化实行积极进取的战略？多尔衮选择了后者，这正是他审时度势的睿智所在。

1644年三月中旬，多尔衮得知驻守宁远的吴三桂奉命率师调赴北京，立即下令"修整军器，储粮秣马，俟四月初大举进讨"。四月初四，内秘书院大学士范文程上书多尔衮，提出改变战略、入主中原、统一全国的重要建议，多尔衮当即采纳，四月初九便结集八旗生力军挥师入关，向中原杀去。在进军途中，他成功地争取了国破家亡、无所适从的吴三桂，增强了入关清军的战斗力。在山海关鏖战中，他令吴三桂率军打头阵，与大顺军厮杀，自己却隐兵蓄锐，"坐山观虎斗"，窥伺战机，"后发制人"，一举挫败了李自成。

山海关大战刚一结束，多尔衮一方面令吴三桂尾追匆促西撤的李自成；另一方面，在向北京城的进军途中严明军纪，坚决地改变了历次入关时"烧杀掳掠""攻掠兼施"的政策。他巧妙地利用汉族官僚士大夫的复仇心理，宣布清军入关的目的是"为尔等复君父仇，非杀尔百姓，今所诛者惟闯贼"，打出了"吊民伐罪"的旗号，他又号召"官来归者复其官，民来归者复其业，师律严肃，必不汝害"。这些策略从效果上看是比较成功的，也是他摄政期间一贯坚持的。抢占北京后，除按明制为崇祯帝发丧外，对明朝的国家机器也予以保留。多尔衮进京的第二天"收百官职名，凡职衔尊卑，悉以三月十九日为断，各复原职"，第五天"令在京内阁六部都察院等衙门官员，俱以原官同满官一体办事"。他这种拿来主义的做法，旨在迅速恢复国家的行政职能，统一满汉官员意志，集中力量去镇压大顺农民军。顺治元年（1644）六月，原明朝御史、清顺天巡按柳寅东建言："今日事势莫急于西贼。"这正是多尔衮入关前夕制定的"虽与明争天下，实与流寇角"的总体战略的具体体现，反映了"吊民伐罪"的策略已得到了部分故明官僚士大夫的支持，从而加速了明清交替的历史进程。

清军进入北京后，多尔衮没有满足已取得的成果而停止前进。他排除了部分满洲王公大肆掳掠、放弃北京退保山海关的意见，牢记其兄皇太极"若得燕京，即徙都于此"的遗愿，派遣大臣迎福临来京，于顺治元年（1644）十月，扶持福临在北京再次举行登极典礼，向全国宣告：大清皇帝乃天下共主。与此同时，又确定了先剿西北、次定东南的武力统一全国的军事方略。在这一军事方略的实施过程中，多尔衮仍然巧妙地利用汉族士大夫的复仇心理，通过模糊他们斗争意识来减少武力征服的阻力。多尔衮宣称，此次入关为的是剿寇安民，为明朝军民复君父之仇，并且表示承认南明政权的合法存在，做出联手共灭流贼的姿态，诱发了部分汉族官绅联清灭寇的幻想，使本该早日形成的抗清统一阵线推迟了形成的时间。

多尔衮深知，以满族有限的兵力去征服人口众多、幅员广大的全国，力量是远远不够的，必须利用汉族士人及故明官吏，为我所用。他继承并发展了皇太极"知汉人者，莫如汉人"的认识，确立了使汉人"为国家效用"的用人制度，利用明王朝现成的国家机构，进一步强化中央集权，提高行政效率。摄政时期，多尔衮为避免政出多门，削弱了议政王大臣会议的权力，在政务活动中更多地依靠内三院和六部，尤为倚重范文程、洪承畴、冯铨、宋权、陈名夏、金之俊等经验丰富的汉官。在整个摄政时期，虽然满洲贵族始终处于统治核心地位，在中央机构中满官掌握实权，但汉官比例呈增大趋势，内三院和六部中汉官的数量超过了满官。多尔衮集权的措施是针对满洲权贵的。入关之前，即已罢诸王掌管六部事，并把自己的地位和权势突出于另一个辅政王济尔哈朗之上。入关后，多尔衮继续实行一系列措施，进一步加强中央集权。顺治元年（1644）七月底，多尔衮借"顺天府差人取鱼，向各王府投送"这件事，谕令"大小臣工，只应办本等职业，不宜诣上渎下"，提出"政权宜归于一"。什么是"政权宜归于一"？就是一切权力都要集中于摄政王！顺治元年十月，在开国典礼后，以多尔衮功多，加封为"叔父摄政王"；顺治二年（1645）五月，清军占领南京后，礼部又议定摄政王称号及仪注，凡移文皆书"皇叔父摄政王"。他大权在握，位越诸王，赏罚同于朝廷，"关内关外，咸知有睿王"，而不知大清还有个皇帝，成了清朝开国之初的实际最高统治者。到顺治五年（1648），称"皇父摄政王"，成为清初的太上皇。多尔衮将清初军政大权日益集中于一身，以此推进武力统一事业发展，武力统一战果的扩大又反过来为其个人集权创造着条件。从清太宗皇太极时期开始的君主专制政体，经过摄政时期的继续努力，在满洲贵族中渐被接受并确立起来，这也为后来顺治帝亲政乃至冲龄的玄烨登极以及清政权统治的基本稳定奠定了基础。

明清鼎革之际，清王朝之所以能够击败农民军、攻灭南明抗清势力，一统天下，是由诸多偶然历史因素促成的。如果说这一时期的历史发展趋向有什么必然性的话，那就是腐朽不堪的朱明王朝气数已尽，势在必亡。由谁取而代之呢？可能是大顺农民军，也可能是清王朝。历史并没有赋予清王朝一统天下的必然性，而仅仅赋予它和大顺农民军问鼎中原的平等权利。从某种意义上讲，是大顺军为清军入关统一天下创造了条件。如果没有大顺军纵横捭阖对明朝势力的打击，对明朝军事实力的歼灭，就没有清朝乘时而起的机会，毕竟"南朝虽师老财匮,然以天下之全力毕注于一隅之间,盖犹裕如也"。看来,多尔衮统兵入关,逐鹿中原,选择了大顺军攻克北京,而又对关外清王朝缺少防范的时刻,确实是聪明的且具有战略眼光的。

入关后的清军能够以少胜多,力挫群雄,统一中华,除去偶然的因素,恐怕最根本的原因就在于多尔衮实行了"以汉制汉"的策略。清军刚一入关,多尔衮便申明了对明代遗民"官来归者复其官,民来归者复其业"的政策,争取了一批故明官员的投顺,对清朝稳定在北方的统治起了一定作用。在向全国进军的过程中,又广泛罗致故明将领,让他们披坚执锐,冲锋陷阵,为清朝效命。对早年归降的耿仲明、孔友德、尚可喜等人不吝封侯封王之赏,对吴三桂也授以军权,令其独当一面。顺治二年(1645)正月,多铎占领西安,使李自成失去了赖以恢复的基地,增强了多尔衮夺取全国政权的信心。二月间,多尔衮认为"攻破流贼,大业已成",遂分兵去平定东南。多铎军回师到河南孟津以前,兵不满万,在招降许定国后,军声大振,才渡河南下。多铎自西安经河南进征江南时,以许定国为前导,得其助力颇多。当时有人记述说:"时摄政王初定北都,南下之意未决,得定国乃决策下。豫王以轻兵迳行千里,直抵扬州,定国一人故也。"顺治三年(1646)五月,清廷决定进军福建,却苦于不熟悉仙霞岭的关隘险阻,不敢贸然发兵。洪承畴等向多尔衮建议:"赂芝龙以王爵,福建可不劳一矢。"多尔衮授意博洛招降郑芝龙,郑芝龙回信表示:"遇官兵撤官兵,遇水师撤水师。"使仙霞岭200里内虚无一人,清军遂长驱直入,顺利占领福建,攻灭南明唐王政权。其他如高杰的部将李成栋,左良玉的部将金声桓等悍将,降清后即随多铎攻江南,成为血洗扬州、三屠嘉定和镇压太湖抗清势力的急先锋；又随博洛攻闽浙，破广州，为清王朝立下了赫赫战功。

多尔衮实施"以汉制汉"的策略，不仅贯彻于武力征服的全过程，也体现于文治安天下过程中。入关伊始，他便祭起"吊民伐罪"的旗帜，给被农民军打得失魂落魄的汉族士大夫官僚一剂安神药，使许多汉族官僚稽首来归，保住了往日的富贵荣华，跻身高位。改组调整后的内三院、六部、都察院等国家核心机构中汉官的数量增多了，洪承畴、金之俊、冯铨、陈名夏等皆被多尔衮亲点，晋职在大学士、九卿之列，与满洲、蒙古正官共同处理日常事务。这批人久事朱明王朝，积累了丰富的统治经验，又十分熟悉中原的民俗、国情，有这批人辅弼，对摄政时期社会秩序的恢复，国家机器的有效运转，无疑作用是巨大的。多尔衮重视"以汉制汉"策略的实行，时刻铭记心间不敢忘却，每当清军攻克一个地区，便派人去征求山野逸贤，以佐上班。当清军攻下南京，江南社会秩序稍稍恢复后，他便下令开科取士，差遣学官主持乡试、会试，又亲自主持殿试，选拔人才。他知道知识阶层在汉族民众中的巨大影响，看到了"士为秀民，士心得则民心得"的道理，增加乡试、会试的次数，扩大取士的名额，充实各级政权的官僚队伍，扩大了清政权的统治基础。

多尔衮所以实现了以清代明，其个人才干不是不起作用，但它不是决定性因素。他个人的才能智慧未必高于乃兄，为什么竟完成了乃父乃兄所不能完成的事业呢？关键在于大顺农民军推翻了明朝，他乘机而入，从中渔利，是时势使然。

多尔衮最大的聪明之处就在于"清因明制"。这种开国创制的方略，虽然到康熙时才明确总结出来，但全面实践却始于多尔衮摄政之时，即所谓的

"法明"。入关前的满族社会，封建制度虽已确立，并发展很快，但生产方式还不完备，经济基础先天不足。因此入关后面对高度发达的中原经济、政治、文化，只有适应才有出路。"法明""以汉制汉"是他聪明的选择，只有这样，新兴的清王朝才可能在中原地区立住脚跟。

多尔衮乘时而起，攻进山海关，占领北京，实现了以清代明的夙愿。这就使他不能不吸取明亡的历史教训，从维护清王朝整体利益和满洲贵族长远利益的角度考虑广大民众的某些诉求。当清军占领南京，大局基本稳定后，他焦心劳思的仍然是"但恐草野之间，特起豪杰，则难为收拾"，最担心的还是人民的反抗。为消弭反抗，入关后他立即宣布免除明末害民最甚的"三饷"和其他额外加派，部分减免赋役。在修复被焚毁的宫廷建筑时，既不太侈也不太俭，他总结道："大凡天下事，自有中道。太过与不及俱都不是。"尽管他免除"三饷"的许诺具有极大的局限性，但从政治宣传的策略上讲，对清初民心的安定还是起了一定作用。

入关后的摄政王是新兴的清王朝的代表者，又是新朝权贵们的代言人。这就决定了他考虑问题、制定政策，既要着眼于国家的长远利益也要照顾满族的特殊权益。有的政策是开明的，但又有保守的一面；有的政策却是背时的，乃至反动的。

在清政权的中央统治机构中，满洲贵族处于核心地位。然而，在人口众多的全中国，满族人数仅占全部人口的极小部分，这不能不引起满洲贵族的担忧。如何区别被征服人民的顺逆，如何实现对众多的其他民族的心理征服？多尔衮便以是否"剃发""易服"作为标志，逼迫被征服地区广大人民就范。当清军攻克南京，多尔衮立即下令厉行剃发，并苛刻到"留头不留发，留发不留头"的程度。广大被征服人民，尤其是江南人民，以"头可断、血可流，发决不可削"为口号，展开了可歌可泣的反征服斗争。江南这个自明中叶以来的社会经济发达地区遭到清兵的严重蹂躏，元气直至百年后才得以恢复。

清初的圈地、投充和逃人法令，是多尔衮为维护满洲贵族的特殊利益，通过暴力掠夺汉族人民土地，强迫他们依附满洲新贵的野蛮政策。在摄政时期，清廷曾多次下令在京畿地区大规模圈占土地，在封建经济已经高度发展的地区强行楔入农奴制生产关系，迫使汉人投充旗下，又利用逃人法保护落后的生产关系，引起华北地区社会的动荡。多尔衮解释圈地的目的"非利其土地，良以东来诸王、勋臣、兵丁等无处安置，故不得不如此区画"，这只是骗人的谎言。八旗官兵通过圈地、放高利贷等超经济强制手段，攫取了不小的经济利益，从此"不士、不农、不工、不商、不兵、不民，环聚于京师百里之内"，专门靠盘剥和国家救济过活，形成了一个庞大的寄生阶层，世人称之为"八旗子弟"，这股势力的形成，正肇端于多尔衮摄政时期的弊政。

摄政期间，人民群众的经济负担是沉重的，多尔衮虽曾多次申明免除明末"三饷"及所有加派，可是局限性也是极大的。"辽饷"是"三饷"中的大宗，多尔衮摄政时期从未豁免，关税、盐课等较明末皆有增加。由于大规模军事征服的需要，民众还要不时供应草料、粮豆、车夫等军需，整个国家财政处于战时财政阶段。在许多地区，清廷的税役征收实行"包赔"制，逃丁的人头税由未逃者代交，荒地的田赋由熟地代纳，个别地区的地丁钱粮高得令人瞠目。多尔衮下令征发劳役，修复了紫禁城被焚毁的宫殿，又为自己和亲信诸王盖造了宏伟的藩邸，仅是为了避开北京夏季的炎热，竟下令加派田赋在塞外兴建避暑城。可以说，在摄政时期，人民的经济负担在全国范围内讲没有多大程度的减轻，在个别地区反而有所加重。正如唐甄所说："是以数十年以来，富室空虚，中产沦亡；穷民无所为赖，妻去其夫子离其父，常类其生不犬马若也。"这似乎不能仅仅理解为明代遗民对新朝的怨谤吧！

多尔衮作为一个重要的历史人物，他生于中国社会风云剧变的时代，一生活动极其复杂，恰如其分地对其作出总体评价无疑是颇为困难的。乾隆皇帝说"睿亲王多尔衮当开国时，首先统众入关，扫荡贼氛，肃清宫禁，分遣诸王，追歼流寇，抚定疆陲，一切创制规模皆所经画"，"伟伐殊功，实为从古所未有"，可能是从多尔衮为爱新觉罗家族创下偌大基业，使后世子孙皆沾恩泽的角度考虑为多，故偏重溢美。顺治皇帝则说：摄政王多尔衮"僭拟至尊""妄自尊大""挟制中外""以朝廷自居""逆谋果真"，大概是从其擅作威福、小视了冲龄皇帝的角度思索较多，故颇多贬抑。

"滚滚长江东逝水，浪花淘尽英雄。"多尔衮就是一位在历史长河中披沙沥金、脱颖而出的人物。他生活在一个大变革、大动荡的时代，这就决定在他的身上必然打上时代的烙印。他不可能是十全十美的英雄，也不是祸国殃民的奸佞。在明清易代这一特殊的历史波动时期，他为后人留下了许多有益的东西，如新的大清王朝与统一多民族中国的基础，也留下了一些令人遗憾的历史教训，诸如圈地、剃发与逃人。世界是复杂的，人亦如此，何况一个生活在数百年前的历史人物呢？

千秋功罪，自有后人评说！

多尔衮生平大事年表 ①

明万历四十年（1612）1岁

十月二十五日寅时，生于赫图阿拉，父努尔哈赤，母乌拉纳喇氏阿巴亥。

后金天命元年（万历四十四年，1616）5岁

正月，努尔哈赤自称"覆育列国英明汗"，在赫图阿拉建立后金国，年号"天命"。

天命五年（万历四十八年，1620）7岁

九月，多尔衮被提名为"和硕额真"。

天命七年（天启二年，1622）11岁

三月，努尔哈赤宣布实行"八贝勒共治国政"制度。

天命九年（天启四年，1624）13岁

五月二十八日，多尔衮娶蒙古科尔沁部桑阿尔寨贝勒之女为妻。

天命十一年（天启六年，1626）15岁

八月，努尔哈赤病死于瑷鸡堡。多尔衮之母被逼殉葬。

---

① 多尔衮的年龄为虚岁。

九月，皇太极继位，以明年为天聪元年。

天聪二年（崇祯元年，1628）17岁

二月，多尔衮首次从皇太极远征蒙古察哈尔多罗特部，赐号"墨尔根岱青"。

三月，多尔衮继为固山贝勒，成为正白旗旗主。

天聪三年（崇祯二年，1629）18岁

十月，率军从皇太极伐明，与莽古尔泰等攻克汉儿庄。

十一月，与莽古尔泰等赴通州，进围北京，次年初还师。

天聪五年（崇祯四年，1631）20岁

七月，初设六部，以多尔衮摄吏部事。随大军征明大凌河城。

十月，多尔衮与阿巴泰等奔袭明锦州败出城明军。

天聪六年（崇祯五年，1632）21岁

五月，与济尔哈朗在归化城西南黄河岸俘蒙古察哈尔部众千余。

天聪七年（崇祯六年，1633）22岁

六月，廷议进军方向，多尔衮力主以征明为先，建议围城久驻。

天聪八年（崇祯七年，1634）23岁

正月，从征入明边，克保安州，掠朔州，至五台山还师。

天聪九年（崇祯八年，1635）24岁

二月，与岳托收服察哈尔部林丹汗之子额哲及其余众1500户，获元传国玉玺"制诰之宝"。

六月，回军途中便道征明宁武关、代州、应州等地。

天聪十年（清崇德元年，崇祯九年，1636）25岁

四月，尊皇太极为皇帝，封多尔衮为和硕睿亲王。

五月，与多铎征山海关牵制明军，以配合阿济格入关攻明行动。

十二月，从皇太极进攻朝鲜。

崇德二年（崇祯十年，1637）26岁

正月，率军攻入朝鲜，朝鲜国王李倧称臣投降。

崇德三年（崇祯十一年，1638）27岁

二月，与代善留守沈阳。监筑辽阳、都尔鼻城。

九月，被命为奉命大将军，统左翼四旗兵与扬武大将军岳托所率右翼兵大举入关攻明。

崇德四年（崇祯十二年，1639）28岁

正月至二月，率师过燕京，入山西、山东，凡20余战皆捷，克城40余座，俘掠人口25.7万有余。

四月，回师，皇太极以其功赐银2万两，马5匹。

崇德五年（崇祯十三年，1640）29岁

六月至次年三月，两次率军于义州等地屯田，进围锦州，克外围哨所11座，屡败明军于宁远、杏山、松山间。

崇德六年（崇祯十四年，1641）30岁

三月，因进围锦州时离城30里驻营，私遣甲兵归家罪，被降为郡王，罚银万两。

六月，再度率军进围锦州，在松山、杏山一带大败明援军。

崇德七年（崇祯十五年，1642）31岁

二月，参加松山决战，俘明总督洪承畴。

三月，迫祖大寿献锦州复降，获松锦大捷。

七月，以功复亲王爵。

崇德八年（崇祯十六年，1643）32岁

八月初九，皇太极死，多尔衮提议立皇太极第九子福临继位，其与济尔哈朗联合辅政。

九月，遣济尔哈朗等克明关外前屯卫、中前所、中后所诸城。

顺治元年（崇祯十七年，1644）33岁

正月，多尔衮始称摄政王。李自成建国号大顺，年号"永昌"。

三月，以豪格言语狂悖，攻击多尔衮，削爵为民，收其所属牛录。十九日，李自成攻克北京，明崇祯帝自缢于煤山，明亡。

四月，范文程上攻明方略。多尔衮以奉命大将军率满、蒙、汉军14万入关征明。

明宁远总兵吴三桂降清，引清军入山海关。清、吴联军在山海关大败大顺军。多尔衮派军追击李自成农民军。

五月，多尔衮率清军入北京。

六月，遣王鳌永招抚山东、河南；遣巴哈纳、石廷柱率军征山东；遣叶臣定山西；遣金砺安抚天津。定议迁都，遣吞齐喀、和托赴盛京迎顺治帝。

七月，用传教士汤若望所修《时宪历》法。致史可法书，劝其削号归藩。

九月，遣顾纳代等迎驾顺治帝。

十月，福临正式登基于北京，加封多尔衮为叔父摄政王，建碑纪绩。山西大部为清军占领。令阿济格率吴三桂等征李自成。令多铎率军征南明，复命其先便道进战陕西。张献忠建大西政权，年号"大顺"。

顺治二年（1645）34岁

正月，多铎军入潼关，破西安。李自成退师商州。命阿巴泰等赴山东代豪格。

三月，多铎率师南下。定三院六部等衙门品级。

四月，多铎克扬州，屠城。史可法死难。

五月，晋多尔衮为皇叔父摄政王。多铎军入南京，南明弘光政权灭亡。李自成死难于湖北通山县九宫山。命阿巴泰率军镇压山东满家洞人民起义。

六月，命洪承畴招抚江南。分遣孙之獬、黄熙允、江禹绪、丁之龙招抚赣、闽、湖广、云贵。颁布剃发令，致全国抗清斗争蜂起。明鲁王朱以海监国于绍兴，明唐王朱聿键称帝于福州，年号"隆武"。

七月，命勒克德浑为平南大将军，与叶臣往江南代多铎。

顺治三年（1646）35岁

正月，命豪格为靖远大将军，率师征四川张献忠农民军。

二月，命博洛为征南大将军，率师征闽、浙。

五月，命多铎为扬武大将军，率师征蒙古苏尼特部腾机思叛众。鲁王政权亡。唐王政权亡。

八月，出边迎多铎。

十一月，张献忠死难于四川西充凤凰山。唐王朱聿𬭸称帝于广州，年号

"绍武"。桂王朱由榔称帝于肇庆，年号"永历"。

十二月，绍武政权亡。

顺治四年（1647）36 岁

七月，晋多铎为辅政叔德豫亲王。罢济尔哈朗辅政。

十一月，以风疾免多尔衮跪拜之礼。

是年，修成《大清律》，颁行全国。

顺治五年（1648）37 岁

二月，以罪降济尔哈朗为郡王，罚银。以罪幽禁豪格至死。

九月，命阿济格征曹县人民起义。命济尔哈朗为定远大将军，征湖广大顺军余部。

十一月，晋多尔衮为皇父摄政王。

是年，命谭泰征江西金声桓。命吞齐镇压甘肃回民米喇印、丁国栋起义。命吴三桂镇守汉中。

顺治六年（1649）38 岁

正月，命居堪征太原。平金声桓之叛。

二月，多尔衮亲征姜瓖。李成栋败死。

五月，改封孔有德为定南王，命征广西；改封耿仲明为靖南王、尚可喜为平南王，命各率所部征广东。

七月，多尔衮再度率师征姜瓖，至阿鲁己尔台，行猎而返。

八月，姜瓖被部将谋杀，大同城破，清军屠城。

十月，多尔衮亲征喀尔喀蒙古二楚虎尔。次月班师。

顺治七年（1650） 39岁

正月，纳豪格福晋博尔济吉特氏为妃。颁行满文《三国演义》。

十二月初九，出边狩猎中病死于喀喇城。顺治帝下诏追尊为懋德修道广业定功安民立政诚敬义皇帝，庙号成宗。不久，追论生前谋逆等罪，削爵，平毁墓葬。乾隆四十三年（1778）被平反昭雪，复睿亲王封号。